마케팅 커뮤니케이션의 통합과

온광고론

나남출판

김 일 철

현재 동의대학교 광고홍보학과 교수이며 부산광고홍보학회 및 한국IMC연구회 회장이다. 공군 정훈(홍보담당)장교로 복무한 뒤 엘지전자 해외마케팅부에서 국제광고 및 홍보담당 과장으로 일했으며, 이후 타파웨어 코리아에서 마케팅 및 판촉 부장과 웅진그룹의 상무이사, 마케팅 컨설팅 회사인 아이씨앤에이(IC&A, Inc.)의 수석컨설턴트를 거쳐 다국적기업 렉솔쇼케이스 인터내셔널의 한국지사장 겸 CEO를 지냈다. 고려대학교에서 광고홍보로 석사를, 한양대학교에서 IMC에 관한 논문으로 박사학위를 취득했으며, 노스웨스턴대학과 북경대학에서 연구, 방문교수로 지낸 바 있다.

돈 E. 슐츠(Don E. Schultz)

미국 노스웨스턴대학 IMC 대학원의 교수 겸 컨설팅회사 아고라(Agora, Inc.)의 회장이다. 오클라호마대학에서 마케팅과 저널리즘을 전공하고 댈러스의 잡지사 판촉기사 담당, 영업관리 및 텍사스의 일간지 광고이사를 지냈다. 1965년 댈러스의 트레이시락(Tracy-Locke) 광고 및 홍보대행사에 합류, 10년 가까이 뉴욕, 컬럼버스, 오하이오 지역장을 역임했다. 1974년 부사장을 마지막으로 사임 후 미시간주립대학에서 광고로 석사를, 매스미디어로 박사학위 취득 후 1977년 노스웨스턴대학에 합류, 오늘에 이르렀다. IMC의 창시자 가운데 한 사람으로 이 분야에 관한 18권의 저서와 100여 편의 논문이 있으며 현재 아내(Heidi)와 시카고 근교 에반스톤에 살고 있다.

나남신서 · 1152

마케팅 커뮤니케이션 통합과
온광고론

2006년 7월 5일 발행
2006년 7월 5일 1쇄

저자 • 김일철 · 돈 E. 슐츠
발행자 • 趙相浩
편집 • 방순영 · 홍효은
디자인 • 이필숙
발행처 • (주)나남출판
주소 • 413-756 경기도 파주시 교하읍
출판도시 518-4
전화 • 031) 955-4600 (代) FAX • 031) 955-4555
등록 • 제 1-71호 (79.5.12)
홈페이지 • http://www.nanam.net
전자우편 • post@nanam.net

ISBN 89-300-8152-5
ISBN 89-300-8001-4 (세트)

책값은 뒤표지에 있습니다

나남신서 1152

마케팅 커뮤니케이션의 통합과

온광고론

김일철·돈 슐츠

NANAM
나남출판

The Tao of IMC

by

Ilchul Kim & Don E. Schultz

NANAM
NANAM Publishing House

머리말

김 일 철

강의시간이면 가끔 변명도 아니고 질문도 아닌 애매한 표현으로 수업을 마칠 때가 있다. "지금까지는 이런 이론들을 가지고 커뮤니케이션 현상을 설명했는데 앞으로 전개되는 비선형적(*non-linear*) 쌍방향 환경에서는 어떨지 모르겠다", "AIDMA나 DAGMAR와 같은 수직적 광고효과 모델이나 이론들이 뉴미디어에서는 어떻게 작용할까?", 심지어는 "이제까지의 평면적 시장구조(*market place*)가 공간적 시장(*market space*)으로 전환되고, 곧 재래적 의미의 시장이 소멸되면서 기존의 마케팅 커뮤니케이션 이론들은 설명력을 잃게 될지도 모른다" 등의 말로 끝낼 때가 그러하다.

변화하는 새로운 커뮤니케이션 환경에 맞는 광고이론이나 모델, 전략을 제시해야 할 텐데 그렇지 못해 못 견디게 답답하다. 그래서 때가 이름에도 서둘러 연구년이라는 시간을 빌려 이렇게 저술에 착수했다. 지난 1996년에 학위논문을 받았으니 올해로 IMC, 곧 통합마케팅 커뮤니케이션을 연구하기 시작한 지 꼭 10년째다. 아무리 게을러도 강산이 변하기 전에는 매듭을 지어야 한다는 조급함도 이유가 되었다.

기계론적이며 결정론적인 고전물리학이 한계를 고한 지 이미 한 세기가 지났다. 데카르트의 이원론적 철학에 기초한 뉴턴의 과학이론은 양자역학과 상대성이론 때문에 포기된 지 오래다. 그런데 왜 인문과학은 이러한 자연과학의 패러다임 전환을 강 건너 불 보듯 하는가? 사회과학은 그나마 변화라도 감지하는 듯하지만 인문과학에 갇힌 커뮤니케이션과 그 중심에 놓인 광고이론은 도무지 한계를 인정할 줄 모른다. 물리학은 뉴턴에게서 시작된 300년의 우정에 등을 돌리는데, 광고학은 불과 100년의 미련을 놓지 못하는 것이다.

모든 것이 바뀌고 있다. 광고의 장(場)인 시장(*market*) 개념이 달라지고, 주요 전달수단인 매체(*media*)가 바뀌고, 메시지(*message*)를 수용하는 인식구조마저 변한다. 본문에서 언급하겠지만 디지털세대의 동시매체 수용능력은 아날로그세대의 그것을 훨씬 능가한다. 기성세대 가운데 랩을 따라 할 수 있는 사람이 도대체 얼마나 될까? 이 책은 그러한 변화를 담고자 했다. 천지를 진동하는 개벽이니만큼 전체를 그려낸다는 것은 애초에 어불성설이다. 하지만 적어도 변화를 인식하고 진행방향을 감지하려는 노력은 필요하다.

책제목을 놓고 적잖이 고심했다. 멋있고 눈에 띄는 타이틀을 위해서가 아니라 담을 내용에 적합한 표현을 고르기 위해서다. '성실 광고학'(誠實 廣告學)이나 '기 광고학'(氣 廣告學)이 마음에 들지만 그랬다가는 더욱 외면당하리라는 두려움에 마음을 접었다. 그러나 조선조 후기 혜강(惠岡) 최한기가 당대의 학문을 집대성한 책을 내면서 결국엔 《기학》(氣學, 1857)이라 명명했지만 그 앞에 '성실'(誠實)이나 '일통'(一統) 등의 접두사를 쓰고자 희망했다는 사실을 떠올리면 내가 위의 제목을 염두에 둔 것에 조금은 변명이 되리라. 특히 '일통기학'(一統氣學)과 관련해서 한마디 덧붙이고자 한다. 이 책을 집필하려는 진정한 이유가 여기에 있기 때문이다. 혜강은 기학이라는 이름 아래 서양식의 자연과학과 인문과학 그리고 사회과학을 한데 아울렀다. 이는 본디 모든 학문이 뿌리를 같이하기 때문이다. 아리스토텔레스가 언급한 '형이상학'(*metaphysics*)도 물리학을 넘어 철학적이며 총체적인 학문을 의미했다. 그러나 기계론적 환원주의에 기반한 근대과학의 출범 이후 전 학문의 세분화는 이미 도를 넘어섰다. 중세에 출현한 신문에서부터 근대의 텔레비전에 이르기까지 대중매체가 주도하는 광고학이론이나 전략 또한 근본으로부터 너무 멀리 가지를 뻗쳤다. 소비자(혹은 수용자)는 광고가 인쇄매체에 의한 것인지, 전파매체에 의한 것인지 구분하지 않는다. 오히려 PR과 판촉, 박람회 등을 포함한 이벤트와 같은 아웃도어 액티비티나 데이터베이스 마케팅에 의한 DM, 근자의 전자메일에 이르기까지 수단과 경로를 구분하지 않고 광고를 총체적으로 수용한다. 필요에 따라 의식적으로든 무의식적으로든 이것을 장단기 기억회로에 저장하고 활용한다. 그럼에도 생산자(혹은 송신자)는 겉으로는 더 소리 높여 고객 중심의 경영을 외치면서 여전히 그것들을 구별한다. 아직도 각각의 마케팅 커뮤니케이션을 담당하는 주관부서가 다르며, 그에 맞추어 각기 다른 예산을 할당한다. 최근까지도 이러한 다양한 마케팅 커뮤니케이션 수단들의 포괄적 운영을 '통합적 마케팅 커뮤니케이션'(*Integrated Marketing Communications*)이라고 불렀다. 하지만 이는 전달할 메시지(*message*)와 수단(*media*)에 국한한 개념이다. IMC가 진정 디지털시대의 환경 변화를 수용하려면 평면이 아닌 공간적 시장(*market*)과 새로운 디지털인간(*man* 혹은 *mind*)에 대한 관심과 이해의 폭을 넓혀야 한다. 그래서 이 책의 제목을 전체를 아우르는 순 우리말 '온'을 앞에 붙여 《온광고론》으로 정했다.

한편, 이 책의 영문제목인 *The Tao of IMC*는 프리초프 카프라(Fritjof Capra)의 책제목 *The Tao of Physics*(《현대 물리학과 동양 사상》, 범양사출판부, 1979)에서 빌려왔음을 밝혀둔다. 그는 서구의 과학이 객관을 관찰하기 위해 모든 주관적인 것을 배제한 가치중립의 과학으로 전락한 데 반해 동양의 학문은 궁극의 목적을 선의 실천에 두고 주관적 마음을 수련함으로써 도덕성을 함양하여 인격의 완성을 기한다는 고대사상의 자연관을 받아들인 신과학의 선두주자라고 주장한다. 카프라의 책은 그런 면에서 개척자적 가치를 지닌다. 그러나 30년 전의 것이긴 하지만 그의 책 또한 동양과학에 대한 '신비주의'의 문턱을 넘어서지 못했다. 외람되이 이 책이 동양의 세계관이 신비주의(*mysticism*)를 넘어 형이상학에 이르도록 하는 어눌한 몸짓이기를 바란다.

애초에 이 책은 시장과 매체 그리고 커뮤니케이션 환경변화를 수용하는 포괄적 의도 아래 출발했다. 하지만 곧 이는 욕심일 뿐 내 학문적 열세로는 메울 수 없는 부분이 너무도 크다는 것을 깨닫고 좌절할 때 마침 곁에서 지켜보던 슐츠 교수가 빈자리의 일부를 메워주겠다는 고마운 제안을 했다. 그러나 그 빈자리는 일부가 아닌 상당부분이었기에 결국 나는 그에게 공저자로서의 노고를 요청했다. 이렇듯 이 책은 신진학자의 과욕을 노교수가 나눠짐으로써 빛을 보게 된 것이다.

책은 크게 3부로 나누어 제1부는 하늘(天)에 해당하는 부분으로 정보사회로의 이동에 따르는 패러다임의 변화가 마케팅 커뮤니케이션에 미치는 영향에 대해 개괄적으로 조명하고 국제화의 문제점 등을 제기하였다. 제2부는 땅(地)의 영역으로 주로 마케팅과 마켓의 변화 그리고 이들로 인한 전략과 전술 개념의 수정당위성과 방향 등에 관해 모색했다. 그리고 제3부는 사람(人)에 초점을 맞춰서 이제까지의 존재에서 관계로 전환하는 환원주의의 '환원'이야기하는 삶의 변천과 이러한 관점에서의 온광고를 세부적으로 논의하고자 하였다. 읽어보면 알 수 있지만 1부는 주로 나의 관점이, 2부는 슐츠 교수의 생각이 그리고 3부는 우리 두 사람의 의견이 혼합되었다. 이렇게 해서 이 책은 어렵게 햇볕을 보게 되었다.

이 책을 20년 동안 내 삶의 격려자가 되어주었던 아내 信愛의 영전에 놓는다.

에반스톤의 미시간 호숫가에서

김 일 철

■ 머리말

돈 E. 슐츠

김일철 박사가 방문교수 자격으로 우리 학교에 머무는 동안 나름대로 그간의 IMC를 정리하려는 노력을 곁에서 지켜보았다. 지난 1996년 내게 박사학위 논문을 위해서 IMC에 관한 자료를 요청한 이래 상하이와 제주도, 그리고 이곳 시카고에서 우리는 꾸준히 IMC의 발전방향을 함께 고민하고 의견을 나누었다. 우리의 연구성과는 유수저널에 소개되었으며, 번역되거나 세미나에서 활용되는 등 여러 가지 경로로 확산되었다.

나는 통합이 서양보다는 동양에서 실행이 더 용이하다고 본다. 이러한 내 생각에 김 교수의 영향이 적지 않았다. 글로벌화하는 커뮤니케이션 환경에서 IMC가 더 효율적으로 실행되기 위해서는 지역간 문화적 차이에 대한 보다 깊이 있는 이해가 전제되어야 한다. 이에 대해 김 교수와 나는 여러 관련서적들을 탐독하면서 끊임없이 대화를 나누었다.

김 교수는 이 책에서 전략과 전술을 바탕으로 한 실용적 개념인 IMC에 더 근본적인 철학적 근거를 마련하려 애썼다. 21세기의 정보화와 국제화로 인한 급격한 변화는 광고전략의 기본바탕인 시장과 중요 수단인 매체에 대한 근본적 전환을 야기했다. 그 결과 이제까지의 광고전략이나 전술개념들은 용도폐기 내지 전면적 재검토가 불가피할 지경에 이르렀다. 이러한 위기의식은 단순히 커뮤니케이션 효과를 높이기 위한 IMC에서 진일보한, 더 근본적이고 철학적인 고민을 재촉했다.

이 책에서 김 교수는 동양적 사고에 기초한 IMC의 통합배경을 설명한다. 나 역시 기존의 마케팅이 갖는 개념의 한계를 극복하기 위한 SIVA이론의 주창이라든지 동시다매체이용에 관한 연구 등을 제시함으로써 이러한 고민에 동참했다. 오늘날 마케팅이나 광고가 직면한 가장 크고 심각한 문제는 예산의 엄청난 지출에 비해서 그에 따른 수익성을 소홀히 한다는 점이다. 이제 광고는 소비자를 중심한 수용자의 태도변화에만 매달릴 것이 아니라 기술발전이 가져온 데이터분석에 기초한 행동변화를 분석하고 예측할 때다. 따라서 앞으로의 광고개념이나 전략은 환원주의의 환원이라는 통합적 이념을 바탕으로 기업에게는 수익을, 고객에게는 가치를 제공하는 실질적이면서 호혜적인 원칙에 따라 집행되어야만 한다. 우리 두 사람은 이러한 관점이 이 책을 통해 전달되고 많은 광고실무자나 학계의 이해와 동의를 얻기 바란다.

아쉽게도 이 책은 한글로 먼저 출간된다. 하지만 머지 않아 서양과학의 기저를 이루는 동양철학에 기초한 이러한 노력들이 영어로도 소개되기를 기대한다.

2006년 6월

돈 E. 슐츠

감사의 글

내가 처음으로 책에 감사한 것은 어릴 적 할머니가 다락에 숨겨 놓으신 제수를 훔쳐먹기 위해 책으로 받침대를 쌓을 때였다. 우스개 소리처럼 들릴지 몰라도 그때 나는 어른들이 보시던 이러저러한 두꺼운 책들을 쌓아 올리면서 진심으로 책의 요긴함에 고마워했다. 어른이 되어 그간 열 권에 가까운 책을 쓰거나 번역했다. 하지만 책 서문의 말미에 간략히 이러저러한 감사를 그야말로 인사치레로 적었을 뿐 지금처럼 고마운 분들이 앞을 가려 책의 서두에서부터 망설이기는 처음이다. 그만큼 철이 든 걸까, 아니면 이제야 부끄러움을 깨달아서일까? 서문에서도 고백했듯이 애당초 분에 넘치는 글을 시작한 것부터가 잘못이다. 이런 힘겨운 욕심을 이곳저곳에 토로하다 보니 뜻하지 않은 격려와 도움의 손길이 여기저기에서 닿았다.

우선 슐츠 교수부터 보자. 나는 슐츠 교수의 문하생도, 제자도 아니다. 그저 10년 전 학위논문을 준비할 때 답답한 마음에 요행을 바라며 달랑 팩스번호 하나만 믿고 아쉬운 부탁을 해서 시작된 인연이다. 혹시나 하는 마음에 청한 부탁에 받은 뜻하지 않는 친절은 내게 점점 더 대담한(?) 요구를 하게 만들었고, 슐츠 교수는 그러한 나의 청에 매번 꼼꼼히 답해 주었다. 거구에서 뿜어 나오는 위압감 때문에 얼핏 가까이 하기 조심스럽지만 공동의 연구주제를 중심으로 한 대화는 내게 한없는 의욕과 문제의식을 불어넣기에 충분했다. 특히 지난 2003년 제주도 세미나 기간중 쪽빛 바다 위에 부서지는 남녘의 햇살을 바라보며 나누었던, 동서를 넘나들던 우리의 철학적이며 인지과학적인 담소는 이 책의 얼개를 마련했다. IMC를 중심으로 한 내 연구의 사유와 영역은 오로지 슐츠 교수로부터 받은 지도와 도움이 있기에 가능했다.

메들 스쿨(Medill School)의 IMC 학과장인 프랭크(Frank Mulhern)는 내가 연구년으로 지내는 동안 필요한 모든 편의를 제공했다. 심지어 자신의 비밀번호를 알려주면서 관련과목의 자료실을 열람할 수 있도록 배려했다. 마틴(Martin Block)은 동시매체 다중노출과 관련된 연구를 진행하면서 모든 자료를 공유하도록 허락했다. 이는 방대한 데이터베이스의 가공과 분석을 익히는 데 실로 유익한 경험이었다. 노스웨스턴의 IMC 동료교수인 에드워드(Edward Malthouse)는 이 책의 부족한 부분에 대한 고민을 알고 기꺼이 자신의 미발표 논문들을 제공함으로써 이 책의 가치를 훨씬 더 높이는 데 기여했다. 이 밖에도 클라크(Clarke Caywood)를 위시한 대부분의 교수들이 자신의 수업을 공유하거나 조언을 제공함으로써 만학을 깨우치는 데 이모저모로 도움을 아끼지 않았다. 특히 IMC의 철학적 기반을 동양적 사고에서 찾는 과정에서 자료수집을 위해 중국에 머무는 동안 전폭적으로 도움을 베푼 북경대학의 강첸 교수도 잊을 수 없는 은인이다. 모두가 그저 고마울 따름이다. 수업을 하면서, 혹은 연구를 진행하면서 자료수집과 분석을 도운 대학원생들과 유학경험이 없어 생소한 이방인에게 업무편의를 제공한 행정직원들 또한 감사하다.

무엇보다도 지난 이십수 년 동안 커뮤니케이션 분야에 종사하면서 줄곧 가까이한 나남출판에서 이 책을 내서 기쁘다. 실험적 성격이 짙음에도 출판을 맡아준 조상호 사장님과 편집진에게 예를 갖춰 고마움을 표한다.

저자 대표 김 일 철

나남신서 1152

마케팅 커뮤니케이션의 통합과

온광고론

차 례

· **머리말** (김일철)_ 5

· **머리말** (돈 E. 슐츠)_ 8

· **감사의 글**_ 10

1부 온 하늘을 우러르며

제 1 장 패러다임의 해체

온광고의 정의 · · · · 21

온광고를 공유하는 언어 · · · · 25

온광고를 하기 전에 · · · · 28

통합, 관계로의 회귀 · · · · 30

왜 '통합'인가? · · · · 32

논의의 시작 · · · · 34

개념과 정의 · · · · 35

출현 배경 · · · · 38

다양한 평가 · · · · 39

IMC 발전모형 · · · · 40

경영혁신 전략의 관점 · · · · 42

복잡계관점 · · · · 47

통합의 패러다임 · · · · 50

제 2 장 글로벌 새 질서

양극화하는 세계화 · · · 56
온광고와 정서 · · · 59
글로벌리제이션의 안과 밖 · · · 74

제 3 장 가능한 선택

경영혁신의 빅 픽처 · · · 83
컨센서스 엔지니어링 · · · 85

2부 소멸하는 대지에서

제 4 장 시장 없는 마케팅

21세기의 마케팅과 마케팅 커뮤니케이션의 진화 · · · 93

제 5 장 전략적 대안

SIVA : 왜 4P를 재고해야 하는가? · · · 110
과잉공급, 경쟁 심화, 그리고 더 영리해진 고객들이 시장의 규칙을 바꾼다 · · · 111
공급사슬에서 수요사슬로 · · · 112
새로운 마케팅 믹스 : SIVA · · · 116
결 론 · · · 134

제 6 장 매체와 해체

광고매체에 관한 새로운 이해 ······ 137

3부 별부스러기와 관계

제 7 장 환원주의의 환원

관계 중심 브랜딩 ······ 171

제 8 장 앎과 행함

소비자는 어떻게 커뮤니케이션 하는가? ······ 204

제 9 장 광고와 선(善)

부 활 ······ 230
IMC와 온광고의 간극 ······ 234
마치면서 ······ 237

· 참고문헌 ······ 241

제 1 부

온 하늘을 우러르며

나는 학문을 '스스로의 무지를 끊임없이 확인하는 과정으로서 무지의 영역을 조금이라도 좁히려는 노력'이라고 생각한다. 무엇 때문에 노력하는가 묻는다면 무지는 눈을 감고 낯선 길을 걷는 것과 같으니 조금이라도 불편을 덜기 위함이라고 답할 것이다. 하지만 이는 내 좁은 소견이고 조선 후기의 학자 최한기는 학문은 본래 태평에서 비롯되니 인사(人事)의 분쟁은 학문을 통해 화해하고, 정치의 실도(失道)는 학문을 밝혀서 바르게 해야 한다고 설파했다. 이어서 학문의 본의는 어지러움을 그치게 하고 위험에서 구해주며 어리석음을 밝혀주고 악을 변화시키는 것이라고 하였다. 그렇지만 학문을 잘못 악용하면 붕당의 화와 문호(門戶)의 분쟁이 야기될 수 있다고 경고한다.[1]

굳이 동서고금 명현들이 내린 학문의 정의를 일일이 열거하지 않더라도 그것이 선(善)이나 성실(誠實)을 지향한다는 점에서는 이론의 여지가 없다. 혜강 최한기 선생도 인문, 자연, 사회과학을 집대성한 자신의 저서를 《기학》(氣學)이라 하였지만 "성실학"(誠實學)이나 "일통지학"(一統之學)이라 이름하기를 희망했던 것을 보면 학문의 지고선(至高善)을 짐작하고도 남는다. 이러한 학문의 가치지향적 성향은 동양에만 국한된 것은 아니다. 앞서 서문에서 인용한 아리스토텔레스의 형이상학(Metaphysics)도 뿌리를 물리학 너머의 철학에 두며,[2] 오늘날 자본주의 생산성의 출발점이 되는 분업을 강조한 애덤 스미스조차 1776년 《국부론》(*National Wealth*)을 저술, 분업에 의한 고도산업사회의 생산성경쟁이 가져올 탈가치와 윤리적 타락을 염려했다. 그리고 이보다 20년이나 앞선 1759년에 이미 《도덕 감정론》(*Theory of Moral Sentiments*)을 통해 공동의 선을 권면했다. 다시 말해 학문은 선이다. 착하게 살기 위한 훈련인 것이다. 이 책의 기저가 될 '온(統合)'에 대한 진원(盡源) 역시 비록 저자의 학문적 여력이 그에 미치지 못하더라도 의도는 선과 성실을 지향할 것이다.

앞에 말했듯 혜강은 인문, 사회, 자연과학을 아우르면서 이를 성실학이라 부르기 원했다. 영어에서도 'Integration'(통합)은 어원이 'Integrity'(성실함)에 있다. 더불어 지내는 것이 곧 선이다.

하늘을 우러러 한 점 부끄럼 없기를 잎새에 이는 바람에조차 괴로워한 시인의 고운 마음씨에는 미치지 못한다 하더라도 무릇 학문을 하는 최고의 목적은 인간답기 위함이다. 광고를 하는 이유도 이와 다름없다. 비록 헌책방에서 손때 묻은 고서 찾기를 기대할 수 없을 만큼 역사가 짧지만 학문하는 자세나 목적은 결코 다를 수 없다. 아니 오히려 역사가 짧을수록 가치를 바로 세운다는 측면에서는 그 목적이 더욱 절실하다. 또한 자본주의의 지나친 발전이 금전만능주의를 지향하는 요즘, 선을 향한 가치의 중요성은 오히려 타학문보다 더 절실하다.

북한의 김정일은 중국의 상해를 방문, 동방명주라는 전망탑에 올라 "천지개벽"(天地開闢)이라고 찬탄했다고 한다. 황량했던 벌판에 30층 이상의 고층건물이 수백여 개가 들어차니 가히 놀랄 만한 일이다. 하지만 난 얼마 전 그보다 더한 경험을 했다. 미국에 있을 때 컴퓨터에 이상이 생겨 한국에 있는 조카가

'원격제어'라는 프로그램을 통해 내 컴퓨터에 들어와 조작하는 것을 보고 소스라치게 놀란 것이다. 나이에 비해 변화에 민감하고 컴퓨터에 뒤지지 않는다고 자부하면서도 솔직히 나는 '오늘에 살면서 오늘에 놀란다'. 이렇듯 온 세상이 변하고 있다. 특히 정보와 커뮤니케이션을 다루는 광고는 정도가 더욱 심하다. 그도 그럴 것이 조선일보 하루치 기사가 갖는 정보량은 조선시대 사람이 평생 습득하는 그것보다도 많다고 하니 어쩌면 당연한 노릇이다.

그렇다면 광고라는 학문에 어떻게 접근할 것인가? 아무리 천지가 개벽하고 세상이 뒤집어진다 해도 과거와 단절될 수는 없다. 광고 또한 앞으로 이 책에서 다룰 많은 상황변화에도 불구하고 그 뿌리나 줄기는 여전히 역사에 기인한다. 따라서 광고를 하는 실무자나 학자 및 학생들은 이전의 이론적 바탕을 중심으로 이를 어떻게 하면 변화하는 환경에 적용할지 끊임없이 연구하고 고민해야 한다. 여기서 나아가 서양학문이나 이론에서 비롯된 광고의 철학적·이념적 취약성을 패러다임이 전환되는 과도기를 계기로 더 보편적이고 광범위하게 고민해야 할 것이다. 물론 이러한 사색에는 과거로부터 미래를 관통하는 시간축은 물론 동서양을 가로지르는 공간적 통합노력이 바탕이 되어야 할 것이다. 이 책 또한 결과는 그에 미치지 못하더라도 적어도 그러한 의도를 담고 있다.

1. 《人政》 권12, 敎人, 學有治亂, 권오영(1999), 《최한기의 학문과 사상연구》, 집문당, p.84에서 재인용.
2. R. Aguayo(2004), *The Metaknowledge Advantage*, Free Press, p.2.

제1장 패러다임의 해체

온광고의 정의

아무리 홍부가 제 자식 작명하듯 새로운 것에 이름을 붙이는 세상이지만 그래도 나름의 설명은 있어야 할 듯하다. 이 책의 제목 《온광고론》(*The Tao of IMC*)은 우리에게 익숙한 '광고' 그리고 '학'이라 이름하기엔 스스로 부족한 줄 알아 그 아래 단위로 쓴 '론'의 구성이다. '온'은 순우리말로 '전체'나 '전부'의 뜻이며, 온전한 의미로 쓰일 때는 '바른'이나 '반듯함'을 나타낸다. 광고는 미국마케팅학회(AMA)의 것을 그대로 해석해서 이제껏 우리가 즐겨 인용한 정의를 그대로 옮기면 '확인 가능한 광고주가 다양한 매체의 시간이나 지면을 유료로 확보하여 현재고객이나 잠재고객을 대상으로 제품이나 서비스, 아이디어를 판매하거나 — 혹은 그들의 — 태도를 변형할 목적으로 실시하는 비대인적 커뮤니케이션 활동'이다. 하지만 이런 전통적 시장이나 매체, 메시지전달 관점에서 내린 광고의 정의 앞에 '온'을 붙이면 뜻과 해석은 전혀 달라져야 한다.

그렇다면 온광고가 함축하는 의미는 무엇인가? 우선 광고의 고전적 의미는, 이 책의 전반에 걸쳐 논의하겠지만, 지리적 차이와 발전과정으로서의 시차 등을 고려할 때 일단은 해체가 불가피하다. 그 이유를 적시하자면 먼저 광고의 장인 시장의 구조가 이전의 고정된 지역에서 가변적인 것으로 변한 것을 들 수 있다. 최소한

강줄기 같은 흐름을 가능케 했던 평야처럼 평면이 아닌, 입체적 영역으로 확장되었기 때문이다. 매체 또한 시간이나 지면에 의한 비대인(非對人)으로 국한된 대량 매체를 넘어 커뮤니케이션의 방향이 혼재된 온갖 미디어가 범람하는 세상으로 바뀐 지 오래다. 자연 이들을 바탕으로 하는 기존의 마케팅이나 광고전략도 대폭 수정되거나 폐기처분될 만큼 상황은 변했다. 이제까지 광고전략의 근간을 이룬 수직효과모델만 하더라도 출현시기가 1960년대 초반이다. 텔레비전이 위세를 떨치기 시작하던 즈음의 불특정다수를 대상으로 하는, 대중매체에 기초한 융단폭격식의 광고론을 지탱하기에는 매체환경이 너무 달라졌다. 하지만 더 근본적인 문제는 이러한 시장과 매체 그리고 전략을 다루는 주체인 사람들의 의식과 인식이 확연히 변했다는 사실이다.

나는 스스로 정보혁명을 기점으로 아날로그와 디지털세대 간의 이종변이라 할 만큼 뚜렷한 시대적 분절을 느낀다. 한 가지 예를 들어보자. 산업사회의 대량생산체제에 익숙한 아날로그세대는 그 시대의 메커니즘에 익숙하다. 이들 중 아무도 텔레비전을 켜고 끄거나 냉장고를 열고 음식물을 저장하는 데 주저하지 않는다. 이들은 운전대에 앉자마자 시동을 걸고 액셀러레이터를 밟는다. 누구도 암모니아나 프레온가스를 사용하는 냉장고의 냉동원리를 궁금해하지 않으며, 자동차엔진의 흡입, 압축, 폭발, 배기장치 등을 알려 하지 않는다(물론 소수의 예외는 어디에나 있다). 그런데 이런 일에 익숙한 사람들이 컴퓨터 앞에만 앉으면 전원을 켜는 일조차 머뭇거린다. 이전의 텔레비전을 켤 때와는 사뭇 다르다. 복잡한 자동차를 아무 생각 없이 운전하던 사람도 컴퓨터가 왜, 어떻게 작동하는지 궁금해한다. 하지만 디지털세대는 과거 아날로그세대가 텔레비전을 대할 때 그랬듯이 컴퓨터를 부담 없이 켜고 조작한다. 진화한 것이다. 이러한 진화는 정보처리 과정에서도 나타난다. 아날로그세대는 디지털세대가 즐기는 랩을 외우기는커녕 따라 읽을 수조차 없다. 이는 지능이나 취향의 문제가 아니다. 진화의 문제다. 광고는 시장이나 매체가 어찌 변하든 사람을 궁극의 대상으로 한다. 그런데 사람이 변한 것이다. 아니 진화한 것이다. 자연 그 진화에 맞는 새로운 이론이나 전략이 필요하다.

그렇다면 새로운 이론이나 전략 앞에 새로울 '신'(新)을 덧붙이면 될 것을, 왜

난데없이 '온'을 붙이려는가? 기존의 용어가 원래의 의미를 감당하기 어려우면 으레 그 앞에 수식어를 붙인다. 대표적 예가 바로 '마케팅'이다. 수식어가 앞에 붙은 마케팅 책이 얼마나 많은가? 예전의 마케팅을 가지고는 오늘의 마케팅을 감당할 수 없기 때문이다. 광고에서도 마찬가지다. 직접 책이름을 거론하지 않더라도 독자들은 쉽게 여러 권을 떠올릴 수 있을 것이다. 각자 기존의 광고가 갖는 부족함을 메우는 의미를 담아 그 앞에 수식어를 붙였듯 '온'이란 단어 역시 그렇게 앉혔다. 하지만 그것이 굳이 '온'이어야 하는 이유는 모든 것이 결국은 하나로 아우러질 것이기 때문이다. 공진화에 의한 자기조직화나 네트워크의 네트워크화는 모두를 하나로 묶을 것이다. 굳이 헤겔의 변증법을 들먹이지 않더라도 세계는 과거를 반복하면서 전진한다. 다만 과거가 좀더 개선된(사실은 변형된) 모습을 띤다는 것이 다를 뿐이다. 이를 그림으로 표현하면 나선형(*spiral*) 전진과 같다. 결국 앞으로의 아우러짐은 지난 세월 동안 이루어진 분열의 반작용이다. 즉, 애덤 스미스 이래의 분업화가 극점에 도달한 것이다. 광고에서 이러한 반분열의 노력은 이미 1970년대부터 조짐이 보였다. 그리고 그러한 노력이 학문적으로 논의되거나 발표된 것은 1990년대 들어와서다. 바로 슐츠(Don E. Schultz) 등 일군의 학자들이 통합적 마케팅 커뮤니케이션(*Integrated Marketing Communications*: 이하 IMC로 표기)에 관한 논문을 발표하면서부터다. 그에 관한 본격적 논의는 뒤로 미루고, 내가 여기서 주장하는 온광고는 통합을 거친 최종의 모습을 상정한다. 그리고 방향은 동양적(여기서는 오리엔탈리즘이 아닌 서양적 사조에 대한 대칭개념 정도로 이해하자) 철학을 지향한다.

지난 2004년 가을 IMC의 발생지라 할 수 있는 노스웨스턴(Northwestern) 대학의 메들 스쿨(Medill School of Journalism)에서도 이에 관한 동의를 확인할 수 있었다. 슐츠 교수는 앞으로 (다양한 광고전략의) 통합이 아시아에서 훨씬 더 빠르게 이루어질 것이라고 예측했다. 그 이유인즉 동양의 총체적 사고가 서구의 객체적 사고에 비해 그러한 작업을 훨씬 용이하게 한다는 것이다[이에 관해서는 Nisbett, Richard E.(2004), *The Geography of Thought* 참조]. 하지만 내 관점에서는 IMC가 지향하는 통합은 과거 각 광고수단의 각개전투에 비해 포괄적이기에 시너지를 지향하지만 이는 어디까지나 산술적 집합의 수준을 넘지 못하는 것 같다. 곧, 그들은 매체의 통합수준에 머무른다. 온광고는 시장과 매체는 물론 메시지가 사람과 아우러지는 광고상황을 상정한다. 그것이 어떤 상황이며 그러기 위해서 시장은, 매체는, 메시지는, 또 그 주체인 사람은 어떠해야 하는지를 여기서 몇 줄의 문장으로 단언할 수는 없다. 그 이유는 첫째, 모든 것이 빠르게 변화하는 과도기에는 정지화면을 포착하는 것이 어렵기 때문이다. 비록 한 컷을 잡아내는 데 성공한다 해도 곧 상황이 변하기 때문에 별 의미가 없다. 둘째, 온광고의 전 단계인 통합에 대해서도 아직 체계를 공고히 하지 못하는 형편이다. 그럼에도 온광고라 작명하는 이유는 작게는 통합에 종사하는 학자들의 동의에 힘입은 바 있기 때문이요, 좀더 크게는 역사가 서양에서부터 동양으로 방향을 선회하는 도도한 흐름을 간파했기 때문이다. 부분으로나마 이에 동조하는 연구로 박기철(2005)은 '자연'(*nature*)이라는 단어를 차용했다.

IMC에 관한 가장 최근의 정의는 2004년 슐츠 교수 내외가 저술한《IMC의 실행과 측정》(*IMC, The Next Generation*)에 적시한 것으로 우리말로 옮기면 IMC란 '소비자, 현재고객과 잠재고객, 기타 목표대상이나 관련된 내외부의 공중을 대상으로 지속적으로 측정 가능하고 조화를 이룬 설득적 브랜드 커뮤니케이션 프로그램을 기획, 개발, 실행, 평가하는 전략적 비즈니스 과정'이다. 이와 같은 정의는 1991년 이후 적어도 세 차례에 걸친 변화로서 초기의 정의에 비해 더 포괄적이며 관계지향적임을 알 수 있다. 하지만 온광고는 IMC보다 포괄적 의미를 내포한다. 여기서 말하는 커뮤니케이션이란 비선형(*non-linear*) 또는 쌍방향구조로서 이제까지 매스미디어 위주의 S-M-C-R과 같은 선형적 모델을 극히 일부분으로 한정한다. 마케팅 또한 온라인과 오프라인을 망라한 상호교차 마케팅(*crossover marketing*)을 전제로 한다. 그리고 마케팅 커뮤니케이션은 슐츠가 말하는 모든 설득적 브랜드 커뮤니케이션 프로그램을 망라한다. 최종적으로 통합 대신 '온'이란 표현을 고집하는 이유는 통합이 수단(*disciplines*)이나 부서(*functional*)의 그것을 지칭하는 데 비해 덩컨(Thomas Duncan)이 자신의 책(*Driving Brand Value*, 2002)에서 강조한 '가치의 별자리'(*Value Constellation*)와 같이 '온'이 더 광범위하고 포괄적인 철학적 사유를 기반으로 하기 때문이다. 이상의 상황설정을 전제로 할 때 온광고는 IMC가 추구한 커뮤니케이션의 수단과 마케팅조직, 나아가 전사적 차원에서의 통합과정에서 발생한 여백에 동양적 전체주의 사조를 조망함으로써 통합마케팅 커뮤니케이션에 대한 철학적 의미를 덧입히는 작업 정도로 윤곽을 제시할 수 있다. 이에 대한 더 다각적이고 구체적인 논의는 앞으로 장에 다루기로 한다.

온광고를 공유하는 언어

비트겐슈타인(Ludwig Wittgenstein)은 "나의 언어는 나의 세계를 제한한다", "언어는 외부세계를 향한 창이다"라며 일찍이 언어가 갖는 위력과 한계를 예리하게 지적했다. 책을 쓰면서 그것도 광고라는, '설득에 의한 태도변화'를 추구하는 사회과학 서적을 작성하면서 내가 쓰는 용어 못지않게 염두에 두어야 할 것은 상대, 즉 이 책을 읽는 사람들의 언어와 의식의 한계일 것이다.

주석이나 범례가 많이 달린 책들은 그만큼 읽기가 힘들다. 생소한 용어나 개념이 많이 등장하기 때문이다. 그럼에도 글을 쓰는 사람은 왜 그처럼 복잡한 과정을 거칠까? 쌍방이 공유할 수 있는 일상의 용어로는 묘사의 한계가 있기 때문일 것이다. 묘사의 한계는 어디서 올까? 앞선 자와 뒤따르는 자와의 차이, 또는 좌나 우로 치우친 간극 때문이리라. 앞뒤의 격이야 사람간 깨우침이 다르니 그렇다 하더라도 좌우, 그것도 한 사회 안에서의 치우침은 발전을 더디게 하는 결정적 장애요인이 된다.

광고를 하는 사람들은 동상이몽을 꿈꾼다. 서로 출중한 상대방의 창의력에 닿지 못하기 때문이라면 오히려 바람직하다 하겠으나 그보다는 용어의 혼란 때문이다. 스스로도 정립되지 않은 추상적이고 막연한 단어들이 난무하니 합의(*consensus*)에 이르기가 요원하다. 바벨탑의 혼란을 방불케 한다. 그 이유는 첫째, 어휘에 대한 정확한 정의가 없기 때문이요, 둘째 그 용어들 대부분이 수입품인 까닭이며, 셋째로는 광고가 담긴 복잡·다기한 사회환경 탓이다.

수입품이건 토종이건 단어나 용어의 정립은 어차피 한 개인이 논할 부분도 아니며, 시일을 두고 학회가 업계와 더불어 풀어가야 할 일이니 차치하고, 여기서는 온광고를 가름하기 위한 환경에 대해 논의해 보자.

온광고 이전에 '통합'(*integration*)에 대한 엇갈린 생각부터 짚어볼 필요가 있다. 처음 슐츠 교수 등이 1993년에 IMC에 관한 책을 내자 곧바로 우리나라에서는 몇몇 교수들이 서둘러 이를 '통합적 마케팅 커뮤니케이션'이라 명명했다. 이후 이에 대한 별다른 지적이 없다가 요즘에는 박기철, 정해동 같은 이가 '통합적'보다는 '통합된'이라는 용어를 주장하고 나선다. '통합적'은 '사상적' 혹은 '미래적' 의미로 해석되기 때문에 그보다는 원래 의미가 갖는 '전략적' 또는 '완성적' 의미에서의 '통합된'이란 용어가 더 적합하다는 해석이다. 하지만 내가 보기에는 뭐라고 해도 상관없을 듯싶다. 어차피 원래 추구하는 의미를 담지 못하는 문자해석에 매달리는 것은 별 의미가 없다는 뜻이다.

또 하나, 이런 논란의 소지는 IMC를 바라보는 근본시각과 무관하지 않다. 이 책의 전반부에서 반복해서 강조하겠지만, 왜 일부 학자들은 IMC가 일시적 경영유행(*management fad*)에 지나지 않거나 심지어 그 수명을 다하고 죽었다며(*IMC is dead*) 극단적으로 선언할까. 일시적 유행으로 치부하는 학자들은 처음 산뜻한 주장에 귀를 기울이다 뒤이어 이를 실행할 수 있는 구체적 방법론이나 측정수단 등이 뒤따르지 않자 이내 등을 돌렸다. 한마디로 너무 성급했다. 1991년 이에 관한 최초의 목소리가 나온 후에 이를 구체화하기 위한 최소한의 시간을 이들은 기다리지 못한 것이다. 특히 IMC가 이론만 그럴듯할 뿐 구체적 실행방법과 측정수단을 결여했다고 주장하는 이들에게는 2004년 슐츠 교수 부부가 출간한 *IMC : The Next Generation* — 이 책은 한국IMC연구회에서 《IMC의 실행과 측정》이란 제목으로 같은 해 역서를 낸 바 있다 — 의 일독을 권한다.

'통합적'과 '통합된'의 차이가 크지 않다는 나의 지적은 이 두 가지 표현이 모두 대부분 광고대행사나 IMC 연구자들의 시각과 대동소이하기 때문이다. 곧, 슐츠 등이 주장하는 IMC 발전의 4단계 가운데 첫 번째인 메시지의 통합(*one voice, one look*)을 IMC의 모든 것으로 받아들이기 때문이다. 광고나 PR, DM이나 기타 포스터, 옥외광고물의 카피나 비주얼을 통일하는 것이 IMC의 전부라고 생각하는 사람들에게는 통합의 시제(時制)가 중요하다. 하지만 이러한 통합은 2단계의 외부로부터의 다양한 관련 조직간의 통합이라든지 3단계의 IT, 즉 데이터베이스를 근간으로 하는 통합에서 최종적으로 재무와 경영성과의 평가에 이르는 통합으로 시각을 확대하면 이러한 시제에서 자유로울 수 있을 뿐만 아니라 온광고로 시각을 돌리기에 덜 주저할 듯싶다. IMC 발전 4단계는 뒤에서 논의할 경영혁신 이론의 발전과정과 궤적을 같이한다. 단지 후자의 그것들이 산업사회의 기술과 기계를 중심으로 한 반면, IMC는 이를 정보와 커뮤니케이션으로 환치할 뿐이라는 사실을 떠올리기 바란다. 그 정점에 온광고가 자리한다.

이렇듯 개념의 함의를 강조하는 또 다른 이유는 우리 사회의 학교와 기업 간 괴리에도 기인한다. IMF 이전만 하더라도 이른바 그룹이라 불리는 대기업들이 신년 초면 앞다투어 일간지의 1면 하단에 최소한 1천 명을 단위로 하는 신입사원 채용공고를 내고는 했다. 그러던 것이 외환위기 이후 자취를 감추더니 다시 나타날 줄을 모른다. 아마 이제 나타나지 않을 것이다. 어쨌든 당시만 해도 기업은 대학을 갓 졸업한 사회초년병들을 연수원에 모아놓고 짧게는 2~3개월에서 길게는 반년 이상 이른바 '신입사원연수 교육기간'을 가졌다. 그리고 그 인원을 그룹 내 각 계열사에 배치하곤 했다. 그런데 이 대규모 행사가 하루아침에 자취를 감춘 것이다. IMF 이후 얼마 동안 이러한 불경기를 일시적 불황으로 여기고 다시 신입사원을 채용할 경우에 대비, 취업재수를 하는 대학졸업생이 적지 않았다. 하지만 달이 가고 해가 바뀌어도 모집공고는커녕 오히려 청년실업이 증가했다는 보도만 신문의 자리를 메웠다. 이제는 누구도 신입사원 공채의 꿈을 꾸지 않는다. 가속화되는 사회변화의 속도는 기업이 백지상태의 신입사원을 뽑아서 그들을 훈련해 재배치할 여유를 앗아간 것이다.

이제 기업은 훈련된 사원, 곧 경력사원을 원한다. 정 안 되면 인턴경험이라도 가진 사람을 찾는다. 하지만 아직 사회는 인턴제도를 매우 생소하게 여긴다. 산업사회를 지나 정보사회로 향하는 혁명적 과도기의 어지러움을 우리는 외환위기라는 탄환열차를 타고 통과중이다. 이런 와중에 우리를 더욱 어지럽게 하는 것은 기업과 학교가 한꺼번에 아우러지면서 서로 다른 가치와 질서, 용어가 혼재된 것이다.

같은 현상, 같은 원리에 대해서도 기업과 학교가 쓰는 용어가 다르고 해석이 상이하다. 신입사원의 훈련을 포기하고 바로 소총과 실탄을 주어 실전에 배치해야 하는 기업은 학교의 이론을 그저 탁상공론으로 여길 뿐이다.

논의가 더 산만해지기 전에 여기서 거둬들여야겠다. 요약하면 통합 이상의 총체적 접근으로 향하는 온광고의 배경에 대한 이해와 앞으로의 성취를 위해서는 사회와 학교가 공유할 수 있는 용어와 개념을 바탕으로 하는 컨센서스가 필요하다. 그 쓰임새는 사회에 있지만 필요성은 학교에 더 절박하다. 왜? 졸업 후 우리 학생이 정착할 곳이 그곳이기 때문이다. 차제에 이를 위한 노력을 반영해야 할 것이다.

이 책에서는 몇 가지 새로운 개념이나 용어가 등장한다. 이를테면 비선형적 사고(*non-liner thinking*), 세분화(*segmentation*)를 대신하는 유형화(*aggregation*), 동시다매체이용(*Simultaneous Media Exposure*, 줄여서 SIMM), 마케팅의 4P(*Product*, *Price*, *Place*, *Promotion*)를 대체하기 위한 SIVA(*Solution*, *Information*, *Value*, *Access*), 광고의 기획에서 평가에 이르는 전 과정을 설명하기 위한 선순환모델(*Closed-loop System*) 등이 그러하다. 이러한 용어들은 대부분 IMC 연구를 주도하는 슐츠 교수와 그 팀에서 나왔다. 각각의 용어나 개념은 진도를 나가면서 그때그때 설명할 예정이다. 하지만 이러한 용어들을 개별적으로 이해하기보다는 그러한 용어의 전환을 필요로 하는 배경에 대한 근본적 파악이 절실하다. 덧붙여 이러한 용어나 개념들이 지향하는 총체적(비환원적) 관점이 전제되면 더 바람직하겠다.

온광고를 하기 전에

내 대학졸업 논문의 제목은 "駐韓미군 철수보도에 관한 한국언론에 나타난 對美 이미지 분석"이다. 당시 지도교수가 느닷없이 "이미지가 뭐꼬?" 하는 질문을 던졌다. 당연히 당혹스러울 수밖에. 상식적으로나 관념적으로 통용되는 일상단어에 대한 학문적 정의를 물으면 웬만한 사람은 당황할 것이다. 그래서 나는 그런 뻔한 질문을 하지 말아야지 하지만, 어느 틈엔가 학생들에게 조작적 정의를 묻는 자신을 발견하곤 한다. 그리고 그때 교수님이 질문한 의도를 뒤늦게 깨닫는다. 정립된 정의가 없는 개념이나 용어를 사용하는 것은 위험하다는 것을. 광고홍보학과 학생들이 가장 빈번하게 쓰는 단어는 '컨셉트', '전략', '크리에이티브', '포지셔닝', '마케팅 마인드' 등 모호한 단어투성이다. 과연 저들 사이에 어느 정도나 컨센서스가 이루어질까 염려스럽다. 따라서 광고를 하려면 반드시 거쳐야 할 사전 조건이나 단계가 필요하다. 그것은 다름 아닌 참여구성원간 합의다. 그렇지 않아도 광고는 과학과 예술을 넘나드는 모호한 영역이다. 여기에 정보사회로의 이행에 따른 정보과부하, 시장경쟁 과열로 인한 유사상품의 범람 등이 덧붙여져 광고인들의 대화를 엿들으면 마치 '선문답'이라도 하는 듯싶다. 사전에 용어와 표현에 관한 약조가 필요하다.

다음은 우스개 소리지만 의미하는 바가 있어 소개한다. 한국 사람들이 명절이면 유독 좋아하는 놀이 가운데 하나가 바로 '고스톱'이다. 왜 일까? 노름을 좋아하는 사행심 때문에? 아니면 별다른 놀이문화가 없어서? 사회학적으로 극단의 긍정이나 부정의 해석이 가능하다. 먼저 부정적 관점을 소개하면 우리는 남 잘되는 꼴을 보지 못하는 민족이라는 것이다. 오죽하면 사촌이 땅을 사면 배가 아프다는 속담이 있을까? 고스톱은 내가 이기는 것보다 합심해서 남이 이기는 것을 저지하는 룰이 훨씬 더 많은 게임이니 그럴듯하게 들린다. 반면에 긍정적 해석도 있다. 고스톱을 하기에 앞서 참여자간에 자발적으로 룰과 규칙을 정한다. 지역과 지방에 따라, 때마다 새로운 변종이 생기기 때문에 이 과정이 중요하다. 일단 이렇게 해서 정한 규칙은 참여자들이 철저히 따른다. 민주적 절차를 사랑하는 우리의 따스한 민족성이 반영되었기에 사랑받는다는 해석도 가능한 셈이다. 이와 같이 광고에 참여하려는 구성원 사이에는 사전 의견조율 과정이 필요하다. 제각기 다른 생각과 목소리를 가지고 통합된 메시지를 내보낸다는 것은 허울 좋은 구실에 불과하다. 광고를 하기 전에 '교차부서'(*cross functional*) 간 컨센서스가 전제되어야 한다. 더 전략적인 해석은 뒤의 본문에서 다루기로 한다.

통합, 관계로의 회귀

스몰리(Gary Smalley)는 자신의 저서(*The DNA of Relationship*, 2004)에서 "삶은 오로지 관계일 뿐 나머지는 지엽적인 문제"(*Life is relationship. The rest is just details*)에 지나지 않는다고 일축한다. 물론 이 책은 부부관계 회복을 통한 가정의 복구를 다룬 서적이다. 크리스천의 입장에서 영성회복을 논했다. 이 밖에도 서양에서는 이른바 관계나 관계회복을 다룬 책들이 봇물 쏟아지듯 출판되며 마케팅 분야에서는 고든(Ian Gorden)의 《관계형 마케팅》(*Relationship Marketing*, 1998) 등이 있다. 우리나라에서도 백남영이 물리학적 관점에서의 《관계론》(1996)과 《사회관계이론》(*Social Network Theory*)을 출간했고, 최근에는 신영복이 《강의》(2005)에서 중국 고전을 인용하며 관계론을 논하는 등 인문, 사회, 철학에 걸쳐 전방위로 관계에 관한 논의가 일고 있다. 도대체 무엇의 단절이며, 무엇과 무엇의 관계를 말하는 걸까?

단절을(서구식으로 표현하면 환원주의를) 극복한 전체적 시각에는 동서에 따라 차이점과 공통점이 발견된다. 먼저 차이점이라면 서양의 그것은 조각을 모아서 전체를 조망하려는 데 비해 동양적 접근은 전체의 조각(부스러기)으로서 모두에 다가간다. 이러한 관점의 차이를 보여주는 대표적인 예가 카프라(Frijof Capra)이다. 핵물리학자였던 그는 자신의 저서 《현대물리학과 동양사상》에서 이른바 신과학운동의 관점에서 동양철학에 접근한다. 카프라는 현미경을 통해 발견한 존재의 본질, 세계의 참모습은 동양의 고대 사상가들이 직관을 통해 발견한 것과 같음을 깨닫고 자신이 주장하는 세계관을 보강하는 논리로 화엄철학, 힌두교, 주역, 노장철학, 기철학 등에 나타난 물질관과 우주관을 끌어들인다(《동양철학 에세이》, 1993). 하지만 앞서 지적한 대로 이러한 총체적 접근은 전체를 전제로 한 것이 아니라 부분의 역추적에 의한 정당화에 불과하다. 더욱 심각하게 보면 이러한 접근은 동양의 형이상학을 신비주의적 관점에서 차용한 데 지나지 않는다. 사실 저들이 대단한 발견인 양 고백하는 '서양과학의 동양으로의 회귀'는, 로아치(Vincent Roazzi)가 자신의 책(*The Spirituality of Success*, 2002)에서 "바야흐로 서양의 과학은 동양의 신비주의를 지향한다"라고 쓴 것처럼 동양의 과학을 신비주의적 시각에서 바라본 것에 불과하다. 이는 물론 아직까지 동양철학이나 과학의 본질에 다가가지 못했다는 저들의 학문적 미숙을 이유로 들 수 있겠으나 달리 보면 저들의 방법론을 전제하는 한은 도저히 좁힐 수 없는 간극일는지도 모른다. 반면 동양의 관계론적 관점은 4서 3경을 비롯한 고전의 전편에서 흐르듯이 전체 합일의 시각에서 비롯된다. 일례로 도덕경 1장의 첫줄을 이루는 '도가도 비상도'(道可道 非常道)나 '명가명 비상명'(名可名 非常名)의 의미는 부분적·연역적 해석이 아닌 직관에 의존한 포괄적 수용을 전제로 한다. 미시간 대학의 니스빗(Richard Nisbett) 교수는 최근의 저서《생각의 지도》에서 이러한 차이를 지정학적 이유로 설명한다. 그에 따르면 서양의 선입선출식 또는 객체중심적 사고(*categorizing thinking*)는 그리스를 중심으로 한 해양문화에서 비롯됐으며, 동양의 집단적·총괄적 사고(*holistic thinking*)는 중국의 중원을 중심으로 발원했다는 것이다. 이러한 이유로 서양은 객체(명사) 중심적 사고로, 동양은 관계(동사) 중심적 사고로 진화했다는 설명이다. 그런데 왜 이들이 하나같이 관계 중심적 사고를 지향하는 걸까? 그 경영학적 이유와 배경에 대해서는 다음의 "왜 통합인가?"에서 상세히 다루기로 하고 여기서는 바탕이 되는 철학적 사유에 대해 좀더 이야기를 나누기로 하자.

소크라테스 시대의 궤변론자(*Sophist*)들의 명제 가운데 '나는 화살은 날지 않는다', '발이 빠른 아킬레스가 토끼를 따라잡지 못한다'라는 것이 있다. 언뜻 말장난 같지만 미분의 합은 단지 0에 수렴할 뿐 결코 0일 수 없다는 논리에 근거한 발상이다. 하지만 비슷한 주장 가운데 '삼각형의 두 변의 합은 다른 한 변의 길이와 같다'라는 명제는 이의 역논리에 기초한다. 이렇듯 서양의 사고는 부분의 합이 전체를 구성한다든지 전체는 부분의 이해를 합침으로써 이해할 수 있다는 누진적 사유에서 출발한다. 이에 반해 동양의 그것은 더 포괄적이다. 장자는 사람이 걸어가는 데 가로 세로 한 뼘의 면적이면 발을 내딛기에 충분한데 막상 그런 넓이로 다리를 만들면 곡예사나 가능하지 일반인은 건널 엄두도 못 낼 것이라며 우리가 밟지 않는 땅도 결코 쓸모없지 않다고 설명한다. 다른 예로 나는 호텔의 한식점에서 나오는 깍두기를 보면 한 번도 무를 본 적이 없는 사람이라면 과연 저 깍두기를 보고 무 전체의 모양을 그려낼 수 있을까 반문하고는 한다. 모양을 내기 위해서인지 몰라도 모서리의 둥근 부분을 모두 잘라내고 마치 두부같이 각진 것만 쓰니 무의 전체 모양이 도무지 상상이 가질 않는다. 그릇에 있는 깍두기를 모두 합쳐도 도저히 무의 모양을 되살릴 수 없을 것 같다. 집에서 할머니나 어머니가 담그는 깍두기와는 영 다르다.

이렇듯 부분의 합이 전체를 구성하는 데 뭔가 부족하다고 자각하기 시작한 것이다. 이러한 노력은 물리학에서 심각하게 다루어진다. '초끈이론'(*super string*)에서 '통일장'(*field theory*)에 이르기까지 현대물리학은 중력과 나머지 전자기력 등 자연의 힘을 하나의 기준에서 설명하기 위해 11차원, 심지어 25차원을 넘나든다. 결국 통합은 부분의 재구성을 의미하며, 그 첫단계로 부분간 관계에 주목한다. 이것이 오늘날 관계에 관심을 갖는 주요한 이유이며 그 종착점에 통합이 기다린다.

여기서 중요한 점은 통합이 진정으로 의미하는 바다. 그것은 자칫 물리적 결합으로 그칠 수 있는데 사실은 '선'(善)이라는 가치를 지향한다. 무수한 도덕경의 영문 번역서 가운데 대표적인 것이 *The Great Integrity*이다. '도'(道)나 '덕'(德)과 같은 지고의 가치는 'integrity'로 번역되며 이는 통합을 의미하는 'integration'의 어원이기도 하다. 결국 물리적 합은 도덕적 선을 지향점으로 삼는다.

왜 '통합'인가?[1)]

온광고는 마케팅 커뮤니케이션이 지향하는 궁극을 뜻한다. 따라서 온광고에 다가가기 위해서는 먼저 통합에 관한 논의가 왜 시작되었는지 고민해야 한다.

'선택과 집중'이라는 표현이 유행한다. 유행어는 그 시대의 변화를 반영한다. 이 유행어는 선택의 폭이 한계를 모르고 확장되기 때문에 생겼다. 예를 들어 인스

1) 이 글은 김일철이 《동의논총》(2004)에 게재한 논문을 일부 수정한 글이다.

턴트 식품인 라면은 1970년대에 처음 등장할 때만 하더라도 삼양라면 한 가지뿐이었는데 불과 30년이 지난 지금은 종류가 100여 가지를 헤아린다. 커플랜드(Coupland)가 자신의 저서 《X세대》에서 '기술선택 마비현상'(*technological option paralysis*)이라고 표현한 것은 오늘날의 전자제품들이 너무 많은 옵션을 가지고 있어 사람들이 스스로 선택하는 능력이 마비되는 것처럼 느끼는 것을 말한다. 왜 이렇게 선택의 폭이 넓어졌을까? 애덤 스미스가 《국부론》에서 주창한 산업사회의 생산성 향상을 위한 '분업'은 지난 250년 동안 단 한 번도 머뭇거리지 않고 지속되었다. 하지만 이러한 지나친 세분화에 따른 부작용과 컴퓨터의 등장으로 대량생산의 3S(*simplification, standardization, specialization*) 제약의 극복은 과거 산업사회보다 양적으로는 더 많으면서도 종류 또한 더욱 다양한 생산을 가능케 함으로써 '분업'에 대한 문제점과 반성이 일었다. 곧, '통합'으로의 회귀현상이 일어난 것이다. 그러나 이러한 분할과 통합은 단순히 생산성에만 국한되는 현상이 아니다. 이를 좀 더 깊이 들여다보면 그 바탕에는 데카르트로부터 갈릴레이를 거쳐 뉴턴에 이르기까지 산업사회를 지탱했던 기계론적 유물론인 요소환원주의에서 대안으로 등장하는 유기론적 확률론, 곧 전체주의적 시각으로의 전환이라는 패러다임의 대체를 감지할 수 있다. 굳이 코페르니쿠스의 천동설을 예로 들지 않더라도 패러다임의 전환은 이전의 질서와 이론, 심지어는 진실이라고 믿었던 신념까지도 의심하고 무력하게 만든다. 이는 광고와 이를 뒷받침하는 마케팅이나 커뮤니케이션 영역에서도 예외는 아니다. 흔히 4P라 일컬어지는 마케팅 믹스의 주요 요소 가운데 유통(*place*)과 판촉(*promotion*)이 전자상거래에서는 전혀 구분되지 않은 채 동시다발적으로 일어나거나 대중매체(*mass media*)에 의한 송신자(*sender*)와 수신자(*receiver*)의 뚜렷한 구별이 인터넷과 같은 뉴 미디어에서는 모호해지는 것 등이 그렇다. 주체와 객체가 뒤섞일 뿐만 아니라 방향이 흩어지고 중심이 분산된다.

이 글은 이러한 사회의 변화를 반영하면서 새롭게 등장한 광고전략 가운데 하나인 통합적 마케팅 커뮤니케이션의 핵심개념인 '통합'을 연구대상으로 한다. 'IMC의 출현 이후 용어만 바뀌었을 뿐 전혀 새로운 개념이 아니다', '일시적 경영유행에 불과하다', 혹은 '새로운 시장(*market*)과 매체(*media*)의 변화하는 환경을 반영하는 새로운 패러다임이다' 등 IMC를 둘러싼 그간의 다양한 의견이나 찬반론을 살펴보면 이들의 논의수준은 하나같이 광고전략으로서의 마케팅 커뮤니케이션 차원에 머문다는 것을 알 수 있다. 하지만 IMC의 제창자이며 옹호론적 입장에 있는 학자들의 IMC에 관한 발전적 정의(Schultz et al., 1993 ; Schultz & Kitchen, 1997 ; Schultz & Schultz, 2000)를 보면 점차 그 범주가 커뮤니케이션에서 마케팅, 그리고 기업경영 차원으로 확산되고 있다.

논의의 시작

우리말로 IMC의 I (*Integration*)가 '통합적'이라고 쓰이기 시작한 것은 1993년 슐츠 교수 등이 저술한 *IMC : New Marketing Paradigm*을 문영숙 등이 《통합적 마케팅 커뮤니케이션》(1993, 범우사)이라고 번역한 것이 계기가 됐다. 이후 IMC는 원어 그대로 [예 : 한은경(2001), 《IMC 광고론》, 박기철(2002), 《IMC 광고 거품빼기》] 나 번역서의 제목을 따라 '통합적 마케팅 커뮤니케이션' 등으로 불렸으나 근래에는 '통합적'이라는 해석에 이의가 제기되었다. 박기철과 정해동은 마케팅 커뮤니케이션 수단이 실행되기 위해서는 이미 '통합된' 상태이므로 이를 완료적 의미의 '통합된'으로 고쳐야 한다고 주장한다. 나는 이를 좀더 확대해 더 포괄적인 'inclusive'나 'holistic'의 의미를 반영하는 해석이 더 적합하다고 판단한다. 하지만 이미 도입 초기에 최초의 번역자들이 채용한 용어이니 그대로 두되 더 정교한 조작적 정의는 점차 발전시키는 것이 좋을 듯하다.

IMC 곧 '통합적 마케팅 커뮤니케이션'이라는 표현이 최초로 공식적으로 사용된 것은 1991년 미국에서 소비재 광고주를 대상으로 하는 논문이 발표된 때다 (Caywood et al., 1991). 이처럼 IMC는 비교적 역사가 짧은 새로운 광고전략이요, 개념이다. 때문에 아직은 전체의 합의를 이룬 정의를 갖추지 못했다. 뿐만 아니라 그에 대한 찬반주장이 공존한다. 이와 같이 10여 년의 역사에도 아직까지 통일된 이론체계나 정의를 갖추지 못한 것은 첫째, 이론이나 주장의 실효성, 둘째 내용의 복합성, 셋째 환경적 요인 등으로 구분할 수 있다. 이 중 첫 번째는 두 번째와 세 번째의 논의가 완결되지 않은 상태로 아직은 전폭적 수용이나 폐기를 선언할 단계가 아니라고 본다. 두 번째로 이 이론이 갖는 내용의 복합성이나 난해함 때문이라면 이는 현재 IMC가 처한 현재의 연구상황으로 그에 대한 평가 역시 유보가 불가피하다. 필자는 IMC가 개념화 과정을 길게 가질 수밖에 없는 주요 원인은 IMC가 태동한 시대적 배경, 곧 산업사회로부터 정보사회로의 전환이라는 과도기적 국면 때문이라고 본다. 이러한 전환시대의 논리는 구시대의 시각으로 보면 일탈이요, 신세대에게는 시각 자체에 대한 논쟁으로 보여 본질에는 다가가지도 못하는 어려움에 처한다. 따라서 이번 논의에서는 먼저 IMC에 관한 그간의 연구과정 – 개념 및 정의, 출현배경, 다양한 시각, 발전단계와 선행연구 등을 정리하고, 이를 뒷받침할 통합으로의 회귀현상을 해석하며 마지막으로 그러한 해석을 가능케 하는 새로운 패러다임의 근거로서 복잡계이론을 도입하고자 한다.

개념과 정의

1993년 슐츠 등은 저서 *The New Marketing Paradigm* 에서 "IMC란 광고, 직접반응, PR, SP 등의 전략적 역할에 대한 포괄적 이해가 주는 부가가치를 인식한 마케팅 커뮤니케이션 기획이며, 이들 수단의 통합에 의해 커뮤니케이션 효과를 극대화하려는 것"이라고 정의했다. 이어 슐츠와 키친(Kitchen)은 *Integrated Marketing Communication in US Advertising Agencies : An Exploratory Study*에서 "IMC란 다양한 커뮤니케이션 수단들의 전략적 역할에 대한 부가가치를 인식하고 이들을 통합하여 명확하고 지속적인 커뮤니케이션 효과를 극대화하기 위한 마케팅 커뮤니케이션 기획의 개념"이라고 규정했다. 2003년, 슐츠는 다시 "IMC는 소비자, 고객, 종업원 혹은 기타 조직 내 · 외부와 관련된 모든 일반인을 대상으로 상호 조정되고 측정 가능하며 설득적인 마케팅 커뮤니케이션 프로그램을 지속적으로 적용하는 전략적인 사업과정이다"라고 IMC에 대한 새로운 정의를 선보였다. 이와 같은 일련의 정의변화는 IMC가 커뮤니케이션 단계, 마케팅 단계, 매니지먼트 단계로 범위를 넓혀가고 있음을 보여준다. 현재 통합적 마케팅 커뮤니케이션의 정의로 가장 광범위하게 인용되는 것은 미국광고대행사협의회(AAAA)의 정의이다. 이에 따르면 IMC란 "모든 커뮤니케이션 수단(광고, PR, SP 등)의 전략적 역할을 살려 짜인 포괄적인 커뮤니케이션의 부가가치를 인정하는 것, 즉 각 수단을 포괄해서 명쾌하고 일관성이 있으며, 최대효과를 낳는 커뮤니케이션을 창조하는 것"이다(김일철, 2002). 우리나라에서는 코래드광고전략연구소가 펴낸 《광고대사전》[2]에 쓰인 "통합적 마케팅 커뮤니케이션이란 종전의 판매촉진 요인인 광고, 홍보, SP 등을 부분적 · 개별적으로 보았던 것을 관련된 마케팅 믹스까지 확대해 전체적으로 보려는 방법일 뿐만 아니라, 이를 소비자의 입장에서 정보처리 시각으로 파악하려는 커뮤니케이션의 새로운 시도이다"라는 정의를 사용한다.

이처럼 통합적 마케팅 커뮤니케이션에 대한 정의가 다양하고 상이하지만 몇 가지 명확한 공통점을 찾아볼 수 있다. 첫째, 조직 내의 다양한 커뮤니케이션 수단을 동원한다. 둘째, 이러한 수단들을 통합화한다. 셋째, IMC는 전사적 차원에서의 전략적 의사결정과정이며 전략이다.

나는 IMC세미나(2002)에서 IMC에 관한 다양한 개념적 정의를 종합하고 재구성하여 다음 다섯 가지의 특성을 정리했다.

첫째, 송신자 측면에서 기업의 다품종화에 의한 다양한 상품과 서비스에 적합한 마케팅 커뮤니케이션의 효율성, 둘째 기존 4대 매체를 중심으로 하는 광고비 부담의 가중 및 이와 반비례하는, 상대적 광고효과 감소에 따른 대안, 셋째 제품수명의 단명화에 의한 단기적이고 즉시적인 다양한 판촉수단의 필요성, 넷째 광고의 홍수 속에서 차별화된 메시지 작성의 요구와 이를 가능하게 하는 디지털화 · 시각화 · 다채널화 등의 기술발달, 마지막으로 정보화사회로의 진입에 따른 능동적 소비자들의 라이프스타일 변화 등을 수용하기 위한 총체적 노력 등이 그것이다.

---

2) 코래드광고전략연구소(1996), 《광고대사전》, 나남출판사.

즉, IMC는 '조직이 전달하고자 하는 메시지를 최적화하기 위한 전사적이고 총체적인 커뮤니케이션 노력의 총화'라고 정의할 수 있다. 그러나 IMC에 관한 연구가 아직은 초창기이고, IMC를 수용하는 시장(*market*)이나 매체(*media*) 환경 등이 빠르게 변화 · 발전하는 관계로 IMC에 대한 정의 역시 발전적으로 변하는 중이다. 이것의 초기 정의(1993)와 최근(2004)의 것을 대비하면 다음과 같다.

먼저 1993년의 정의(Schultz)에 따르면 IMC란 "광고, 직접반응, 판매촉진, PR 등의 전략적 역할에 대한 포괄적 이해가 주는 부가가치를 인식한 마케팅커뮤니케이션 기획, 이들 수단들의 통합에 의한 커뮤니케이션 효과를 극대화하려는 것"으로 관심의 주요 대상이 마케팅 커뮤니케이션 수단과 그것의 통합이었다. 그러나 최근에 출간된 저서 *IMC : The Next Generation* (2004)에서 저자(Schultz & Schultz)는 "IMC란 소비자, 고객, 종업원 혹은 기타 조직 내 · 외부의 관련된 모든 공중을 대상으로 상호 조정되고 측정 가능하며 설득적인 마케팅 커뮤니케이션 프로그램을 지속적으로 적용하는 전략적인 사업과정이다" 라고 정의하면서 IMC가 단순히 커뮤니케이션 차원이 아닌 기업경영 차원에서 다루어져야 한다고 주장한다. 이를 시간 경과에 따라 그림으로 표시하면 〈그림 1-1〉처럼 커뮤니케이션에서 마케팅 차원을 거쳐 경영 차원으로 확장된다.

〈그림 1-1〉 IMC의 발전과정

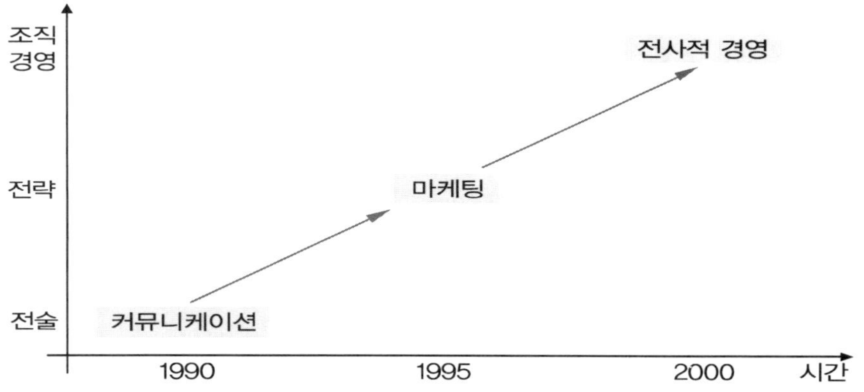

출현 배경

통합적 마케팅 커뮤니케이션의 출현배경을 이해하려면 다음 세 가지 방향에서의 접근이 필요하다(Caywood, 1997; Duncan & Caywood, 1996; Thorson & Moore, 1996).

첫째, 기업 또는 광고주 측면이다. 경쟁상대로 인한 시장에서의 실패와 기업합병 및 인수에 의한 새로운 경영리더십은 고객의 다양한 요구에 부응하기 위해 더 새로운 마케팅 방법을 필요로 한다. 둘째, 미디어 및 시장환경 측면이다. 정보통신 기술의 혁신적 발전이 전통적 마케팅기능과 광고기능의 약화에 일조한다. 광고에 대한 신뢰도 감소와 상대적 매체비용 부담의 증가, 개인판매 비용의 상승, 데이터베이스의 확장 및 가격인하 등에 의한 영업현장의 문제들이 대두되었고, 이에 대한 해결이 필요해졌다. 셋째, 위와 같은 상황 때문에 새로운 마케팅 커뮤니케이션 전략의 한 축을 형성하는 소비자 또는 수용자 측면에서의 더 풍부하고 설명력 있는 분석 및 해석이 요구된다는 것이다. 이를 좀더 세분해서 통합적 마케팅 커뮤니케이션의 출현배경을 구체화하면, ① 기술발달에 의한 기업의 전략변화, ② 데이터베이스의 발달과 마케터의 수준향상, ③ 광고비 부담의 증가 및 광고매체의 다양화, ④ 다양한 마케팅 커뮤니케이션 수단의 통합과 기업의 합병, ⑤ 소비자의 미디어 선택권 증대, ⑥ 마케팅의 국제화 현상 등을 들 수 있다(김일철, 2002). 그러나 IMC의 출현에 대한 이러한 접근은 매우 근시안적이며 지엽적이다. 마케팅 커뮤니케이션이 통합되는 과정은 짧게는 다음의 발전단계에서 논의할 제 1단계의 전술적 통합에서 제4단계의 경영적 통합에 이르기까지 시장의 요구와 이에 부응하는 기업의 노력으로 볼 수 있다. 또한 좀더 장기적이고 광의적으로 보면 이는 기업경영의 차원을 넘는 산업사회에서 정보사회로의 전환에 의한 패러다임의 변화로서 철학적이고 논리적인 근거를 찾을 수 있다.

다양한 평가

IMC에 대한 대표적 시각은 세 가지다. 먼저 IMC는 용어만 새로울 뿐 전혀 새로울 것이 없다(*Nothing New*)는 주장이다. 이는 주로 업계측의 관점으로, 이들에 따르면 이미 1970년대 광고주들이 불황을 타개하고 더 단기적이고 직접적인 효과를 거둘 수 있는 프로모션 전략을 대행사에 요구해 대행사들이 광고 이외의 여타 수단들을 활용하기 시작했다는 것이다(Duncan, 2002). 당시 가장 대표적인 광고주로 P&G 등을 들 수 있다. 또한 매체비의 증가와 상대적인 효과감소를 상쇄하기 위하여 직접반응 광고 등이 성행했다는 것이다. 이와 같이 새로울 것이 없다는 주장은 특히 홍보대행사 측에서 강력하게 제기되었다. 이들은 광고대행사에 비해서 고유업무인 대언론관계 활동(*publicity*) 이외에도 다양한 판매촉진 이벤트 및 프로모션에 익숙하기 때문이다. 하지만 이들이 주장하는 1970년대의 경험은 오늘날 우리가 주장하는 IMC의 정의와는 거리가 멀다. 즉, 당시에 비록 다양한 마케팅 커뮤니케이션 수단을 동원했다 하더라도 이들은 단지 종류의 나열에 불과할 뿐 각 수단간 전략적 조합이라든지 고객데이터에 의한 'outside-in' 접근 등은 찾아볼 수 없기 때문이다. 굳이 이를 IMC로 수용한다 해도 IMC 발전의 첫단계인 'one voice, one look'을 넘어서지 못했다.

두 번째로 IMC에 대해 더 부정적인 시각은 'IMC는 일시적 경영유행에 불과하다' 라는 주장이다(Cornelisson & Lock, 2000). 이것을 주장하는 사람들에 따르면 IMC는 구체적 정의나 개념, 실행방법 등이 결여되었으며, 결과에 대한 적절한 평가도 없는 등 단지 최고경영층을 위한 현란한 수사적 표현에 불과할 뿐 내용이 없다는 것이다. 심지어 이들은 지난 1990년대 몇몇 저널이 IMC에 관한 특집을 다루었던 예를 들어 상품수명주기(*product life cycle*) 측면에서 보더라도 이미 쇠퇴기를 지났다고 주장한다. 하지만 이들의 주장은 *Journal of Advertising Research*의 같은 호(2000, 겨울)[3]에서 슐츠와 키친 교수가 지적하듯이 크게 두 가지 오류를 범했다. 하

3) Schultz, Don E. & Kitchen, Philip(1999), "A Multi-Country Comparison of the Drive for IMC",

나는 IMC를 반박하기 위하여 인용한 문헌이나 논문들이 매우 선별적이며, 또 하나는 스스로 상품주기이론을 도입함으로써 IMC를 일시적 경영유행이 아닌 하나의 이론으로 인정했다는 사실이다.

마지막으로 세 번째 시각은 IMC야말로 변화하는 환경과 발전하는 통신커뮤니케이션 기술을 수용하는 디지털정보시대에 적합한 새로운 이론이라는 주장이다. 이에 속하는 학자로는 IMC를 제창한 미국 노스웨스턴 대학의 슐츠 교수 일행과 콜로라도 대학의 덩컨과 모라이어티(Moriarty) 교수 부부, 영국 헐 대학의 키친 교수 등이 있다. 필자 또한 IMC가 용어의 적합성 등 초기이론으로서 몇 가지 보완점이 있지만 이전의 선형적이고 시계열적인 아날로그시대와는 다른 비선형적, 쌍방향 디지털환경에 적합한 새로운 이론이라는 데 전적으로 동의한다. 단지 문제점은 슐츠 교수 등이 고백하듯 IMC는 '패러다임 이전'(*pre-paradigm*) 단계로 정의나 이론적 체계가 완성되는 과정에 있다는 것이다. 그 과정이 더딘 이유는 바로 이 연구에서 지적하는 바와 같이 IMC의 출현시기가 아날로그에서 디지털로 전환되는 혁명적 과도기와 같기 때문이다.

IMC 발전모형

IMC는 정의의 다차원성, 마케팅 환경변화의 역동성, 그리고 발전 초기단계로서의 시기적 제한성 등의 문제가 있으므로 실행을 위한 방법을 발전시킬 때 단계적으로 고려해야 한다. 덩컨과 케이우드는 커뮤니케이션의 통합화 과정을 통합의 필요성에 대한 인지, 이미지의 통합, 기능의 통합, 부서간 통합, 소비자에 기초한 통합, 이해집단에 기초한 통합, 그리고 마지막으로 관계경영에 의한 통합의 7단계로 설정한 바 있다(Duncan & Caywood, 1996). 그리고 슐츠와 키친은 초기의 디자인과 메시지의 통일(*one voice, one look*)을 중시하는 전술적 단계의 통합에서 고객중심

Journal of Advertising Research, Jan/Feb.

관점(*outside-in*)에 의한 내 · 외부 관련부서의 통합, IT기술을 응용한 데이터베이스에 의한 통합 그리고 최종적으로 재정적이며 최고경영 단계에서의 통합 등 네 단계로 구분한다. 이들 연구는 IMC 발전단계의 특성을 제시함으로써 자칫 개념적으로 방만해질 위험이 있던 학자들간 논의의 초점을 제시함과 동시에 개념적으로 혼란스럽지만 실무자들이 발전수준을 가늠할 수 있는 척도를 제시했다. 이들 네 단계를 요약하면 다음과 같다.

제 1단계 : 전술적 조합

다양한 대외 마케팅, 커뮤니케이션 요소들이 각 기능상 일관성을 유지하여 시너지를 낼 수 있는 전술적 통합의 단계. 모든 마케팅 커뮤니케이션 활동이 'one sight, one sound'를 유지할 수 있는 전반적 커뮤니케이션 정책을 강조한다.

제 2단계 : 마케팅 커뮤니케이션의 재정의

마케팅 커뮤니케이션 담당자들이 모든 접점에서 고객을 파악하기 위해 커뮤니케이션을 운영하는 단계. 마케팅 커뮤니케이션의 영역이 담당부서에서 종업원, 공급업체, 그 밖의 모든 대외 커뮤니케이션 활동과 관련된 협력사로 확대된다.

제 3단계 : 정보기술의 응용

IT기술을 이용해서 핵심고객을 찾아내고 그들에 대한 가치평가를 하며 내부조직과 대외 커뮤니케이션의 효과를 관측하는 등 경험적 고객데이터의 활용단계. 고객과의 관계가 더 다양하고 경쟁력 있도록 다양한 고객데이터 소스를 모으고 이를 통합한다.

제 4단계 : 재무적 · 전략적 통합

앞서의 단계들을 거치면서 수집한 고객정보를 회사의 전략적 기획에 반영하는 단계. 고객에 대한 투자환수효과 측정을 위해서 재무관리체계를 '폐쇄순환'으로 운영한다.

〈그림 1-2〉 IMC의 발전단계

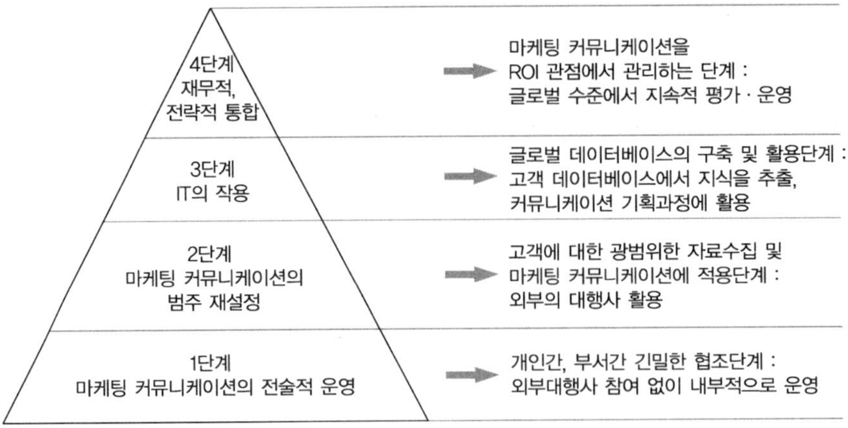

출처 : IMC BEST Practice Report, 1998 APQC.

이상의 IMC 발전의 네 단계를 슐츠와 키친의 그림으로 도형화하면 〈그림 1-2〉와 같다. 그러나 이들 연구는 발전과정을 점진적으로 보기보다는 단절된 단계로 오해할 수 있는 소지가 있고 여러 나라에 다양한 발전유형이 있을 수 있다는 사실을 간과했다.

경영혁신 전략의 관점

IMC에 관한 최근의 외국서적이나 저널에서 'marcomm'이라는 단어를 심심찮게 찾아볼 수 있다. 'marketing communication'을 축약한 신조어다. 아직 사전에서 용어를 찾을 수는 없지만 업계나 학계에서는 상당히 일반화된 표현이다.

서두에서도 언급했지만 유행어는 시대의 변화를 반영한다. 따라서 마콤이 기존의 다양한 마케팅 커뮤니케이션 수단을 대표하는 용어로 자리하게 될 것이다. 광고홍보학과는 대부분 신문방송학과에 뿌리를 둔다. 학교마다 다소 차이는 있지만 신문방송학과도 출발 당시에는 신문학과였다. 그러던 것이 점차 세분화되는 매체를 수용하기 위해 명칭이 길어지고, 근래에는 디지털영상정보학부처럼 더욱 길고 의미하는 바가 넓어졌다. 멀티미디어와 뉴미디어 등의 등장에 따른 미디어의 세분화를 반영하기 위한 노력이다. 하지만 언제까지 그 이름을 길게 늘릴 수는 없는 노릇이다. 이러한 맥락에서 마콤이라는 신조어는 그 수단의 대명사로 이해될 수 있다. 결국 지나친 세분화는 통합으로의 회귀를 불가피하게 한다.

이는 단순히 커뮤니케이션 영역에만 국한된 것이 아니다. 마케팅을 포함하는 분야에서도 지난 250여 년간 지속적 세분화로 인한 반작용 운동이 계속됐다. TQC, BPR, CRM, ERP, 6 Sigma 등 일련의 경영혁신운동이 그러하다. 이들은 표현만 다를 뿐 하나같이 분업과 대치되는 개념(*total*, *process*, *relationship*, *enterprise* 등)을 내포한다. 이들과 IMC 사이에 다른 점이 있다면 앞의 경영혁신 개념들은 산업사회의 제조생산성을 위한 기술과 기계에 주력했다면, 후자는 정보사회의 생산성을 추구하는 만큼 정보와 커뮤니케이션을 중시한다는 것이다. 이들 주요 개념을 논의함으로써 통합으로의 회귀를 지향하는 궤적을 더듬어 보고자 한다.

•◦• TQC

전사적 품질관리로 불리는 'Total Quality Control'은 원래 1970년대 일본에서 등장한 개념이다. 일본의 제조업체들이 불량률을 낮추기 위해 공산품의 조립현장에서 생산직 근로자들이 품질관리(QC) 차원에서 소규모 분임조 단위로 실시하던 생산성향상 노력을 전사적 차원으로 확대했다. 이것이 미국으로 건너가서 전사적 품질관리경영이라는 'Total Quality Management'로 발전한 것이다. TQC의 주목적은 각각의 부품이 갖는 결함이나 불량률을 낮추거나 제거하는 것이다. 자연 행위의 주체는 부품을 맡은 생산직 근로자 1인이나 그가 속한 소단위에 불과하다.

•◦• BPR

BPR이란 'Business Process Reengineering' 혹은 'Redesign'의 약어로 1990년

미국에서 처음 개념화된 혁신기법이다. IBM을 비롯해 미국을 대표하는 거대기업들이 쇠퇴하면서 제조업의 생산성이 일본에 뒤처지자 만회를 위한 혁신적 경쟁력 제고의 방안으로 도입했다. 이 기법을 적용해 각 기업의 생산성이 크게 높아지면서 실효성을 인정받아 일본과 유럽으로 확산되었다.

한마디로 BPR는 기업 내 정보기술을 도입할 때 프로세스의 혁신을 추구함으로써 업무성과의 대폭적 향상을 도모하는 방법이다. BPR은 혁신적 향상을 이루기 위해서 비즈니스 프로세스를 신중하고 근본적으로 변화시킬 수 있다. 유사한 용어로는 비즈니스 프로세스 재설계(*business process redesign*), 프로세스 혁신(*process innovation*) 등이 있다.

••• CRM

고객관계경영, 즉 CRM은 'Customer Relationship Management'의 약자이다. 고객의 행동양식에 대한 깊은 관찰과 이해를 바탕으로 기업경영의 질을 과학적으로 끌어올리기 위한 전략, 조직, 프로세스 및 기술상의 변화과정을 의미한다.

즉, CRM은 기존 고객에 대한 정보를 종합적으로 분석해 우수고객을 추출하고 이들에 관한 각종 정보를 바탕으로 1 대 1 집중관리할 수 있는 장점을 지닌다. 기업은 CRM을 통해 고객에 대한 정보를 수집하고, 수집한 정보를 효과적으로 활용해 매출과 수익을 증대하거나 비용절감을 이룬다. 매출증대는 기존고객 및 우량고객의 유지 · 관리, 기존고객으로부터의 수익성증대, 수익성이 높은 신규고객 확보를 통해 달성될 수 있다. 한편 비용절감은 고객을 과학적으로 분석하여 마케팅을 효율적으로 수행함으로써 이룰 수 있다. 결국 CRM이란 현재 기업이 보유한 고객과 잠재고객의 자료를 수집하여 이를 쓸모 있고 가치 있는 마케팅정보로 변환하고, 고객행동을 분석 · 예측하기 위하여 고객의 행동확률을 고객별로 지수화하는 과정이다. 또한 개별고객의 점수를 활용하여 동일한 고객군으로 그룹화하고, 고객별 · 그룹별로 효과적 마케팅 프로그램과 전략을 개발, 검증, 구현, 측정 및 수정하는 일련의 과정을 뜻한다.

●○● ERP

ERP란 'Enterprise Resource Planning'의 약자로 '전사적 자원관리시스템'이라고 통칭한다. 기업은 다양한 경영활동을 위해 생산, 판매, 인사, 회계, 자금, 원가, 고정자산 등의 여러 운영시스템을 갖고 있다. ERP는 기업이 이러한 시스템을 하나로 통합할 필요성을 느껴 전 부문에 걸친 경영자원(시스템)을 통합된 시스템으로 재구축함으로써 생산성을 극대화하려는 과정에서 탄생한 기업 리엔지니어링 기법 중 하나다. 경영지원을 위한 각 하위시스템은 해당분야의 업무를 처리하고 정보를 가공하여 의사결정을 지원하기도 하지만 별개의 시스템으로 운영되어 정보가 타 부문에 동시에 연결되지 않아 불편과 낭비를 초래했다. ERP는 이러한 문제점을 해결하기 위해 어느 한 부문에 데이터를 입력하면 회사의 전 부문이 동시에 필요에 따라서 정보로 활용하도록 하는 것을 목적으로 한다. ERP를 실현하기 위해서 공급하는 소프트웨어를 ERP 패키지라고 한다. 이 패키지는 데이터를 한 시스템에서 입력하면 전체적으로 자동연결되어 별도로 인터페이스를 처리할 필요가 없이 통합운영이 가능한 시스템이다.

이밖에도 여러 가지 다양한 경영혁신 개념이나 기법이 있는데 이들을 종합하면 몇 가지 발전적 변화과정에서의 특이점을 발견할 수 있다.

먼저 전사적 품질관리(TQC)나 그 이전의 품질관리는 영역이 하나의 부품 혹은 근로자 개인에 초점을 두었다. 즉, 초기 애덤 스미스의 분업의 개념을 바탕으로 세분화된 각 공정 하나하나에만 관심을 둔 것이다. 다음으로 등장한 리엔지니어링 개념인 BPR는 각 개인이 아닌 한 부서나 공정으로 관심영역을 확대했다. 이는 아무리 각 개인이나 부품의 품질이 우수하다 하더라도 이들을 잇는 공정이나 절차상에 하자가 있거나 시간이 지연되면 결국 완성품의 품질이나 납기 등에 영향을 미칠 수 있다는 판단 때문이다. 곧, 경영혁신의 단위가 한 개인이나 부품에서 부서 혹은 부분 조합으로 확장된 것을 의미한다. 그 이후 등장한 고객관계경영(CRM)이나 전사적 자원관리(ERP) 등은 이전의 품질관리나 리엔지니어링에 비해 경영혁신의 관심영역을 말 그대로 전사적 차원으로 확대한다. 이러한 관심영역은 사내뿐만 아니라 모든 협력업체나 심지어 통제의 영역을 벗어난 고객과의 관계관리까지도 포함한다.

이상의 경영혁신 개념의 변화과정을 순차적으로 조합하면 '개인 → 부서 → 회사 전체 혹은 부품 → 부분 조립 → 완제품'으로 영역이 확장된 것을 알 수 있다. 뿐만 아니라 각 경영혁신 개념의 주체도 점차 변했음을 발견할 수 있다. 초기 품질관리(QC) 운동은 주로 일선의 작업현장을 중심으로 이루어졌다. 즉, 생산라인에 종사하는 근로자들이 분임조 단위로 편성되어 자신이 맡은 부품의 품질개선을 위한 노력의 일환으로 시작되었다. 그러던 것이 '전체'(*total*)라는 단어가 붙으면서 전사적 노력으로 확산되었으며, 이것이 미국으로 건너가 경영 차원으로 상향된 것이다. 품질관리 이후 등장한 BRP와 같은 경영혁신 개념은 최일선보다는 상위에 있는 부서장을 중심으로 이루어진다. 각 부서장이 자신이 맡은 업무의 절차(*process*)를 개선하고 나아가 부서와 부서 간 업무절차를 원활하게 고침으로써 생산성을 향상하는 것이다. 따라서 이전의 품질관리가 일선의 담당자 선에서 이루어진 데 반해 리엔지니어링은 부서 단위의 관리자로 옮겨졌다. 또한 최근 소개되는 대부분의 경영혁신 개념들 — CRM, ERP, 6 Sigma 등 — 은 하나같이 성패의 제 1요인으로 최고경영층의 관심과 참여를 꼽는다. 아울러 조직 내의 특정인물이나 부서가 아닌 조직 전체의 참여를 필수조건으로 제시한다.

IMC도 대상범위와 조직 내 최고경영층의 참여를 전제로 한다는 점에서는 이상에서 논의한 여러 경영혁신 개념과 다르지 않다. 단지 산업사회에서 정보사회로 전환하면서 제조업의 생산성이 서비스업의 생산성으로 바뀜에 따라 생산수당과 지식이 기계와 기술에서 커뮤니케이션과 정보로 전환됐을 뿐이다. 그리고 목표가 품질에서 컨센서스로 바뀐 것이다.

IMC가 추구하는 '통합'에 대해 올바르게 해석해야 한다. 조직의 경영혁신 노력과 발전과정의 관점을 결여하면 IMC는 자칫 광고전략의 연장선에서 단지 다양한 프로모션 수단(*disciplines*)들의 합산으로 보는 시각에 그칠 수 있다. 그리고 실제로 적지 않은 서적들이 IMC라는 제목을 달고 이러한 잘못을 범한다. 이는 광고분야

뿐만 아니라 마케팅 영역에서도 마찬가지다. 새로운 촉진전략으로서의 IMC를 소개하는 서적들은 하나같이 IMC를 이전의 광고에 홍보, 전시, 이벤트, 다이렉트 마케팅 등을 끼워 넣어 정당화한다. 이러한 무리가 IMC에 대한 본질적 오해를 낳는다. IMC를 기존의 광고전략과 가장 두드러지게 구분하는 것은 앞서 제시한 담당주체나 조직의 참여라는 실행측면 외에 본질적으로 추구하는 바가 커뮤니케이션에 의한 태도변화가 아닌 고객(혹은 잠재고객)의 정보에 의한 행동변화라는 것이다.

광고목표나 전략에서 가장 중시하는 개념은 인지도(*awareness*), 회상도(*recall*), 구매의향 등 주로 인식과 태도에 관한 것이다. 그리고 이러한 목표를 달성하기 위한 이론적 토대는 커뮤니케이션의 선형모델인 S-M-C-R-E 유형에 근거한다. 하지만 가장 지배적인 매체가 신문이던 시절을 지나 라디오시대를 거쳐 겨우 흑백 텔레비전이 보급되던 시절에 등장한 선형적 커뮤니케이션 이론을 근거로 오늘날과 같이 네트워크의 네트워크로 확장되는 비선형 쌍방향구조의 커뮤니케이션을 설명하는 것은 불가능한 일이다. 이러한 선형적 사고에서 비롯된 AIDA(*Attention*, *Interest*, *Desire*, *Action*)와 같은 커뮤니케이션 효과의 수직이론(*hierarchy of effect*)은 소비자의 사고나 행동이 순차적(*sequential*)이지 않은 오늘의 시장상황에서는 설득력을 상실한다.

필자는 이와 같이 기존의 순차적이고 시계열적인 커뮤니케이션의 태도지향적 이론으로는 IMC의 개념을 설명하는 데 한계가 있음을 지적하고 탐색적 대안으로 복잡계이론의 도입을 제시한 바 있다(김일철, 2001). 다음에서는 복잡계에 관한 논의를 바탕으로 IMC가 지향하는 '통합'의 논거를 모색하기로 한다.

복잡계관점

지난 수세기 동안 서양과학의 발전방향은 환원론적이고 분석적인 방법에 의존했다. 환원론이란 사물을 나누어 이해하고 이를 다시 종합하면 전체를 알 수 있다는 생각이다. 자연현상이나 사회현상의 많은 예를 이러한 환원론만으로는 설명할 수 없다. 왜냐하면 자연이나 사회현상은 모두 단순히 선형적이거나 기계적인 것이 아니라 복잡하고 비선형적이며 동태적 유기체의 성격을 지니기 때문이다. 이런 복잡한 현상을 이해하려면 전체가 부분의 합보다 크다는 인식에서 출발해야 한다. 이러한 관점에서 등장한 것이 바로 복잡계이론이다. 복잡성(혹은 복잡계)이론부터 패러다임에 이르기까지 다양하게 불리는 이 개념에 대해 아서(Arthur, 1997)는 기존의 요소환원주의로 설명할 수 있는 세계를 '단순계'(*simplicity*)로 설정하고 이에 반해 복잡계(*complexity*)란 "수많은 요소가 존재하고 각 요소가 서로에게 영향을 주다 보면 어떤 일정한 패턴이 형성되거나 전혀 예상치 못했던 성질을 띠게 된다. 이렇게 형성된 패턴과 성질은 원래의 각 요소에 피드백되면서 또다시 영향을 미친다"(김웅철, 1997) 라고 정의했다. 로저스(Rogers)는 커뮤니케이션이 미국에서 독립된 학문으로 자리잡게 된 사상적 배경으로 유럽의 세 학자, 진화론의 다윈과 정신분석학자인 프로이트 그리고 맑스를 든다(Everett, 1984). 이제까지의 지배적 패러다임의 기반이 되는 산업사회의 기계적 세계관이 베이컨, 데카르트 그리고 뉴턴에서 비롯됐다는 리프킨(Rifkin, 1980)의 관점에 따르면 결국 다른 사회과학의 이론체계와 마찬가지로 커뮤니케이션 역시 근대 서양과학의 기본을 이루는 뉴턴주의에서 뿌리를 찾을 수 있다.

환원론적이고 분석적 방법론에 입각한 이들의 기본적인 논리적 가정은 첫째, 우주의 움직임이 근원적 운동원리에 의해 평형점을 향해 복원한다는, 뉴턴의 고전역학체계의 평형성이다. 둘째는 선형적 인과관계로 경제학에서 수요와 가격이 변화하는 패턴이 비례적으로 움직인다거나 자연환경의 변화로 생물이 멸종하거나 번성한다는 다윈의 적자생존설을 지원하는 것 등을 예로 들 수 있다. 셋째, 부정피드백 조절기능을 강조하는데 이는 평형점을 지향하는 시스템에서는 서로 모순적인 요소가 사라진다는 것이다. 끝으로 실증주의에 입각한 과학적 방법론과 이를 통한 지식습득을 강조함으로써 패러독스를 부정한다. 그러나 복잡계이론에서는 이러한 요소환원주의적 논리의 한계를 지적한다. 즉, 자연계에서는 안정적이든 불안정적이든 평형상태만이 유일한 현상이 아니며, 'y=ax+b'라는 뉴튼식의 일차선형방정식으로는 설명할 수 없는 비선형적 현상이 존재하고, 시스템 내의 평형을 유지하기 위한 부정피드백 이외에 확대재생산 혹은 한계효용체증의 법칙(Arther, 1997)을 가능케 하는 긍정피드백과 공진화(*coevolution*)를 가능케 하는 분산시스템 수용을 위한 패러독스의 인정 등이 불가피하다는 것이다(장승권, 1997). 이를 종합하면 결국 복잡계란 기존 산업사회의 선형적이고 시계열적인 분석과 관점을 넘어선 것이다.

여기서 관심의 영역을 산업사회 이전으로 확장해 보자. 산업사회와 정보사회의 비교는 기존의 친숙한 패러다임을 부정해야 하는 고통을 수반한다. 하지만 이러한 비교관점을 산업사회 이전의 농업사회나 그 이전의 수렵사회까지 확장하면 어떨까? 우리는 알타미라 동굴의 벽화를 통해 선사시대의 생활상을 유추한다. 조선시대 임금님의 행차도를 보자. 수백, 수천의 각기 다른 사람들이 다양한 의상과 도구를 갖추고 복잡한 절차와 모양으로 임금님의 앞뒤에서 호위하는 모습을 그림이 아닌 필설로 표현한다면 얼마나 많은 분량의 글이 필요할까? 아마도 수백 쪽의 두꺼운 책으로 묘사한다 해도 그림 한 장만 못할 것이다. 이와 같이 기계가 발명되기 이전, 아니 더 나아가 인류가 문자를 생활화하기 이전에는 기호나 그림에 의한 총체적 메시지 전달에 의존했을 것이다. 그것이 활자로 대치되면서 선형적 사고를 강요받게 되었다고 생각한다. 활자를 대하면 좌측 상단으로부터 우측 하단으로 순차적이며 선형적으로 접근할 수밖에 없으니 말이다.

이러한 선형적 사고의 기본틀이 고착화된 것은 인쇄술이 보편화된 15세기 이후라고 판단한다. 그러던 것이 18세기에 기계가 발명, 보급되면서 생긴 부품의 조립라인이 선형적 사고를 더욱 강화했을 것이다. 이는 앞서 논의한 데카르트의 철학이나 뉴턴의 과학이 기계적 생산구조에 선행해서 이들로 하여금 철학적 기반을 제공하게 한 것과 무관하지 않다. 이후 모든 의식과 생활체계는 선형을 기본 골간으로 했다. 생산설비나 체제 또한 예외가 아니어서 일직선상에서의 분업, 분할이 가속화되었다. 그 결과 지나친 세분화에 의한 반작용으로 굳이 헤겔의 변증법적 논거를 들지 않더라도 분절의 봉합으로 선회했다. 앞서 제시한 일련의 경영혁신 개념의 핵심이 바로 그러한 것이다. 단지 그것들이 IMC와 다르다면, 앞서도 지적했듯이, 산업사회와 정보사회의 생산구조와 가치가 유형의 상품이나 서비스에서 무형의 정보가치로 전환됨에 따라 기술에 의한 품질추구가 커뮤니케이션에 의한 컨센서스로 전환됐을 따름이다. 이를 표로 정리하면 〈표 1-1〉과 같다.

<표 1-1> 산업사회와 정보사회의 가치변화

시대구분	산업사회	정보사회
생산구조	기계/공장	커뮤니케이션/미디어
생산방식	기술	정보
생산성	품질	컨센서스
철학기조	기계론적 유물론	유기론적 확률론

통합의 패러다임

이제까지 '왜 통합인가?' 하는 물음에 대한 해답을 구하고자 여러 가지 경영혁신 개념을 검토하고 이를 IMC와 비교해서 논의해 보았다. 인터넷에 의한 사회구조를 설명할 때 네트워크의 네트워크화(*network of networks*)나 자기조직화(*self organization*) 등의 표현이 일반화되었다. 군대용어 중에 "헤쳐 모여"라는 구호가 있다. 현재의 위치를 무시하고 일정한 패턴으로 재배열하고자 할 때 쓰는 표현이다. 산업사회에서 정보사회로의 이행과정을 제 3자의 입장에서 바라보면 마치 연병장에서의 헤쳐 모여를 보는 것 같다. 다만 다시 모인 모양이 어떨지는 확신할 수 없지만 … . 통합은 그러한 일련의 과정에서의 과도기적 현상으로 풀이된다. 광고의 전략이나 개념들은 횡적으로는 마케팅을, 그리고 종적으로는 커뮤니케이션을 기본 이론으로 한다. 그런데 마케팅이나 커뮤니케이션은 산업사회를 거쳐오면서 정리되고 체계화된 이론이다. 선형적이며 시계열적인 논리구조를 갖는다는 말이다. 마케팅의 핵심이론인 4P와 커뮤니케이션의 기본모델인 S-M-C-R 또한 그러하다. 모두 평면적이고 순차적이다.

문제는 이러한 이론체계가 지금의 현상을 설명하는 데 모순되거나 한계가 있다는 것이다. 마케팅의 4P는 생산과 가격, 유통 및 판촉을 구분해서 설명한다. 여기엔 적어도 두 가지 모순이 있다. 첫째, 결정권자의 전환이다. 애초에 4P이론은 생산자(혹은 판매자) 구조의 시장역학 구도에서 출현한 이론이다. 하지만 오늘날

널리 알려진 것처럼 마케팅의 모든 영역의 결정권은 철저하게 소비자에게 있다. '고객만족'에서 '소비자는 왕'이라는 구호에 이르기까지의 일련의 변화는 단지 공급자의 판매부진을 극복하기 위한 한시적 구호나 슬로건이 아닌 시장에서의 헤게모니 전환을 의미한다. 또 하나의 모순은 각각의 마케팅 믹스가 개별적이지 못하다는 점이다. 이를테면 예전에는 대중매체를 통한 판촉과 대리점, 특약점 등의 유통이 철저히 분리되었으며, 이에 따라 판촉과 유통이 브랜드별로 독자적으로 운영되었던 것이 전자상거래에서는 이 두 가지가 한 곳에서 한꺼번에 이루어진다. 그것도 관심과 흥미, 기억, 행동(AIDMA) 순으로 차례로 이루어지는 것이 아니라 동시다발적으로 발생한다.

흩어진 조각을 재조립하기 위한 첫 번째 단계는 조각들을 한데 모으는 것이다. 그리고 부품을 권역별로 분리하고 조립에 들어가야 한다. 지금의 통합은 전체 조립 이전의 부분형성을 위한 합산과정이라고 본다. 그러한 판단의 근거로 거시적으로는 완성된 그림을 누구도 예측하지 못한다는 사실, 미시적으로는 이 연구에서 논의한 통합으로의 노력이 각 학문분야에서 전방위적으로 이루어짐을 들 수 있다. 결국 통합적 마케팅 커뮤니케이션이 추구하는 통합도 다양한 마케팅 커뮤니케이션의 합산이나 이와 관련된 내외부 부서나 협력기관(대행사 등)의 협력을 넘어선 의미다. 이러한 시각을 갖지 않는 한(과거의 연장선'에서의 시각을 유지하는 한) IMC에 대한 심각한 오해를 낳을 수 있다. 즉, ① 광고 이외의 다른 수단들을 포용하고 이들의 메시지를 통합(*One sight, one sound*)하는 것이라는, 현재 우리나라에 팽배한 가장 초보적인 시각, ② 커뮤니케이션에 의한 태도변화가 아닌 고객정보에 의한 행동변화 추구라는 주장에 대해서 그것은 광고영역이 아니라는 견해, ③ 메시지(*creative*)와 매체(*media mix*)를 경시하기 때문에 광고가 아니라는 주장 – 앞서 ②와 같이 IMC는 고객파악이 명확하면 행동을 변화시키기 위한 인센티브(메시지)나 접점(매체)이 명확해진다는 점에 대한 이해부족 – 등을 극복하는 데 적잖은 어려움이 따를 것이라 예상한다.

이 땅에 더는 백지상태의 신규고객은 없다. 내 고객을 유지하든지 아니면 타사의 고객을 내 고객으로 만들어야 한다. 사람은 각자 모든 브랜드에 어떤 형태로든 관계를 맺는다. 쿤(Kuhn, 1962)[4]이 주장하듯 새로운 이론의 출현은 패러다임의 대규모적 파괴와 정상과학의 과제 및 기술상의 주요 변혁을 요하기 때문에 학문적 불안정기를 거친 후에야 이루어진다. 많은 커뮤니케이션 학자들이 인정하듯이 오늘날 커뮤니케이션의 여러 현상은 정상과학으로 예상된 해답을 얻는 데 계속 실패하고 있다. 학문적 불안정기에 들어선 것이다. 하지만 아직 대안을 찾지 못했다. 갈릴레이식으로 말하면 천동설은 분명 아니지만 지동설이라는 획기적 발견은 커녕 어떤 실마리조차 찾지 못한 상태이다. 따라서 복잡계는 패러다임이라고 할 수 없다. 단지 정상과학의 실패를 벗어나기 위한 다양한 시도의 일환으로 볼 수 있는 정도이다.

이상으로 산업사회에서 정보사회로 전환하는 시기에 하위의 시장전환(생산자 중심의 소품종 대량생산에서 소비자 위주의 다품종 소량소비)과 핵심매체 변화(멀티미디어화, 쌍방향에 의한 상호작용 등)에 이르기까지 총체적 변화과정에서 새롭게 등장한 광고전략 개념인 IMC를 조망했다. 통합적 마케팅 커뮤니케이션이 지향하는 '통합'의 출현배경을 산업사회의 분업화에 대한 반작용이라는 거시적 관점에서 조망함으로써 IMC에 관한 전술적이고 미시적 논의를 극복하려는 것이다. 새 술은 새 부대에 담으라는 말이 있듯이 새로운 시대의 새로운 이론은 새로운 관점이 필요하다. 통합적 마케팅 커뮤니케이션이 학문적 연구의 대상이 된 지 10년이 넘도록 아직까지도 인식에 관한 연구수준에 머무는 것은 안타까운 일이다. 이 논의는 그 원인을 IMC가 등장한 시대적 배경에 두고 이전의 광고전략들이 산업사회를 지원하는 뉴턴주의의 기계적 연구방법론에 기인한 데 반해 IMC를 정보사회 현상을 설명하는 복잡계이론의 관점에서 이해하려고 했다. 복잡계란 이전의 요소환원주의에 입각한 산업사회의 패러다임을 단순계라 지칭하고 오늘날의 여러 사회현상을 설명할 수 없는 단순계논리의 한계를 지적하며, 그 대안으로 제시된 정보사회를 설명하기 위한 새로운 패러다임이다. IMC의 개념을 비교적 근접하게 설명할 수 있는 위너(Winner)의 인공두뇌모델이나 수렴커뮤니케이션 모델에 기초한 미디어 이용자의

4) Kuhn, Samuel(1970), *The Structure of Scientific Revolution*, University of Chicago Press, 조형 역(1993), 이화여대 출판부에서 재인용.

메시지 이해와 공유에 초점을 맞추기 위한 끊임없는 자기수정 과정은 비평형시스템을 의미한다. 컴퓨터 매개커뮤니케이션에 의한 네트워크의 네트워크 커뮤니케이션 구조는 단순히 일방향에서 쌍방향으로의 전환만 가지고는 설명이 부족하다. 복잡계가 말하는 비선형적 · 순환적 인과관계의 관점이 필요하다. 누적으로 설명되는 정보축적과 이 과정에서 발생하는 능동적이며 수동적인 피드백현상은 종전의 기계적 부정피드백이 아닌 긍정피드백의 관점에서만 비로소 이해가 가능하다. 그리고 이러한 모든 관점의 전환은 충돌과 상충을(적어도 이제까지의 관점에서는) 의미하는 패러독스를 인정할 때만 논의의 의미를 갖는다.

이 장에서는 IMC의 개념을 파악하고 핵심개념인 '통합'을 이론화하기 위해 요소환원주의의 한계와 근래에 등장한 경영혁신 이론에서 그 맥락을 찾아보았다. 이러한 논의가 다른 분야와 마찬가지로 디지털 커뮤니케이션에 의한 변화현상을 수동적으로 받아들이는 광고업계나 학계에 새로운 광고질서(*digital advertising literacy*) 논의를 위한 단초가 되었으면 하고 기대한다.

제2장 글로벌 새 질서

얼마 전 UN에서 "전 세계의 다른 지역에서 일어나는 심각한 식량난을 해결하기 위한 당신의 솔직한 의견을 좀 주시겠습니까"(*Would you please give your most honest opinion about solutions to the food shortage in the rest of the world?*) 라는 한 가지 질문으로 여러 나라에서 설문조사를 실시했다. 그러나 이 간단한 조사는 참담한 실패로 끝났다. 그 이유인즉 아프리카 지역에서는 '식량'의 의미를 몰랐고, 서유럽에서는 '부족(난)'을 이해 못했으며, 동유럽에서는 '의견'이라는 단어에 생소해했기 때문이다. 중동지역에서는 '해결'을 몰랐고, 남미에서는 '좀'(*Please*)을 이해하지 못했다. 아시아 지역에서는 '솔직한'을 이해하지 못했으며, 특히 일본에서는 '당신의'를, 싱가포르에서는 '주시겠습니까'를 알아듣지 못했다. 그리고 미국에서는 '전 세계의 다른 지역'이 어디를 말하는지 이해하지 못했단다. 물론 누군가가 웃자고 지어낸 소리다.

2004년 가을학기 노스웨스턴 대학의 커뮤니케이션 전공 대학원 수업에 소개된 교재 가운데 글로벌에 관한 책이 스티글리츠(John E. Stiglitz)의 *Globalization and Its Discontents*를 포함해서 무려 여섯 권이나 눈에 들어온다. 여기서 글로벌화에 대한 찬반논쟁을 재현하거나 당위성을 반복하고 싶지는 않다. 하지만 적어도 마콤의 관점에서 글로벌화가 지향하는 목표지점에 대한 방향감각의 예민성과 이에 순응하기 위한 노력은 필요하다고 본다. 한때 우리나라도 세계화를 부르짖으며 적절한 영문표기를 만드느라 소란을 피운 적이 있다. 가장 한국적인 것이 가장 세계적이라는 국수와 국제를 넘나드는 위험한 줄타기가 횡행하던 시절이다. 그런 세계화가 오늘날 글로벌화에 밀려 자취를 감춘 지 오래다. 모 가전회사의 '빨래판 세탁기'와 '김장독 냉장고'가 그 대표적인 예다. 세탁기와 냉장고는 전 세계가 공유하는 가전제품이다. 그러나 '빨래판'과 '김장독'은 기능과 사용이 국지적이다. 그럼에도 빨래판이라는 기능을 추가해서 세탁기의 성능이 향상된다면 한국적 요소가 세계적 경쟁력을 갖춘 예라고 할 수 있다. 하지만 김장독 기능이 냉장고의 성능을 세계적 음식문화의 수준으로 개선하거나 김치를 세계적 식품으로 확산하지 못할 바에야 과연 그것이 세계적인 것인가에 대한 의문을 품게 한다. 이에 대해 혹자는 조류독감이나 한류 등에 편승한 아시아에서의 김치확산을 두고 비록 그것이 세계화에는 미치지 못하고 냉장고 보급에 기인한 것이 아니더라도 세계적으로 확산일로에 있지 않은가 하고 반문할지도 모르겠다. 이렇듯 세계화는 보는 관점과 해석하는 시각에 따라서 의미와 평가를 얼마든지 달리할 수 있다. 이 장에서는 세계화가 시사하는 바를 온광고의 관점에서 다양하게 논의하기로 한다.

양극화하는 세계화

만물은 양극화(*polarization*)한다. 큰 것은 더욱 커지고 작은 것은 더욱 작아진다. 국제질서에서 이러한 양극화현상은 이미 1982년에 존 네이스빗(John Naisbitt)이 자신의 저서 《메가 트랜드》(*Mega Trend*)에서 예견한 바 있다. 문제는 양극점이 과연 어디를 지향하느냐는 것이다. 세계질서에서 양극은 '민족'과 '경제'가 아닐까 한다. 소련의 붕괴와 동서독의 통합은 민족단위로 세계가 세분됨을 보여준다. 반면 NAFTA(북미자유무역연합)나 EU(유럽연합) 또는 ASEAN(동남아국가연합) 등은 경제적 이유로 국가들이 광역화함을 알 수 있다. 이념대립이 사라진 오늘, 종교가 변수로 등장하지 않는 한 경제와 민족이 편제단위가 되는 것은 오히려 자연스럽다.

따라서 앞으로 글로벌 마콤에서도 극점을 경제와 민족에 두어야 할 것이다.

경제와 민족을 기반으로 하는 구분점, 그것은 문화적 차이로 대변할 수 있다. 호프스태드(Gert Jan Hofstede) 등이 저술한 *Exploring Culture* (2002)에는 국가별 문화차이로 인한 다양한 에피소드가 소개되었다. 그 가운데 조지 부시 전 대통령 일행이 1991년 미일 간 통상불균형 해소를 위해 일본을 방문했을 때의 일을 소개한다. 미국은 자국의 경기회복을 위한 타개책으로 일본의 시장개방을 촉구하였다. 이에 대해 일본측에서는 미국 CEO들의 평균연봉이 200만 달러 수준으로 이는 일본의 여섯 배에 달한다는 사실을 지적하고, 그럼에도 일본에서는 오히려 CEO들이 자신의 연봉을 스스로 삭감하면서까지 불황타개를 위해 노력한다고 반박했다. 1998년 나 역시 유사한 경험을 했다. 당시 심각한 외환위기로 국내경기는 바닥을 치고 있을 때였다. 미국 중심의 다국적기업의 한국 CEO를 맡던 중이었다. 한 차례의 구조조정에도 불구하고 본사로부터 1차 때와 같은 수준의 감원명령이 떨어졌다. 임원들과 숙의 끝에 감원할 직원들의 급여만큼을 대표이사를 포함한 임원들의 연봉에서 삭감하는 안을 제시했다. 당시 네덜란드계 미국상사의 회신은 아직도 기억에 생생하다.

"그게 뭐 말 같지도 않은 제안인가?"(*How ridiculous you are?*)

앞서 UN의 조크를 들었지만 해외여행 경험이 없는 미국인이 70%에 가깝단다. 그들은 미국을 출입하는 국제공항에서 무슨 일이 벌어지고 있는지 알지 못한다. 하지만 그들에게 미국은 곧 세계다.

또 다른 예로 미국인들이 자조적으로 하는 농담 가운데 "만일 플라스틱 머니(신용카드)를 모두 회수하면 자신들은 3주 안에 굶어 죽을 것이다"라는 표현이 있다. 그것은 신용에 의해 돌아가는 금융구조를 뜻하는 한편 그만큼 현금보유고가 낮다는 역설적 표현이기도 하다. 미국에 만일 중국상품이 어느 날 갑자기 수입중단된다면 아마도 이들은 2주를 버티기 힘들 듯싶다. 그만큼 중국상품은 미국 전역을 뒤덮었다. 민족간 세분화가 진행되면서도 교역증대라는 경제적 필요에 의해 상호의존도가 높아지는 아이러니다.

최근 출간된 *China Inc.*(Fishman, 2005)는 중국이 미국경제에 미치는 심각성에 대해 다음과 같이 경고한다.

- 향후 15년간 3억에 달하는 중국의 농촌인구가 도시로 이주할 것이다. 이들을 수용하기 위해서 최소한 매달 미국의 휴스턴 규모의 기간산업에 대한 투자가 불가피하다.
- 지난해 중국에서는 휴대폰을 통해 2,200억 개의 문자메시지가 통용되었다.
- 미국의 GM 자동차회사는 2025년이면 중국의 자동차 생산규모가 미국을 앞지를 것으로 예측한다. 현재 7,400만 명에 달하는 중국인구가 자동차 구매력을 갖고 있다.
- 중국에는 영어 능력을 보유한 사람이 전체 미국인보다 많다.
- 섬유노동자의 임금은 미국은 시간당 9.56달러, 엘살바도르는 1.65달러인 데 비해 중국은 그의 68~88% 수준이다.
- 중국 내에는 186개의 MBA 프로그램이 있다.
- 중국 섹스산업은 연간 십억 개의 콘돔시장을 국내 수요로 한다.
- 중국엔 14세 이하의 인구가 3억 2천만 명으로 이는 미국 전체인구를 능가한다.
- 중국의 인터넷 사용인구는 미국보다도 많은 편이다.

이러한 통계가 의미하는 바는 무엇일까? 미국은 과연 중국을 어떤 시각으로 바라보며 향후 세계질서는 어떻게 재편되거나 유지될 것인가?

얼마 전 캐나다의 밴쿠버에 있는 대학(Simon Fraser University) 교수와 교차문화에 관해 논의할 주제가 있어 그곳에 잠시 들른 적이 있다. 간 김에 현지에서 어학연수중인 우리나라 학생들을 만났다. 이들을 만나기 위해 밴쿠버의 중심도로라 할 수 있는 롭슨가(Robson Street)를 걷는 짧은 시간 동안 영어보다는 한국어와 중국어, 남미의 스페니시가 더 자주 귀에 들어왔다. 밴쿠버에만 연 2만 명에 가까운 우리나라 학생들이 장·단기 어학연수를 다녀간다. 바야흐로 주민등록증보다 여권 소지자가 더 많은 시대가 오지 않았나 싶다. 따라서 이제 국제화니, 세계화니, 용어나 개념에 얽매인 소모적 논쟁에 시간을 허비할 것이 아니라 더 실용적이고 구체적인 국제화를 모색할 때다.

온광고와 정서

온광고론에서는 어떻게 국제화를 조망할 것인가? 여기서는 대표적 조직이라 할 수 있는 기업과 소비자 간 수익과 가치교환의 컨센서스를 위한 커뮤니케이션이라는 측면에서 국제화를 개인적 차원과 국가적 차원, 지역적 차원의 3단계로 구분해서 논의할 것이다. 마지막으로 역사적 관점에서의 글로벌리제이션(*globalization*)의 과거와 현재 그리고 미래를 조망함으로써 국제화에 관한 논의를 매듭짓기로 하자.

:: 개인적 차원

감성마케팅이라는 용어가 유행이다. 이에 관한 책들도 쏟아지고 있다. 왜 갑자기 이성이 아닌 감성에 주목하는 걸까? 이는 앞의 탈대량화와 결코 무관하지 않다. 기존의 대량마케팅은 소비자를 구분(*segmentation*)하고, 그에 접근(*positioning*)하는 데 주로 인구통계학적(*demographic*) 자료에 의존했다. 이를테면 성별, 연령, 학력이나 소득, 주거형태 등 외형적 기준에 의한 것이다. 하지만 이러한 물리적 기준으로 소비자를 구분하고 접근하는 데는 한계가 있다. 여러 가지 해석이 가능하겠으나 가장 대표적으로는 이른바 '4차원 경영' 시대로의 진입을 들 수 있다. 반복되는 감이 있지만, 최초의 마케팅용어나 개념의 출현은 대량생산한 재화를 대량으로 소비하기 위한 전략적 방법론으로 대중매체에 의한 대중전달을 최고로 치던 때 이루어졌다. 이때의 최고 경쟁력은 가격이었다. 두 차례 세계대전의 종식으로 전 세계는 생필품의 절대부족, 즉 수요과잉 상황에 처했다. 공급부족 상황에서는 가격경쟁력으로 충분했다. 이 시절을 1차원 경영시대라 명명한다면, 2차원 시대는 품질경쟁을 의미한다.

어느 정도 생필품에 대한 수요가 충족되자 소비자들은 '같은 값이면 다홍치마'라며 품질을 구분했다. 우리나라도 1960~1970년대의 보릿고개를 넘기면서 형성

됐던 가격경쟁 구도가 1980년부터는 품질경쟁으로 전환되었다. 가전제품의 경우 '냉장고는 엘지(당시는 골드스타), 전자레인지는 삼성' 하던 시절이다. 꾸준한 기술발전으로 품질의 격차는 점차 줄어들었다. 그 결과 기업들은 더 나은 서비스로 차별화를 시도했는데 이를 3차원 경영시대라 부른다. 1990년대 우리나라가 2차 산업에서 3차 산업으로 전환하는 시기에 기업의 사활을 건 싸움이 바로 서비스를 중심으로 펼쳐졌다. 하지만 이제 가격도, 품질도, 그리고 서비스조차도 구별되지 않을 정도로 기업의 경쟁력은 평준화되었다. 이제 소비자들은 더 빠르고 더 편리하며 더 많은 정보를 제공받고 싶어한다. 이름하여 4차원 경영시대에 진입한 것이다. 소비자는 남과 다르기를 원한다. 디자인을 중시하고 감성에 민감하다. 더는 이들을 인구통계학적 변수만으로 식별할 수 없게 된 것이다. 어떻게 하면 각 개인의 감성을 마케팅에 반영할 수 있을까? 개인별 성격이나 취향을 구분하는 기준은 여러 가지다. 이 가운데 몇 가지 대표적인 것을 정리하면 다음과 같다.

•◦• 체액설

사람의 성격에 관한 최초의 분류는 히포크라테스(Hippocrates, B.C. 460)의 체액설이다. 그는 인체가 물, 불, 공기와 흙의 4원소에 상응하는 혈액, 체액, 황담즙과 흑담즙 등 네 가지 체액으로 구성되어 이들간의 조화 여부가 건강을 좌우한다는 체액병리설을 주장하였다. 후에 이를 바탕으로 갈레누스(Galenus)가 사람의 성격을 다혈질, 담즙질, 우울질, 정액질 등 네 가지로 구분하는 4기질설을 제시했다(두산백과사전).

•◦• 혈액형

A형, B형, AB형 혹은 O형 등 사람의 혈액형에 따라서 성격이 다르다는 주장이다. 입증된 과학적 근거는 없지만 혈액형이 유전에 의해 계승되는 것으로 미루어 사람의 성격이나 감성적 요인과 무관하지 않다고 보인다. 여러 가지 주장 가운

데 대표적인 것을 각 혈액형 별로 정리하면 아래와 같다.

A형

모든 방면에서 뛰어난 재능을 가지며, 특히 창조적인 일에 더 빛을 발한다. 자신이 시작한 일은 무슨 일이 있어도 끝을 봐야 하는 성격으로 일에 대한 몰입도가 매우 높으며, 자기가 맡은 일에 대해서는 완벽하게 끝내려는 성향이 강하다. 성격이 급한 편이고 자기애가 큰 편이다.

B형

마음이 넓고 무난한 성격을 지닌 사람이다. 자신보다는 남을 먼저 생각하는 이타적인 마음을 지닌다. 만나는 사람들은 B형의 무난한 성격에 편안함을 느끼고 자기를 배려해 주는 마음에 고마움을 느끼게 된다.

O형

O형은 적당히 사교적이며 적당히 분위기를 탈 줄 아는 유쾌한 사람이 많다. O형의 남성은 무모하다 싶을 정도로 의리파이다. 일단 자신의 친구라고 여기면 모든 것을 내던지며 열중한다. 친구의 일이라면 언제든지 달려가고 항시 돕고자 최선을 다하니 주변에서 환영받는다.

AB형

혼자 사색하고, 자신이 원하는 일을 하는 것을 즐긴다. 또한 일에 대한 욕심과 호기심이 많아 다른 사람들에 비해 해박한 지식을 가지고 있다. AB형의 여자는 논리성, 분석력, 이지적, 침착성, 호기심, 이해력, 개인주의, 경계심 등의 성격의 소유자라고 말할 수 있다(출처 : http://www.8ja.net/service/blood/bloodmain.php#).

그리고 이러한 혈액형은 인종에 따라 다소 상이하게 나타나기도 한다. 각 국가별 혈액형의 분포도를 보면 〈표 2-1〉과 같다.

〈표 2-1〉 국가간 혈액형 비교표

(단위 : %)

구 분	O형	A형	B형	AB형
한국인	28	34	27	11
일본인	29	38	22	11
일본인(아이누)	17	32	32	18
중국인	42	26	26	6
중국인(북경지역)	29	27	32	13
영국인	47	42	8	3
프랑스인	43	47	7	3
이탈리아인	46	42	11	3
헝가리 집시	29	27	35	10
러시아인	33	36	23	8
미국백인	45	42	10	3
미국흑인	49	29	18	4
알래스카 에스키모	38	44	13	5
그린랜드 에스키모	54	39	5	2
나바호 인디언	73	27	0	0
페루 인디안	100	0	0	0
마야인	98	1	1	1

출처 : http://www.amc.seoul.kr/~swkwon/QTF-3bltype.html

혈액형에 따른 성격의 상이함의 진위나 적합성 여부는 개인에 따라 다를 수 있으나 감성을 구분하고 판단하는 데는 적합한 기준의 하나라고 할 수 있다.

●○● 사상의학

동양에서는 한의학의 고전인 《황제내경》의 "통천편"에서 사람의 체질을 태양인, 태음인, 소양인, 소음인과 여기에 다시 음양화평지인을 포함한 다섯 유형으로 구분했다. 그러나 이제마는 이러한 체형이나 외형의 어느 한 가지만 가지고 체질을 판단할 수 없으며 그 가운데 가장 중요한 것은 심성이라 여겨 사상체질을 근간으로 성격을 구분했다. 최근 동양의학과 대체의학 등이 각광받고 있다. 이 또한 얼마 전까지만 해도 서양과학의 눈으로는 신비주의적 수준에 머무는 정도였으나 인체와 사람을 이해하는 데 육체적 · 정신적 영역 이외에도 영적인 부분까지 관심을 가져 맥이나 기를 연구대상으로 한다.

•◦• 에니어그램

에니어그램(*enneagram*)이란 그리스어로 9를 의미하는 '에니어'와 그림을 뜻하는 '그램'의 합성어로 9개의 점이 있는 그림을 의미한다. 즉, 사람의 성격은 9가지 가운데 속하며 이웃한 성격을 내포한다는 주장이다. 2천년 전 아프가니스탄 지방에서 체계를 이루었으며, 기원전 7세기 이슬람교가 발흥하고 아라비아 반도에서 아시아를 거쳐 인도 북서부로 교세가 확장되는 과정에서 에니어그램은 이슬람교의 교리 가운데 하나로 흡수되었다는 견해가 있다. 에니어그램을 특히 중시한 것은 이슬람교의 신비주의 종파인 수피(Sufi)파로 이들은 천체의 운행에서 인간의 의식 발달에 이르기까지 폭넓은 분야에 이 원리를 적용했다(스즈키 히데코, 1998).

•◦• 별자리

서구식 별자리는 기원전 수천 년경 바빌로니아 지역에 살던 셈족계의 유목민 칼데아(Chaldea)인이 양떼를 지키면서 별들의 형태에 관심을 가지고 그들을 서로 이어 여러 가지 동물의 이름을 붙인 데서 유래하였다. B.C. 3000년경에 만든 이 지역의 표석에는 양 · 황소 · 쌍둥이 · 게 · 사자 · 처녀 · 천칭 · 전갈 · 궁수 · 염소 · 물병 · 물고기자리 등 태양과 행성이 지나는 길목인 황도(黃道)를 따라 배치된 12개의 별자리(황도 12궁)를 포함한 20여 개의 별자리가 기록되었다. 또한 고대 이집트에도 B.C. 3000년경에 이미 43개의 별자리가 있었다고 한다(한국천문연구원).

동양에서는 B.C. 5세기경 하늘의 적도를 12등분하여 12차(次)라 하였고, 적도

부근에 28개의 별자리를 만들어 28수(二十八宿)로 나누고 동서남북 4방위에 따라 7개씩 4등분하였다(4舍). 대체로 중국에서는 서양보다 별자리 구분이 적다. A.D. 3세기경의 중국천문학자 진탁(陳卓)이 만든 성도는 283궁에 1,464개 별이 기록되었다.

생일을 기준으로 12개 별자리에 견주어 나름대로의 성격과 운명을 판단하는 것이 별자리 운세다. 앞서의 혈액형이나 체액설만큼 비과학적으로 들리나 겉으로 드러나지 않고 상황에 따라 매우 가변적인 사람의 감성을 구분할 수 있는 기준의 하나다.

•◦• 융의 집단심리학과 MBTI

'인간의 성격이나 행동은 본능적이고 선천적인 요인에 기인하는 걸까? 아니면 후천적 습득요인인가?' 라는 물음에 융(Carl G. Jung)은 "인간에게는 선천적으로 부여받은 무의식 차원의 패턴이나 이미지가 있고 그것은 생후 개인의 체험보다 개개인의 성격에 강하게 작용한다" 라며 '보편적 무의식'을 주장했다. 이러한 융의 심리유형론을 바탕으로 브리그(Brigg)와 마이어스(Myers)는 인간이해를 위한 성격유형 검사틀을 만들었는데 이것이 바로 MBTI(*Myers and Brigg's Type Indicator*)이다. 이들은 융의 심리유형론을 경험적으로 검증하여 실생활에 적용할 수 있도록 했다. 사물에 대한 인식과정을 감각(*Sensing* : S)과 직관(*Intuition* : N)으로 구분하고 이에 근거해서 판단하는 과정을 각기 사고(*Thinking* : T)와 감정(*Feeling* : F)으로 나누었다. 그리고 이러한 기능을 사용할 때 어떤 태도를 취하는 가에 따라 외향(*Extraversion*: E)과 내향(*Intraversion* : I), 판단(*Judging* : J)과 인식(*Perceiving* : P)으로 구분하여 에너지의 표출 및 생활방식을 이해할 수 있도록 16가지의 성격유형을 표준화했다. 이를 정리하면 〈표 2-2〉와 같다.

MBTI는 이와 같이 각기 4개의 변수를 가로 세로 축으로 하여 16가지 유형의 성격으로 구분한다. 이를테면 ISTJ형은 내성적(I)이고 감각적(S)이며 사고형(T)이며 상황을 인식하기보다는 판단(J)하는 성격의 소유자이다.

〈표 2-2〉 MBTI의 16가지 성격유형

ISTJ	ISFJ	INFJ	INTJ
ISTP	ISFP	INFP	INTP
ESTP	ESFP	ENFP	ENTP
ESTJ	ESFJ	ENFJ	ENTJ

이 밖에도 사람의 감성을 이해하기 위해서 그날의 날씨나 사회적인 주요 관심사에 관한 뉴스 등을 변수로 파악하려는 노력이 늘고 있다. 그리고 이러한 변수들을 매개로 하는 알고리즘을 개발, 프로그램화하여 고객의 감성에 맞는 제안을 하는 기업도 나타났다. 인구통계학적 변인에 비해 드러나지 않고 유동적 측면이 있으나 향후의 마케팅은 개인적 수준에서 이러한 감성요인을 반영하기 위해 노력해야 할 것이다.

:: 국가적 차원

국가간 접촉이 빈번해지면서 나라 사이의 문화 · 종교적 차이가 점점 더 중요한 이슈로 떠오르고 있다. 마케팅 커뮤니케이션의 국제화가 일반화되면서 표준화(*standardization*)니, 현지화(*localization*)니 하는 논의가 사라진 지 오래다. 극단적 선택을 하기에는 국가별 상황이 너무도 복잡 · 미묘해졌기 때문이다. 그래서 나온 표현이 '세방화'(世方化, *glocalization*)지만 구체적으로 어떻게 하라는 건지에 대한 이해가 모호하다.

여기 호프스테드(Hofstede et al., 2002) 등이 최근의 저서에서 발표한 사례를 인용해 본다.

클린턴 행정부 말기인 2000년 9월 4일 북한 대표단은 UN 밀레니엄회의에 참석하기 위해 뉴욕으로 향했다. 대표단에는 뉴욕에서 남한의 대통령과 사전접촉을 할 예정인 김영남 부주석이 포함되었다. 이들은 애초의 일정을 바꾸어 프랑크푸르트에서 아메리칸 항공에 탑승하려고 했다. 그들이 비행기를 기다리고 있는 동안 이들을 발견한 보안요원들이 외교면책특권이 없는 이들을 데리고 나가 장시간 수색하는 일이 벌어졌다. 이로 인해 화가 난 북측대표단은 회의참석을 거부하고 돌아가 버렸으며, 해프닝은 즉각 세계의 관심을 모았다. 북한 대사관의 주장에 따르면 보안요원들이 다가와 무례한 자세로 짐과 몸을 수색했다는 것이다. 반면에 보안요원들은 북한이 요주의 대상국으로 자신들은 행동수칙에 따랐을 뿐이라고 주장했다. 북한은 이를 두고 미국에 남북한의 대화를 방해하려는 저의가 있다고 비난했다. 백악관 대변인은 북측 대표단이 임의로 탑승항공기를 바꾸는 바람에 프랑크푸르트의 아메리칸 항공사 직원이 이들을 알아보지 못한 해프닝에 불과하다고 해명했다. 이들은 규정대로 수상한 사람에 대해 심문했을 뿐이며 미국 정부는 이에 대해 전혀 개입한 바가 없다는 것이다. 항공사측은 즉각 사과하고 응분의 조치를 취했다. 미국 외교부는 다양한 경로를 통해 유감을 표시했으며, 나흘 뒤 올브라이트 미 국무장관은 북한 외교부에 공식 사과편지를 보냈고 이에 대한 양해의 회신을 접수했다. 이 양해서신에서 북한은 미국의 사과를 받아들이며 향후 추이를 지켜보겠다는 표현과 함께 이 일로 인해 북한은 심각한 주권침해를 당했고 이는 조선민주주의인민공화국으로서는 목숨과도 같이 소중한 것이라고 말했다.

참고로 이 책은 네덜란드 국적의 호프스테드 부자와 미국인 한 명 모두 세 사람의 공저다. 독자들은 위에 든 사례에 대해 어떻게 생각하는가? 아마도 저자들의 의도와는 정확히 일치하지 않을지도 모른다. 이는 국적을 달리하는 국가간 문화적 차이에서 발생하는 문제다. 정신질환자를 치료하는 정신과의사는 과연 정상인가라는 문제가 국가간 차이를 평가하는 데도 난제가 된다. 곧, 정상을 가늠하는 기준이나 표준이 무엇인가 하는 것이다.

한 가지 사례를 더 들어보자. 현업에서 국제광고 업무를 담당하던 시절의 경험담이다. 영국을 시작으로 프랑스, 독일 등을 지나면서 현지 광고대행사들과 각국의

〈표 2-3〉 호프스테드의 5가지 척도

구 분	한 편	다른 편
정체성(identity)	집단주의	개인주의
수직구조(hierarchy)	큰 권력거리	작은 권력
성(gender)	여성주의	남성주의
진실성(truth)	높은 불확실성 회피	낮은 불확실성 회피
가치추구(virtue)	장기지향성	단기지향성

출처: Hofstede et al., 2002, p.40.

광고시안이나 캠페인에 관해 회의하다 보면 난감할 때가 한두 번이 아니다. 방금 전 들른 영국에 비해 독일의 광고시안은 색채나 디자인이 너무 강렬하다. 하지만 그것이 이곳의 추세이며 영국과 다른 점이라는 대행사 크리에이터의 설명에 대해 난 아무런 동조나 반박의 기준을 갖고 있지 못하다. 이렇듯 국가간 차이가 발생하는 원인은 무엇일까? 그리고 그러한 차이점들은 광고 특히 포괄적인 온광고에서 어떻게 고려하고 반영해야 하는 걸까? 호프스테드는 다섯 가지의 척도를 가지고 국가간 문화적 차이를 설명한다. 이를 정리하면 〈표 2-3〉과 같다.

정체성은 문화권이 개인주의를 지향하는지 아니면 집단주의 경향이 있는지를 말한다. 보편적으로 선진국이 개인주의 경향을 띠고 후진국이 집단주의 성향을 보인다. 역사적으로도 그랬다는 것이 *Exploring Culture*를 쓴 저자들의 주장이다. 개인주의가 자신의 안위에 집중하는 만큼 경제적 개신도가 더 크다는 것이다. 물질적 풍요로움을 추구하는 산업사회의 기준으로서는 합당한 분석이다. 하지만 점차 감성을 중시하고 삶의 진정한 가치를 추구하는 문화적 패턴의 미래를 고려할 때 이러한 분석이 들어맞을지는 두고 볼 일이다. 흔히 권력거리로 파악되는 수직구조는 사람 사이의 불평등(*inequality*)을 의미한다. 연구에 의하면 이 또한 경제수준과 관련 있다고 한다. 즉, 부유한 국가일수록 권력거리가 짧아지고 평등사회를 지향한다는 것이다. 앞서 정체성에 관한 논의에서처럼 외형적 평등은 평균으로 오해될 수 있다.

남녀간 평등수준이 높아질수록 문화는 여성주의적 경향을 보이며 불평등할수록 남성주의적이라고 한다. 이러한 표현의 오해를 불식하고자 역시 같은 책의 저자들은 '보살핌 중심'(*care-oriented*)이나 '성취 중심'(*achievement-oriented*)이라는 표현을 제안한다. 몇 해 전만 하더라도 미국과 같은 평등사회에서 여성의 사회성을 강조하고자 아멕스(American Express) 등의 신용카드회사에서는 가족의 외식 후 여성인 주부가 카드로 결재하는 광고를 내보내기도 했다. 이와 같이 부부간 독립채산제를 운영하거나 가정의 경제를 주부가 관리하는 사회와 이제 막 호주제를 개편하려는 우리 사회는 역사적 과정은 물론 문화적 맥락에서 남녀평등이 갖는 의미를 되새겨야 할 것이다. 특히 글로벌 커뮤니케이션을 실행할 때는 각 문화마다 저변에 깔린 행간을 읽을 수 있어야 한다. 장기간 현지에 체류하는 지역전문가가 필요한 이유다. 우리나라가 해외주재원을 수 년마다 교체할 때 일본은 최소 10년에서 20년 이상 한 지역에 근무토록 하고, 심지어 현지인과의 결혼을 권유했다는 전략을 상기할 필요가 있다.

다음으로 불확실성에 관한 문화적 차이는 얼마나 예기치 못할 미래를 상정하고 대비하느냐의 문제다. 이것은 뒤에 트롬프나르(Fons Trompenaars)와 터너(Charles Hampden Turner)가 쓴 *Riding the Waves of Culture* (1998)의 국가간 문화비교 연구 가운데 시간의 개념에 관한 논의에서 다루겠지만 사람은 불확실한 것에 대해 불안해하기 마련이다. 따라서 이러한 불안과 진실의 추구는 밀접한 관련이 있다. 불확실성의 회피(*avoidance*)는 불확실의 수용(*tolerance*)과 반대되는 개념이다. 이는 인생관(전생과 내세를 포함)과 밀접한 관련이 있으며, 따라서 문화적 배경을 달리하는 종교관에 대한 이해를 병행해야 한다.

끝으로 가치의 추구란 현재와 미래 사이의 선택의 문제로 압축할 수 있다. 미래에 더 큰 가치를 부여하는 문화를 장기지향성으로, 반대로 현재를 중시하면 단기지향성으로 분류한다. 이러한 장기적 관점은 아시아지역에서 강하게 나타난다. 일반적으로 미국이나 유럽국가들이 진실의 문제(불확실성)를 중시하는 데 반해 아시아 지역은 가치(미래)에 더 큰 의미를 둔다고 한다. 이러한 다면적 문화가 앞으로는 글로벌 마케팅이나 마케팅 커뮤니케이션에서 일차적 고려요인이 되어야 할 것이다.

여기서 한 가지 주의해야 할 점은 이 책의 저자들도 지적했듯이 '문화'에 대한 정의와 기준이다. 왜냐하면 정의와 개념이 다양한 만큼 적용할 때 자칫 '조삼모사' 식이 될 수 있기 때문이다. 문화란 호프스테드가 요약했듯이 같은 삶의 방식을 추구하는 사람들의 공통분모라 할 수 있다. 그렇게 볼 때 분명 지도상에 선을 긋는 국가란 개념은 법적·외교적으로는 유효할지 몰라도 문화적 차이를 설명하기에는 부족하다. 지리적으로 이웃한 벨기에나 독일 사이에 서로 상이한 문화적 차이가 발견되는 것은 국가보다는 이민족간 문화적 차이로 보는 것이 더 타당하기 때문이다. 따라서 21세기 글로벌 커뮤니케이션의 바로미터는 문화일 수밖에 없다.

글로벌경영을 위한 국가간 문화비교연구 책 가운데 또 하나 주목할 만한 것은 앞서 인용한, 트롬프나르와 터너가 쓴 *Riding the Waves of Culture*이다. 톰 피터스(Tom Peters)가 걸작이라고 평한 이 책에서 저자들은 쉐인(Schein)의 말을 인용해서 "문화는 개인 혹은 집단이 문제를 해결하고 곤궁에서 헤쳐나오는 방법"[5)]이라고 간략하게 정의한다. 여러 가지 관점에서의 국가간 문화적 차이를 분석한 항목 가운데 앞서의 호프스테드 등이 분석한 가치나 진실성과 대비되는 대목이 바로 시간에 관한 연구이다. 이들은 코틀(Cottle)의 '동그라미 그리기'(*Circle Test*)를 인용해서 시간에 대한 문화적 차이를 설명한다.[6)] 첫 번째 질문은 응답자들로 하여금 과거와 현재, 그리고 미래에 해당하는 동그라미를 하나씩 그리게 한다. 단, 이들 사이의 관계와 중요도를 각 동그라미 사이의 간격과 크기로 표시하게 한다. 즉, 중요할수록 크게 그리며 관계가 깊을수록 중복되게 그리도록 한 것이다. 이 실험 결과를 보여주는 것이 〈그림 2-1〉이다.

5) Schein, E.(1985), *Organizational Culture and Leadership*, San Francisco : Jossey-Bass.

6) Cottle, Tom(1967), "The Circle Test : An Investigation of Perception of Temporal Relatedness and Dominance", *Journal of Projective Technique and Personality Assessments* 31, pp.58~71.

〈그림 2-1〉 과거, 현재 미래에 대한 국가간 차이

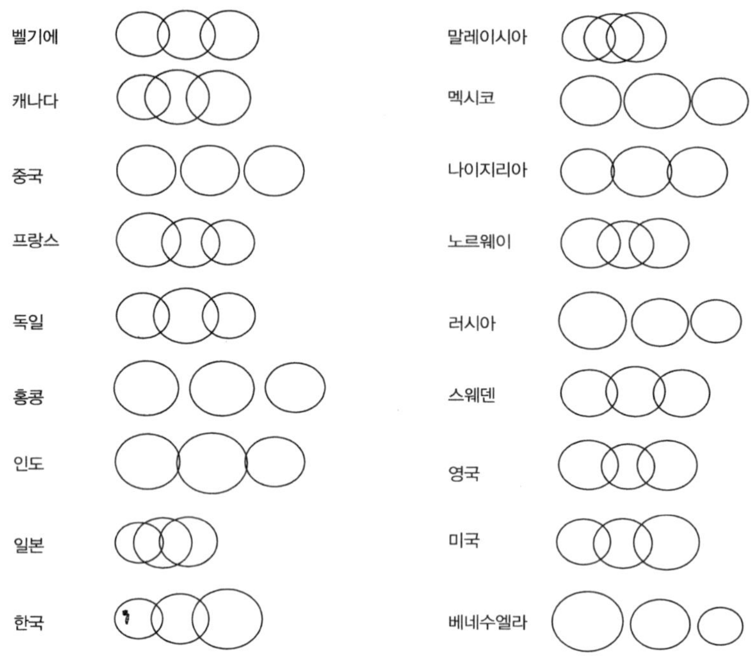

출처: Trompenaars & Turner, 1998, p.130 (Figure 9-1).

두 번째 질문은 과거와 현재 그리고 미래 사이의 상대적 중요성을 파악하기 위한 것이다. 각자에게는 다음과 같은 조건을 주었다.

> 1년=7, 1개월=6, 1주일=5, 1일=4, 1시간=3, 1분=2, 1초=1이라고 각기 설정하고,
> 내 과거는________전에 시작해서, _________에 끝났다.
> 내 현재는________전에 시작해서, _________에 끝날 것이다.
> 내 미래는 자금부터________전에 시작해서, _________에 끝날 것이다.

그리고 나라별로 이 여섯 개의 숫자를 합산한 평균값을 취해 분석한 결과가 〈그림 2-2〉다.

〈그림 2-2〉 수평적 시간개념에 대한 국가간 차이

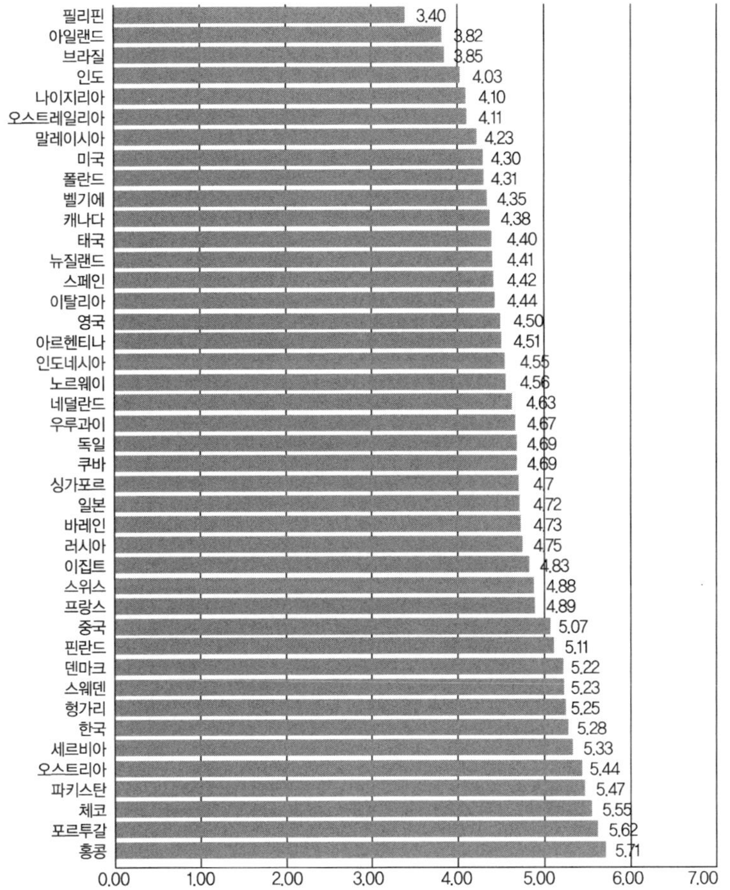

출처 : Trompenaars & Turner, 1998, p.131(Figure 9-2).

〈그림 2-2〉에서 보는 것처럼 홍콩이 가장 길고 필리핀이 가장 짧은 시간거리를 나타낸다. 이러한 결과는 앞서 호프스테드 등의 불확실성이나 장기지향성 등과 비교해서 생각해 볼 필요가 있다. 예를 들면 트롬프나르와 터너의 표현대로 미국에 비해 장기지향적인 일본의 특성은 요세미티국립공원의 관리권을 매입하기 위한 사업계획서에 잘 나타난다. 일본의 한 회사가 캘리포니아 주정부에 제출한 공원관리 사업계획서에는 250년간의 계획이 반영되었다. 이는 분기별 실적을 중시하는 미국의 1,000분기에 해당하는 보고서다. 이렇듯 향후의 글로벌 커뮤니케이션을 실행하는 데는 국가간 이면에 존재하는 문화적 차이를 반영하는 전략과 크리에이티브가 매우 중요하다.

:: 지역적 차원

내 연구실의 한쪽 벽면에는 인공위성에서 찍은 한반도 사진이 걸려 있다. 서해와 동해는 물론 개마고원에서 제주도 남쪽 남지나해가 한눈에 들어온다. 학창시절, 칠판 옆에 걸려 있던 반듯한 전국지도에 비해 다소 일그러지고(지구는 둥그니까) 구름에 가려 약간 부연 모습이 아쉽지만 이 위성사진만큼 내 나라라는 느낌을 주는 그림은 드물지 싶다. 카메라렌즈를 훨씬 더 당겨서 지구 전체가 쟁반만하게 나온, 달나라에서 찍은 사진은 한반도의 그것만큼 실감나지는 않는다. 하지만 지구촌(*global village*)을 상정하려면 적어도 우리의 관점을 이쯤에 고정해야 할 듯싶다. 글로벌에 대한 시각은 크게 두 가지다. 하나는 전세계는 각기 분산된 경제의 섬으로 이루어졌다는 것이고, 다른 하나는 비록 지리적으로는 떨어져 있지만 사람들이 밀접하게 연관되어 상호작용이 이루어지는 곳이라는 시각이다.

소니가 워크맨을 내놓을 당시 효용가치에 대한 상반된 견해가 있었다. 하나는 '남들에게 방해받지 않고 음악감상을 하기 위한 목적'이라는 것과 다른 하나는 '남들을 방해하지 않고 음악감상을 하기 위한 것'이었다. 여러분은 어느 편인가에 따라 문화적 차이가 나타난다.

앞서 국가간 문화적 차이에 대해 논의했지만 이를 크게 묶어서 생각하면 동서에 따라 뚜렷한 차이가 나타남을 알 수 있다. 이러한 차이에 주목해서 여러 가지 흥미로운 실험과 관찰을 한 사람이 있다. 미시간 대학의 니스빗 교수는 이러한 조사결과를 모아 《생각의 지도》(*The Geography of Thought*, 2002)라는 책을 발표했다. 저자의 말처럼 여기서 동양(내에서도 문화 차이가 존재하지만 동양 내의 국가들은 서양 국가들과 비교했을 때 서로 더 유사하다는 저자의 가정에 동의하면서)은 주로 한국과 중국 그리고 일본을 중심한 분석이어서 엄밀히 말하면 미주와 아시아의 비교다. 이를테면 남에게 차를 권할 때 중국인은 "더 마실래(Drink more)?"하는 데 비해 미국인들은 "차 더 할래(More tea)?"하는 식이다. 즉, 동양은 동사를 중심으로, 서양은 명사를 중심으로 세상을 대한다는 것이다. 서양인은 사물의 속성에 따른 범주화(*categorization*)를 더 자연스럽게 생각하지만 동양은 범주보다는 관계(*relationship*)에 주목한다는 것이다. 동양의 아이들은 어려서부터 부분은 곧 전체라는 각도에서 세상을 이해하는 관계성에 주목하도록 사회화되었다는 분석이다. 니스빗은 이러한 차이를 입증하는 여러 가지 관찰과 연구사례를 제시한다. 예를 들면, 어린아이들을 대상으로 레고(Lego) 장난감을 주고 어떻게 가지고 노는지 관찰한 결과 서양 아이들은 색깔별로 구별해서 가지고 노는 데 비해 동양 아이들은 전체를 한덩어리로 섞어서 노는 경향이 더 크다는 것이다. 또 다른 실험으로는 〈그림 2-3〉을 보여주고 어떤 그림들이 더 연관성이 있는지 물어보았다.

미국의 아이들은 포유류와 같은 분류체계에 속하는 소와 닭을 하나로 묶는 경향을 보였다. 그러나 중국 어린이들은 관계에 근거한 방식을 선호해서 소와 풀을 하나로 묶었는데 그 이유는 '소가 풀을 먹기 때문이다'라는 것이다. 저자는 이와 유사한 여러 실험결과를 제시하면서 동서양간 사고방식의 차이를 설명한다. 그렇다면 왜 이렇게 다를까? 그 이유에 대해 저자는 개인의 자율성을 중시했던 고대 그리스 문화와, 사람이나 사물과의 관계를 중시하는 중국문화의 차이에서 찾는다. 나로서는 이러한 분석에 흔쾌히 동의할 수 없지만 여기서 중시해야 할 부분은 동서가 서로 다름이 호프스테드의 개인주의와 집단주의의 구분 또는 가치나 진실의 관점차이를 설명하는 밑그림으로 고려되어야 한다는 점이다.

〈그림 2-3〉 연관성에 관한 질문

소는 위의 닭(A)과 풀(B) 중 어느 것과 더 연관이 있는가?

출처 : Nisbett, 최인철 역, 2004, p.138.

지금까지 논의한 글로벌 커뮤니케이션을 위한 3단계 차원 — 개인적 · 국가적 · 지역적 — 의 분석은 내용이나 방향이 서로 상충하거나 관점이 배치되지 않는다. 오히려 이 세 가지는 마치 하나의 물줄기처럼 흐름이 같다. 여러 나라로 출장을 다니고 다국적기업에 근무한 경험에 근거한 내 생각으로는 모든 인류의 근본심성은 같다는 것이다. 단지 그것이 진화하는 과정에서 문화가 되고, 사회규범이 되고, 법과 질서로 자리잡으면서 달라졌을 뿐이다. 이제 지구촌, 더 좁게는 지구마을(*global town*)을 지향하는 21세기의 시장에서는 이러한 '심성'의 뿌리에서부터 현지화를 위해 다각적으로 고려해야 한다. 서양에서 동양의 철학을 신비주의 이상의 실질적 학문으로 접근하고, 동양이 서양과학을 방법론으로 수용하려는 과정이 그 징후다.

글로벌리제이션의 안과 밖

조동일 교수는 중세는 국가 이상의 단위인 문명권, 국가, 그 아래의 단위인 지방이 독자적 의의를 가지는 삼중주권시대였으며, 근대를 넘어 다음 시대로 나아가

면서 그 셋에다 세계 전체를 보태 사중주권시대가 될 것이라 예견한다.[7]

여기서는 이제까지의 개인적·국가적·지역적 차원의 연장선에서 세계 전체에 관한 글로벌리제이션의 안과 밖을 몇 가지 에피소드를 통해 온광고에 관한 정서적 논의의 마무리를 대신하고자 한다.

•◦• 에피소드 1

여름이라기에는 이른 6월 초순의 북경, 공항에서 내리자마자 후덥지근한 공기가 확 몰려온다. 비가 내려서인지 시계(視界)가 더욱 뿌옇게 느껴진다. 마중을 나온 두 사람 — 한 사람은 러닝셔츠에 반바지 차림의 중년남자고, 다른 한 명은 청바지에 가방을 멘 폼이 그 동안 이메일로 대화한 조교지 싶다. 소개를 듣고 보니 운전을 하고 온 남자는 나를 초청한 교수의 친구란다. 차림새로 보아 자영업을 하는 사람같다. 앞서도 잠시 소개했지만 2004년 8월, 연구년차 미국에 도착한 후 나는 철저히 혼자였다. 공항에 누가 마중 나올 리도 없고, 도착해서 숙소에 들어갈 때까지의 절차를 메일로 통보받았다. 반면 중국에 갈 때는 숙소를 제공받는다는 사실만 알았지 절차에 대해서는 전혀 전달받은 바가 없었다. 이와 같이 미국은 모든 절차가 단계별로 매뉴얼화되고, 중국에서는 뭉뚱그려 있다.

미국 영화 〈아폴로 13호〉에서는 우주선이 비상상태에 처하자 나사(NASA)의 우주본부는 응급대처 요령을 번호를 매기며 순서대로 알려준다. 피자헛이나 맥도널드 같은 패스트푸드점이 처음 국내에 상륙했을 때 어느 상점엘 가나 마치 로봇처럼 통일된 종업원들의 응대요령을 보고 놀란 적이 있다. 그들은 전 과정을 매뉴얼로 교육받는다. 지금도 흔히 듣는 FM(*Field Manual*)이라는 군대용어도 이런 관점에서 이해할 수 있다. 하나같이 단계별 사고를 거친다.

반면 중국의 그것은 집체적(*relationship*)이다. 얼핏 서구식이 더 과학적이고 합리적이라는 생각이 들 것이다. 틀린 지적은 아니지만 여기에는 왜 그런지에 대한 설명과 각기 다른 구조가 적용되는 문화적 배경에 대한 이해가 수반되어야 한다. 한

---

7) 조동일(2006), "한국·동아시아·세계", 한국방송학회 춘계학술대회 기조연설문.

가지 더 논의를 확장하고 싶은 주제가 평등과 평준이다. 오래 전 외국회사에 근무할 때 친구나 후배들이 가장 부러워한 것이 회사 분위기가 자유롭고 평등하다는 것이었다. 그럴 때마다 그들에게 이면의 구조를 설명하느라 애쓴 기억이 난다. 상사와 마주 앉아서 같이 담배를 피우고, 그 앞에서 다리를 펴거나 탁자에 올려놓는 모습을 보고 평등하다고 오해하곤 한다. 하지만 외국기업(내가 근무한 회사는 모두 미국기업이니 여기서는 미국회사를 의미)에서 직속상사는 부하직원에 대해 두 가지 절대적인 권한을 갖는다. 하나는 급여인상이나 승진에 관한 평가권한이고, 다른 하나는 추천서 작성이다. 부하직원에 대한 상급자의 인사고과는 절대적이다. 당사자나 다른 상급자가 보기에 다소 불합리하더라도 일단 평가에 대해서 존중한다.

잠시 인사고과에 대한 경험 하나를 이야기하고 가자. 미국에 본사를 둔 다국적기업의 한국법인에서 마케팅 부장으로 근무하던 때의 일이다. 이미 한국기업에서 과장까지 근무한 경험이 있어 내심 외국인 상사가 영업분야도 아닌 스태프(*staff*) 기능인 마케팅에 대해 얼마나 철저하고 객관적으로 평가할 수 있으랴 하는 의구심에 안일했다. 하지만 막상 1년이 되고 상급자인 사장(당시 중간상사인 임원이 부재중이라 미국인 대표이사가 직속상사였음)과 인사고과 면담을 위해 마주 앉았다. 그는 나의 담당업무인 마케팅과 관련한 지난 1년간의 내 행적을 나보다도 소상히 꿰고 있었다. 판촉 프로모션이 성공적이어서 목표 대비 170%의 신장을 기록한 것하며, 카탈로그 제작이 늦어져서 영업부로부터 항의받은 일, 아시아지역 마케팅회의에서 내 제안이 채택된 것에 이르기까지 자세히 기록하고 있을 뿐만 아니라 그것들을 회사가 제시하는 인사고과 기준에 따라 각기 등급별로 점수를 매기는 것이었다. 이러한 결과를 종합, 그는 내게 차기연도 승진과 급여인상률을 제시했다. 그러면서 자신의 평가에 불만이 있으면 얘기하고 그것이 자기와 조정이 안 될 경우 차 상급자(사장의 차 상급자는 아시아지역 담당사장이므로 이 경우는 본사의 인사부에 이의제기가 가능)에게 문제제기를 하란다. 나보다 더 나를 꿰고 있는데 내가 무엇을 근거로 이의를 제기할 수 있단 말인가? 이 일로 인해 나는 부랴부랴 내 부하직원들의 지난 1년간 업적을 소급해 평가기록을 작성하느라 애를 먹었다.

사회과학 조사방법론에는 '척도'(*scale*)가 있다. 작게는 3점 척도에서 넓게는 9

점 척도, 심지어 그 이상도 있다. 이는 단계를 두어(예 : 5점 척도 – 매우 그렇다, 다소 그렇다, 보통이다, 다소 그렇지 않다, 매우 아니다 등) 응답자의 차별적 태도를 보기 위함이다. 하지만 계층적 사고에 익숙한 서양인에 비해 집단적 사고에 익숙한 동양인의 조사결과는 대부분 중앙화나 집중화 경향을 보인다. 언뜻 단계별로 세분화된 미국식 절차가 중국의 그것에 비해 합리적인 듯 보이지만 난 중국에서 더 편안함을 느낀다. 이미 전통적 가치관에 익숙한 나이와 지리적 근접성 때문만은 아닌 문화적 안온함이 있기 때문이라 생각한다. 이런 차이가 글로벌리제이션에서 고려되어야 한다.

•◦• 에피소드 2

한때 '세계화'를 국가 차원에서 정책적으로 표방했다. '가장 한국적인 것이 가장 세계적'이라는 캐치프레이즈 아래 심지어 영문표기조차 발음대로(Sekyewha) 표기했으니, 지금 돌아보면 우스운 일이다. 말이 나온 김에 가장 한국적인 것이 가장 세계적인지 여부는 역으로 가장 세계적인 것이 가장 한국적인지를 자문해 보면 알 수 있다. 가전제품 가운데 '빨래판 세탁기'와 '김장독 냉장고'가 있다. 모두가 가장 한국적이기에 세계적이라고 표방했다. 세계적인 것이 되기 위해서는 국제무대에서의 보편성이 전제되어야 한다. 요즘에는 김치가 한국을 대표하는 음식이 되었기에 김장독 냉장고가 빨래판 세탁기처럼 보편화되는 것이 가능하지만 불과 10여 년 전만 하더라고 김장독 냉장고는 '한국적 울타리'에서 '세계'로 뻗어나가지 못했다.

이렇듯 국제화, 세계화는 시간과 환경의 변화에 따라서 가변적이다. 그렇다면 글로벌리제이션의 구성요소나 하위구조는 어떠할까? 민족, 국가, 지역, 세계로 이어지는 하위구조는 과연 불변의 구성일까, 아니면 양자역학에서처럼 존재의 절대성을 넘어서는 것일까?

2008년 올림픽 유치를 즈음해 갑작스럽게 불기 시작한 중국 유학붐은 북경대학에서도 느낄 수 있었다. 북경에서는 남한과 북한 그리고 중국교포와 재일교포(여기엔 다시 남한과 북한 그리고 일본의 국적으로 나뉜다) 등 네 국적의 한국학생들을 만날 수 있다. 이들은 한국어를 외국어가 아니라 모국어로 구사한다. 다소의 억양과 단어가 다르기는 하지만 의사소통에는 전혀 문제가 없다. 여기서 제기하고자 하는 어젠다는 정치적 상황이 아니라 이들의 문화적 아이덴티티는 어떠할까 하는 것이다. 이들을 대상으로 광고할 경우 적용해야 하는 문화적 기준이나 척도는 무엇인가 하는 문제다.

일찍이 미래학자 존 네이스빗은《메가 트랜드》에서 미래변화의 10대 경향 가운데 하나로 양극화를 언급했다. 큰 것은 더욱 커지고 작은 것은 더욱 작은 방향을 지향하는 성향은 국제광고전략에서 아직도 논의되는 표준화와 지역화의 이분법적 논리의 기준이 된다. 하지만 최근 '세방화'라는 표현처럼 글로벌리제이션의 안과 밖은 양분화로 설명될 수 없다. 이처럼 절대적이며 인과성에 입각한, 주체와 객체 간 이분법적 사고는 자연과학에서는 고전물리학의 이름으로 이미 폐기된 지 오래다. 반면, 현대물리학에서는 프리초프 카프라의 주장처럼 우주(대상)는 본질적으로 항상 관찰자를 포함하는 역동적이며 불가분의 전체로서 체험된다고 한다.《현대 물리학과 동양사상》에서 카프라[8]는 이러한 체험에서 공간과 시간, 독립된 대상, 원인과 결과라는 식의 전통적 개념은 의미를 상실한다고 역설한다. 그리고 그러한 체험은 오히려 동양의 신비와 매우 유사하며 특히 양자론과 상대성이론은 동양의 신비주의와 놀랄 만큼 일치한다고 주장한다. 물론 카프라의 이 책은 초판이 출판된 지 이미 30년이나 지났지만 극히 일부의 석학은 동양의 신비주의에 과학적 접근을 시도하지만 서양이 동양을 바라보는 일반적 관점은 여전히 기존의 신비주의를 크게 벗어나지 못했다는 게 나의 평가다. 신비주의에서 형이상학까지 다리를 잇는 일은 후학의 몫이다. 다시 본래의 논의로 돌아가 광고에서 국제화나 글로벌리제이션에 관한 양자의 전략적 선택은 아직도 고전물리학적 관점에 머문다는 지적이다. 자연과학에서는 이미 한 세기 전에 지적당한 시각이 왜 사회과학에서는 아직도 지배적인지 자못 궁금하다.

전략적 선택은 형세(*market*)와 수단(*media*)의 변화를 반영해야 한다. 뒤의 슐츠

8) Carpra, Fritjof, 이성범 · 김용정 역(1983),《현대 물리학과 동양사상》, 범양사 출판부.

교수의 글에서 상세히 언급하겠지만 이제까지 당연하게 여긴 생산자와 수요자의 이분적 구조 그리고 대중매체에 의한 대량생산의 대량소비 연결은 시장질서의 재편과 기술의 발달로 더는 상식이 아니다. 이제는 생산과 소비 사이의 쌍방향적 흐름 그리고 계층별 시장분할(*segmentation*)이 아닌 고객선별(*aggregation*)이 용이하고, 이들을 대상으로 하는 개별적 커뮤니케이션이 얼마든지 가능해졌다. 따라서 앞으로의 전략적 결정은 표준화나 지역화의 문제가 아니라 장기적 기업이미지와 단기적 상품이나 서비스판매간 분할과 선별 사이의 선택으로 전환되어야 할 것이다. 영어식으로 표현하면 '다양성의 조화'(*diversity in harmony*)쯤 될 것이요, 우리식으로 말하면 겐이치로 교수의 말처럼 '보편적 다양성'의 추구가 결국 글로벌광고의 귀착점이 되지 않을까 싶다.

•◦• 에피소드 3

지금까지 지극히 개인적이고 주관적인 글로벌리제이션(사실 이러한 현상이 글로벌리제이션으로 언급되는 데 이의를 제기할 사람이 적지 않을 것이다. 그보다는 오히려 국제화나 세계화 등의 표현이 더 적합하다고 할 수도 있다. 하지만 그러한 개념적 정리나 조작적 정의는 이 책에서는 논외로 하자. 단지 이러한 변화가 갖는 미래적 의미와 광고적 현상에 초점을 맞추기로 한다)에 대한 경험의 일단을 피력하였다. 나는 학생들에게 '민족적(국수주의와 대치되는 의미에서) 세계주의자'가 될 것을 당부하곤 한다. 장기적으로 국적성(*nationality*)과 민족성(*ethnicity*)이 정확히 중첩될지는 모르나 구소련의 붕괴나 동유럽의 이합집산은 적어도 그러한 진전을 예시한다. 그렇다고 앞으로 지구상의 국가수가 수천 개에 달하는 에스닉그룹으로 분할된다는 의미는 아니다. 와세다 대학의 겐이치로 교수[9]의 주장처럼 대다수의 에스닉그룹은 기존의 국민사회 안에서 자신의 지위를 높이려고만 하기 때문이다.

우리나라는 해외여행 자유화가 실시된 지 채 20년이 안 되었지만 해외 유동인구는 연간 1천만 명을 넘어섰다. 어학원이 밀집된 밴쿠버의 중심인 롭슨가를 지나

---

9) 히라노 겐이치로, 장인성 · 김동영 역(2004), 《국제 문화론》, 풀빛.

다니면 학생들 말처럼 이곳을 강남역 근처로 착각할 정도로 한국인이 많다. 최근 정부가 해외거주자에게 투표권 부여를 검토중이라는 기사를 본 적이 있다. 그럴 경우 해외유권자의 규모는 대통령의 당락을 결정지을 만큼 크다. 나는 연구년 동안 해외에 있으면서도 웹강의나 싸이월드와 같은 커뮤니티나 블로그 등으로 학생들과 커뮤니케이션을 유지하는 데 거의 불편을 느끼지 않았다. 이곳저곳에 흩어져 사는 가족들과도 마찬가지다.

그렇다면 교통과 통신의 발달, 교역의 증가에 따른 국제화의 내일은 어떠할 것인가? 그리고 이러한 혼란 속에서 정체성이 갖는 의미는 무엇이며 그것을 어떻게 지킬 것인가? 슈뢰딩거의 고양이처럼 이제 정체성이나 주체는 객체나 배경, 환경 등과 분리해서 생각할 수 없다. 글로벌리제이션에서도 이러한 일체적 사고는 불가피하다. 국가간 모든 재화나 서비스의 이동은 결국 문화의 이동이다. 광고에서 문화적 성향은 더욱 두드러진다. 표면적으로 국제화에 의한 동질화와 정체성을 향한 이질화의 양면성 사이의 적절한 균형적 접근이 절실하다. 특히 국제광고에서의 문화적 비교연구를 위해서는 그 동안 호프스테드나 트롬프나르 등의 책들이 거의 무비판적으로 금과옥조의 대우를 받은 경향에 대한 비판적 접근이 필요하다. 이들은 여러 나라를 대상으로 조사를 실시했지만 결국 다국적기업의 고용인들을 표본(특히 IBM과 같이 조사 당시 뚜렷한 기업문화를 가진 회사의 경우 직원들의 국제수준과 기업종속도는 매우 높아 자국에 대한 대표성이 매우 희박하다)으로 삼은 한계와 연구자가 서양인이라는 태생적 한계를 갖는다. 푸른색의 필터를 거두는 작업이 필요하다. 물론 검은 필터로 갈아 끼운다고 해서 투명해지는 것은 아니지만 적어도 두 색상의 비교는 가능하다고 본다.

다시 겐이치로 교수의 글을 빌려 에피소드의 끝을 맺고자 한다. 문화의 접촉과 변용을 받지 않는 문화요소는 단지 거기에 부유할 뿐, 진정한 문화가 된 것은 아니다. 문화요소는 문화접변을 경험하고 나서야 비로소 정착하는 것이며, 문화요소가 정착했을 때 비로소 개별적이 된다. 활발한 국제적 문화관계 속에서 하나 하나의 문화가 개별성을 유지할 때 전체 세계의 문화의 다양성이 유지된다. 문화의 다양성이야말로 문화의 보편성이다.

제3장 가능한 선택

수많은 경영학 관련서적들이 경영(*management*)에 대한 정의를 내렸으므로 이를 다시 반복할 필요는 없다. 하지만 최근 인도의 AOL(Art of Living)재단을 이끄는 정신수련의 지도자 샹카(Ravi Shankar)의 경영에 대한 관점은 한 번쯤 음미할 만하다. 그는 경영을 3C, 즉 우주론(*Cosmology*), 헌신(*Commitment*) 그리고 연민(*Compassion*)으로 풀이한다. 우주론이란 개인이나 조직을 더 큰 관점, 즉 우주의 관점에서 조망하라는 뜻이고, 헌신이란 자발성을 발휘할 수 있는 환경의 구성, 그리고 연민은 상호이해의 폭을 넓히라는 것으로 풀이할 수 있다. 경영학자도, 전문경영인도 아닌 구도자의 경영에 대한 관점을 굳이 여기 소개하는 이유는, 바야흐로 오늘의 경영이 동서양을 막론하고 가치와 도덕을 지향하기 때문이다. 사실 이러한 관점은 동양의 정서에서는 그리 새로울 것이 못 된다. 멀리는 중국의 하은주시대부터 가까이는 오늘의 현실정치에 이르기까지, 일신의 관리와 가정의 다스림에서 기업과 국가경영에 이르기까지 동양의 경영철학은 '선'(善)을 기본으로 한다. 이런 우리의 경영풍토는 이른바 서양의 '경영학'이 물밀 듯 들어오면서 생산성에 밀려 자취를 감추었다. 그러나 서양의 경영학이라고 해서 가치를 도외시하고 물질만 추구한 것은 아니다. 상업주의에서 태동해 자본주의를 살찌우고 산업사회를 꽃피운 서구경영학의 저변에는 분업화로 생산성을 추구한 정신이 면면히 흐른다. 그리고 그러한 생산성은 애덤 스미스의 《국부론》에서 비롯됐음을 부정하기는 어렵다. 그는 일찍이 옷핀의 제조를 예로 들어 기계에 의한 분업화가 얼마나 가공할 만한 생산성의 혁신을 가져올지 명쾌하게 보여주었다. 그리고 그의 가르침대로 지난 200여 년간 단 한 차례도 멈추지 않고 자르고 쪼개는 작업을 지속했으며, 지나친 분할작업은 최소단위의 속성을 상실하는 지경에 이르렀다. 그러나 이제는 역사가 늘 그렇듯이 회귀의 길목으로 접어들었고, 이 책의 전반부에서 논하는 '통합'이나 전체에서 주장하는 '온'의 방향도 결국 이 회귀와 무관하지 않다.

논의의 흐름을 바로잡자. 서양사람이라고 해서 가치를 도외시하고 선을 가볍게 여기지 않았다. 오늘날 이렇게까지 서양이 배금주의에 치우칠 것을 우려해 애덤 스미스는 국부론을 출간하기 근 20년 전에 이미 《도덕감정론》을 저술, 지나친 생산성 추구로 인한 상업주의가 가져올 가치의 몰락과 선의 상실을 경고했다. 그리고 그의 염려대로 서구는 생산성만을 지고지순의 가치로 여기고 분열과 분화를 계속해 오늘에 이르렀다. 당연히 선의 가치가 그 속에 함몰되었음은 물론이다. 그러나 제 2차 세계대전을 끝으로 전후 복구과정에서 이러한 분업에 의한 생산과잉은 서구의 반성을 촉구하는 계기가 됐다. 분업의 제동과 함께 제자리로의 복귀를 위한 환원주의의 환원(*reduction of reductionism*) 현상이 나타난 것이다. 품질관리(QC)를 전체적 시각으로 바라본 '전사적 품질관리'(TQC) 노력과, 비즈니스 과정을 조율하려는 리엔지니어링 시도, 즉 '비즈니스 프로세스 리엔지니어링'(BPR)이 그러하다. 뿐만 아니라 관계에 주목한 '고객관계경영'(CRM)도 이러한 시각과 무관하지 않다. 근자에 들어 제록스(Xerox) 같은 기업들이 6 Sigma를 발전시킨, 이른바 '린 6 Sigma'(*Lean Six Sigma*) 운동 또한 이전의 BPR처럼 업무의 토막난 프로세스를 다시 접합해 불필요한 부분을 봉합하려는 노력이다. 산업사회 말미의 이러한 노력들은 완성되지 않고 정보사회로 넘어간다. '통합적 마케팅 커뮤니케이션'이 대표적 예이다. 단지 다른 점이 있다면 산업사회의 노력은 기계를 중심으로 한 기술의 접목이었다면 정보사회의 그것은 정보를 중심으로 한 커뮤니케이션의 연결이라는 것이다. 그러나 끊긴 다리를 잇고 서로의 담벼락을 허문다는 근본목적은 결코 다르지 않다.

여기서 우리가 주목해야 할 것은 이러한 접합의 필요성과 어디를 지향하느냐에 대한 방향감각이다. 짧게 보면 헤겔의 정반합처럼 분열과 접합의 반복이라고 여기기 쉽다. 오늘의 환원이 먼 훗날 다시 분할을 시도할지도 모른다. 그리고 다시 회귀할 것이다. 단순반복의 순환 같지만 그렇지 않다. 멀리서 길게 보면 역사는 '나선형'으로 전진한다. 그리고 궁극은 '최고 선'(最高 善)이다. 경영이 최종가치를 선으로 해야 하는 이유가 바로 여기에 있다.

경영혁신의 빅 픽처

'경영유행'(*management fashion*)이라는 표현이 있다. 시대변화에 따라 그에 맞는 경영이념이나 전략을 적절히 수용한다는 뜻도 있지만 CEO가 바뀔 때마다 색깔을 달리해서 전임자와 차별화하고 주주와 직원들에게 어필하려는 모습을 비아냥거리는 의미도 지닌다. 그러나 일련의 경영혁신 이론을 한데 모아서 시대별로 훑어보면 일관된 흐름을 찾을 수 있다.

대량생산, 대량소비의 기반이 되는 산업사회의 경영혁신의 기원은 약 250년 전의 애덤 스미스 시대로 거슬러 올라간다. 그의 정신은 테일러와 포드의 시간연구(*time study*)와 동작연구(*motion study*)로 이어지고 나아가 데이밍의 품질관리로 연결된다. 그리고 현장에서의 생산단위 중심은 점차 상위의 관리단위로 옮겨진다. 그 대표적 예가 앞서 설명한 종합적 품질경영과 비즈니스 프로세스 리엔지니어링, 전사적 자원관리에서 고객관계경영으로 궤적을 이어간 일련의 경영혁신 프로그램이다. 지나친 발췌의 위험이 있지만 위에서 연대기적으로 예시한 이들 경영혁신 이론들을 종합하면 몇 가지로 정리가 가능하다.

첫째, 초기에는 분할된 제조생산성에 주목하지만 뒤로 갈수록 통합된 사무생산성을 지향한다. 둘째, 일선 노동자에서 출발, 관리자와 경영자를 거쳐 고객과 이해집단 등 점차 외부로 관심을 옮긴다. 셋째, 산업사회에서 정보사회로 전환됨에 따라 핵심 역시 기계와 기술에 의한 품질개선 노력에서 정보와 지식에 의한 커뮤니케이션의 컨센서스 추구로 전환된다. 마지막으로 산업사회 처음에는 환원주의를 철학적 바탕으로 하지만 점차 전체론(*holism*)으로 방향을 선회한다. 이상 네 가지 변화를 한마디로 종합하면 경영혁신 이론은 '상향, 외부, 전체'를 지향한다.

이전의 수직적 위계구조가 슬림화와 교차 부서(*cross functional*) ─ 부서간 유기적이며 긴밀한 협력 ─ 노력을 거치면서 네트워크화하고 종국에는 하나를 지향한다. 아무리 천재적인 과학자라 하더라도 평생 동안 계산해도 구할 수 없는 답을 오늘날의 퍼스널 컴퓨터는 불과 몇 초 만에 간단히 끝낼 수 있다. 대상을 분할하고 각각의 조각을 해석해서 종합하면 전체를 이해할 수 있을 것이라는 요소환원주의적 주장은 틀렸다. 사회는 점차 네트워크의 네트워크를 지향하기 때문에 커뮤니케이션에서는 송신자와 수신자의 구분이 모호해진다. 비선형, 공진화, 프로슈머 등 이전에는 궤변일 수밖에 없는 용어나 개념이 점차 설득력을 얻고 일반화되고 있다. 이러한 환경변화를 감지하든 그렇지 않든 기업이라는 조직 또한 환경변화에 적응하는 본능을 지닌다. 얼마 전부터 우리 기업에 몰아닥친 구조조정이나 슬림화가 바로 그것이다. 혹자는 이것이 IMF로 인한 일시적 변화이며 곧 이전의 상태로 돌아갈 것이라고 막연히 기대하지만 이는 시대착오적 발상이다. 이제 더는 우리에게 두 자리 숫자의 경제발전은 없다. 우리는 이미 선진국형 경제모델에 진입한 것이다. 우리가 상상하던 핑크빛 미래의 그림이 달랐을 뿐 분명 우리는 우리가 그리던 미래 곧, 탈대량사회로 진입했다. 이제 더는 각 그룹별 인력관리위원회의 이름으로 수천 명 단위의 신입사원 모집은 없으며, 가속화하는 상황변화는 신입이라는 용어 자체를 인정하지 않는다. 인턴이 됐든 경력사원이 됐든 기업은 준비된 사회인을 원한다. 경영진은 부분의 합이 전체가 될 수 없음을 깨달았다. 문제는 구성원들이 아직 빅 픽처(*big picture*)를 조망하고 공유하는 시력이 부족하다는 것이다. 특히 IT 분야에 종사하는 사람일수록 변화의 최첨단에 자리한 이유로 주변을 돌아볼 겨를이 없다. 지금은 잠시 속도를 늦추고 주위를 돌아볼 때다.

컨센서스 엔지니어링

공병호는 《10년 후, 한국》에서 스티븐 핑커(Steven Pinker)의 빈 서판(Blank Slate)에 나오는 문구를 인용하며 "첨단기술이 지배하는 세계에서 인간 직관의 비극적 단점을 치료할 수 있는 확실한 방법은 교육이다"라고 주장했다. 교육은 통일된 가치체계와 공유된 원리 · 원칙 아래서만 가능하다. 그러나 요즘과 같이 모든 것이 변하고 무질서한 과도기에서는 온전한 교육이 어렵다. '동상이몽'(同床異夢)과 '동병상련'(同病常憐)이라는 말이 있다. 사회가 점점 더 복잡 · 다기화되면서 상대방의 동의는커녕 이해조차 구하기 힘들어졌다. 그야말로 모든 것이 불확실한 시대다. 이러한 상황에서 상대를 설득하고 이해와 동의를 구하는 광고가 가능할까? 선뜻 이에 동조하기 어렵다. 요즘은 자신도 확신할 수 없는 시대다. 지하철과 같은 대중교통을 이용하면 어쩔 수 없이 곁에 있는 사람의 휴대폰 통화내용이 귀에 들어온다. 오랜 시간 동안 다음에 만날 장소와 시간에 대해서 의논하지만 결국 임시의 약속만 한 채 그 전에 다시 한 번 확인하기로 하고 통화를 마친다. 이처럼 현대인은 한마디로 '약속을 하지 못하는 사람'이라고 정의할 수 있다. 약속을 할 수 없다는 말은 결정을 할 수 없다는 뜻과도 통한다.

현대인은 왜 이런 특성을 지니게 된 것일까? 여러 가지 해석이 가능하겠으나 여기서는 마케팅의 관점에서 논하기로 하자. 가장 큰 이유는 '탈대량화' 때문이다. 이른바 제임스 와트의 증기기관의 발명으로 본격화된 산업화와 대량생산 체제는 1905년 포드의 티(T)형 지프 생산으로 정점에 이른다. 가능한 생산비를 낮춰서 더 많은 사람들에게 자동차를 보급하겠다는 신념을 지닌 포드는 생산원가를 절감하기 위해 모든 노력을 경주하였다. 이전에 테일러에 의한 동작연구나 포드가 개발한 시간연구 등은 모두 단위시간당 생산성을 높이는 데 목적을 두었다. 이렇게 해서 대량생산을 위한 세 원칙인 '3S'가 확정되었는데, 이는 단순화(*simplification*), 표준화(*standardization*) 그리고 전문화(*specialization*)이다. 모든 공정은 세분화되어 단순동작으로 나뉘고 각각의 공정에 맞도록 표준화되었으며, 그 공정에 맞도록 전문화가 이루어졌다. 이러한 생산공정에 참여하는 노동자들은 컨베이어 벨트에 연결된 살아 있는 부속품과 같았다. 거의 무의식적으로 자신에게 주어진 동작을 반복적으로 행할 뿐 독창적 사고나 달리 행동할 수 있는 여지가 없었다. 이들은 똑같은 유니폼을 입고 정해진 규칙에 따라 함께 식사하고 휴식할 뿐 일하는 동안은 기계와 다를 바 없었다. 소비자 또한 마찬가지로 선택의 여지가 없었다. 물론 공급이 수요를 쫓는 시장구조가 근본원인이겠지만 소비자는 이웃집과 똑같은 자동차를 소유하는 데 아무런 불만을 느끼지 않았다. 대량생산된 상품들은 대량매체(매스미디어)에 의한 대중전달(광고)로 대량소비를 연결할 뿐 아무런 문제도 없었던 것이다. 그러던 것이 '대량'에 이상징후가 나타나기 시작했다. 공급이 수요를 충족하는 시점에 소비자는 다른 사람과 똑같은 상품에 불만을 드러냈다. 그리고 이러한 변화는 사회 전체에서 표출되기에 이른다. 미래학자 앨빈 토플러는 일찍이 이것을 '탈대량화'라고 지칭했다. 마케팅은 이와 같은 대량의 구조에서 출현했다. 따라서 '대량'이라는 수식어가 붙은 '대량마케팅'이 맞는 표현이다. 앞서 말한 대량생산과 대량소비 그리고 대중매체에 의한 대중전달의 과정을 담당한 것이 바로 대량마케팅이었던 것이다. 그런데 바로 이 마케팅이 제대로 작동하지 않자 이러저러한 부분수술을 시행했다. 그 결과 나타난 것이 무수한 수식어를 앞에 붙이고 등장한 새로운 개념의 마케팅이다. 따라서 새롭게 등장한 일체의 마케팅은 그 앞에 붙은 수식어가 무엇이든지 모두 '(탈대량)마케팅'과 같다.

앞으로 펼쳐지는 탈대량사회에서 가장 절실하게 요구되는 것은 상대방과의 컨센서스, 곧 의견의 일치다. 우리는 유례없이 복잡·다기한 세상에서 살고 있다. 앞서 예를 든 바와 같이 자신을 결정지을 수 없는 불안정한 시대에 진입한 것이다. 하물며 목적과 의도를 달리하는 기업과 소비자 사이의 커뮤니케이션에서 깊어진 괴리감은 새삼 말해서 무엇하랴. 탈대량화는 단순한 것이 복잡하게 변했다든지 표준화가 희석됐다든지 하는 등의 수준을 넘어선다. 이는 커뮤니케이션 쌍방의 결정권, 다시 말해서 헤게모니의 전이를 의미한다. 화자가 청자가 되고 청자가 화자가 되며 시장의 주도권이 제조업체로부터 유통업체를 지나 소비자에게 전환되었음을 뜻한다. 변화의 인정은 이곳에서부터 시작되며 따라서 일체의 논의나 사고의 전환 또한 출발점을 여기에 두어야 한다. 이러한 전면적 사고의 개조 없이 떠도는 논의는 슐츠 교수의 표현에 따르면 '그렇고 그런 얘기'(*babble*)에 불과할 뿐이다. 발상의 전환에서 비롯된 마케팅 커뮤니케이션의 효율화를 위한 노력을 나는 '컨센서스 리엔지니어링'이라 칭한다.

컨센서스를 위해서 필요한 것은 무엇일까? 주체와 객체 곧 사람과 사회적 여건으로 구분해 생각할 수 있다. 먼저 객체, 곧 환경에 대해 살펴보자. 예전에 다국적기업의 한국 CEO를 맡고 있을 때의 경험이다. 직원채용을 위한 면접에서 일어난 일이다. 나는 고용계약이 고용주나 피고용인 사이의 대등한 계약이라고 생각한다(실제로 생각은 그렇게 하지만 행동으로 드러나는 경영방식 또한 그러했는지에 대한 객관적 진단을 받아본 적은 없다). 그래서 면접 때마다 응시자에게 결정 이전의 쌍방은 대등하게 50%씩의 권리를 행사할 수 있지만 일단 결정한 뒤에는 서로에게 결정을 준수할 또 다른 50%씩의 의무만이 남는 만큼 신중하게 본인의 의사를 충분히 개진할 것을 제안한다. 응시자가 가장 궁금해하는 것은 보상 수준이다. 월급이 얼마냐 하는 것이다. 그 다음으로 궁금해하는 것이 회사의 안정성이다. 물론 외국회사인 데다 외환위기라는 경제적 불안 때문이겠지만 업무의 성격상 비교적 전문분야의 자격을 갖춘 사람들을 상대로 하는 면접에서조차 장래의 보장을 요구받는다. 그럴 때마다 나는 "얼마나 안전하기를 기대하는가?"라고 되묻는다. 옛 시인의 고백처럼 이는 '백 년도 못 살면서 천 년을 근심하는' 잘못을 범하는 경우가 아닐까? 진부한 얘기지만 평생직장의 개념이 사라진 지 이미 오래다. 이제는 달리는 말에서 갈아타기를 부담스러워 말아야 한다. 오히려 나폴레옹처럼 흔들리는 말 위에서 잠자는 것에 익숙해져야 할 만큼 상황은 유동적이고 가변적이다.

이러한 환경의 유연성을 전제로 한 컨센서스라면 어떤 그림을 그릴 수 있을까? 상황 자체를 2차원의 고정된 평면이 아닌 3차원의 유연한 공간으로 설정해야 한다. 이제는 기업으로부터 소비자에 이르는 공급사슬(*Supply Chain*)에서 역으로 흐르는 수요사슬(*Demand Chain*)처럼 단순히 방향만 뒤집어서는 안 된다. 기업과 소비자 이외의 다양한 이해집단은 결코 평면상의 동일면적에 배치될 수 없다. 이는 마치 이집트벽화처럼 3차원의 존재를 2차원의 평면에 가두는 것과 같다. 그보다는 오히려 각각의 이해집단이 밤하늘의 별들처럼 공간에 흩어져 있다. 따라서 덩컨의 표현처럼 다양한 이해집단을 '가치의 별자리'로 자리매김하고 평가하는 작업이 필요하다. 다음으로 이러한 공간에 위치하는 주체, 곧 기업이나 소비자들은 어떻게 좌표를 잡고 관계를 맺어야 할까? 여기서 기업의 좌표와 고객과의 관계라는 표현에 주목할 필요가 있다. 이와 같이 끊임없이 변화하는 공간적 시장에 위치하는 기업은 — 뒤의 3부에서 상세히 논의하겠지만 — 복잡계, 생태계, 시민정신 등의 단어로 부분적인 설명이 가능하다. 이를테면, 르윈(Roger Lewin)과 레진(Biryte Regine)은 《컴플렉소노믹스》(*The Soul at Work*, 2000)에서 몇 가지 사례를 들어 미래기업을 예시했다. 이 책에 소개된 사례 가운데 영국의 광고대행사 세인트 루크스는 미래의 기업이 어떻게 컨센서스를 기반으로 성장하는지를 보여준다. 예를 들어, 창업 당시 회사의 사장에서부터 말단직원에 이르기까지 회사의 지분을 똑같이 나누거나, 각자의 고정책상이나 의자, 업무용 전화 없이 유동적으로 공유 내지 순환하는 방식 등이다. 이 밖에도 이 회사는 흔히 외형적으로 성공한 기업들이 우람한 사옥을 짓고 밤이면 유령이 나올 듯 썰렁하게 비워두는 대신 인근 학교의 빈 시설을 활용하고 이에 대한 임대료를 지불, 지역사회 개발에 공헌하거나, 직원들의 업무량을 고려해 버거운 일감확보를 자제하는 등 기업이 사회의 한 구성원으로서 어떻게 시티즌십을 발휘할 수 있는지 보여주었다.

컨센서스, 곧 상대방과 의견의 일치에 이른다는 것은 상대와 가치교환의 균형점을 찾았다는 말과 같다. 사회를 온전히 하나의 생태계로 받아들인다면 이제 제로 섬(*zero sum*) 발상은 무의미하다. 왜냐하면 손이 발을 비난하지 않으며 눈이 코를 부러워하지 않듯 각 부위에는 각각의 역할이 있기 때문이다. 기업과 소비자, 경쟁사 사이에서도 수익을 내기 위해 가치를 제공하는 역할분담에 대한 올바른 인식이 결국 21세기의 새로운 시장환경에 적응할 수 있는 컨센서스 공학으로 자리하게 될 것이다.

제 2 부

소멸하는 대지에서

2003년 대한경영학회가 주최하는 국제학술대회에서 "시장이 사라진 곳에 남은 마케팅의 의미"(What left in marketing where the market left)란 제목으로 논문을 한 편 발표했다. 이 글에서 내가 주장한 것은 다음과 같다.

제2차 세계대전이 끝나고 전 세계가 극심한 물자부족을 극복하기 위해 전시 군수시설을 생필품공장으로 전환, 생산에 박차를 가한 결과 얼마 못 가서 공급은 수요를 따라잡고 곧 공급과잉에 이르렀다. 그 해결책을 찾다 마케팅이라는 개념을 만들었다. 따라서 마케팅은 시장구도로 보면 대량생산과 대량소비 사이의 수급조절의 문제이며, 매체구조로 보면 이른바 4대 매체를 중심으로 한 대중매체 환경을 전제로 한다. 대량생산을 위한 생산라인이나 대중매체의 송신자로부터 수신자에 이르는 통로는 당연히 선형적이며 시계열적이다. 마케팅은 4P 개념 아래 상품의 유통(*place*)과 판촉(*promotion*)을 엄격하게 구분했으며, 광고전략 또한 '수직효과 모델'에 의한 선형적 · 시계열적 구조를 기반으로 한다. 오늘날에는 대학신입생조차 이론의 부적합성에 고개를 저을 것이다. 이러한 부적합을 보충하기 위해 마케팅은 그 앞에 수많은 수식어를 붙인다. 이제 우리는 시장에 대한 개념을 전적으로 바꿔야 한다. '거리의 소멸'과 함께 물리적 시장구조는 평면(*market place*)에서 공간(*market space*)으로 전환되었다. 간단한 예로 전자상거래만 하더라도 우리는 한자리에서 상품을 고르고 가격을 결정하며(옥션), 그 자리에서 판촉을 확인하고 주문한다. 마케팅의 4P가 한자리에서 일어나는 것이다. 광고는 시장을 중심으로 일어난다. 온 광고도 마찬가지다. 단지 시장의 영역을 어떻게 넓히고 정의하느냐에 달렸다.

요즘 경영학에는 공급사슬과 수요사슬이 공존한다. 커뮤니케이션 분야에서는 이전의 '안에서부터 밖으로'(*Inside-out*)의 흐름을 바꾸기 위한 '밖에서부터 안으로'(*Outside-in*)의 주장이 점차 늘고 있다. 게다가 기존의 물리적 시장(*off-line*)과 사이버시장(*on-line*)까지 중첩되니 혼란스럽기가 그지없다. 우스개 소린지 몰라도 오래도록 한쪽으로 치우친 사시를 바로잡는 방법은 당분간 그 반대방향을 보는 것이라고 한다. 이 모든 혼란을 한자리에 모으면 마치 밤하늘의 별을 보는 것 같다. 아마도 그래서 노만과 라미레즈(1993)는 '가치의 별자리'(*value constellation*)라는 표현을 썼는가 보다[1]. 이 장에서는 조각그림을 맞추고 실타래를 푸는 심정으로 새로운 시장을 더듬어 보기로 하자.

1. Norman, Richard & Ramirez(1993), *Business Review*를 Duncan; Tom(1997), *Driving Brand Value*, Mcgraw-Hill, p.12에서 재인용.

제 4 장

시장 없는 마케팅

지금 당장이라도 온라인서점 아마존(www.amazon.com)에 들어가서 '… marketing'을 검색해 보라. 무려 6만 2천여 개의 마케팅관련 서적의 목록을 볼 수 있을 것이다. 왜 이렇게 많을까? 그리고 앞뒤에 붙는 수식어는 왜 그리 다양한 걸까? 많다는 것은 그만큼 중요하다는 것이고 다양하다는 것은 한마디로 설명할 수 없다는 뜻일 게다. 잘 아는 것처럼 애초에 마케팅은 대량생산이 대량소비를 넘어서면서 쌓인 재고를 처분하기 위한 방법을 찾는 과정에서 등장한 개념이다. 다분히 대량적이고 공급자적인 시각이다. 하지만 오늘의 상황은 앨빈 토플러가 적시한 탈대량화(*demassification*)로 인해 더는 대량적이지도 않고, 공급자인 생산자나 판매자가 결정권을 상실한 지 이미 오래다. 다급한 마음에 그 동안 익힌 마케팅 개념을 들춰내지만 어느 것 하나 속 시원히 상황을 설명하거나 문제를 해결해 주지 못한다. 가짓수는 많아졌지만 쓸 만한 이론이 없다. 요즘 출간되는 책들은 아예 사전식으로 여러 가지 마케팅 추세나 사례를 한 권의 책으로 담아냈다. 최근 출간된 코틀러(Philip Kotler)의 《마케팅 A to Z》가 그러하고 팝콘(Faith Popcorn)의 《마케팅의 노스트라다무스》 역시 마찬가지다.

마케팅의 어원은 마켓(*market*)에 있다. 쉽게 풀이하면 '마켓에서의 모든 활동'을 의미한다. 그런데 마켓이 변했다. 게임이 바뀌면 게임의 룰 또한 당연히 바뀌어야 한다. 그런데도 우리는 여전히 예전의 룰과 방식에서 벗어나지 못했다. 어떻게든 기존의 룰을 고집하려고 이렇게도 붙여보고 저렇게도 갈라본다. 하지만 모두가 지엽적일 뿐 전체를 담아내지는 못한다.

간단한 예를 들자. 이미 대형백화점의 매출을 앞지른 홈쇼핑과 전자상거래, 네트워크 마케팅 등과 같은 새로운 방문판매 방식을 합산하면 전통적 유통방식에 의한 거래를 앞지르지는 못하더라도 기업으로서는 절대로 간과할 수 없는 물량이요, 거래방식이다. 그럼에도 이러한 새로운 유통방식의 법제화는커녕 이론적 체계조차 완성하지 못했다. 업계나 학계에게 모두 버거운 일이다. 이는 마케팅의 핵심이라 할 수 있는 광고영역에서도 마찬가지다. 그 동안의 광고전략이나 이론들은 대중매체를 중심으로 하는 일방적이며 선형적인 커뮤니케이션 이론에 바탕을 두었다. 하지만 이제 미디어는 대형이 아니고, 메시지 또한 송신자로부터 수신자로 일방향으로 흐르지 않는다. 네트워크의 네트워크화를 실현하는 뉴미디어 환경에서는 송신자와 수신자가 구별되지 않는다. 때문에 관심을 끌고 흥미를 유발하며 기억했다가 구매행동으로 연결된다는 광고의 고전적 전략개념인 AIDMA 이론 역시 폐기처분할 때가 온 것이다. 이제 마켓은 '아무 곳에도 없으며 동시에 모든 곳에 존재한다'. 그 많은 마케팅 서적이 부분적으로는 옳지만 전체를 그려낼 수 없는 이유가 여기에 있다. 왜냐하면 마케팅은 이제 평면이 아닌 공간적 개념이며 또한 이전보다 훨씬 더 빠른 속도로 진화하기 때문이다.

오늘날의 학생들은 보상과 부상이 유통과 정보전달을 맡았던 고려시대 이후 최근까지 명맥을 이은 전국의 5일장에 대해 궁금해할까? 아니, 들어는 봤을까? 갑자기 이런 생각이 드는 이유는 여기서 그려보려는 새 시장이 이전의 그것과 너무도 판이하기에 불과 한 세대의 시차지만 얼마나 이질감 없이 수용할 수 있을까 하는 우려 때문이다.

레빈(Rick Levine)은 《클루트레인》(*Cluetrain*, 2000) — 이 책의 부제는 "종전 사업방식의 종말"이다—이라는 책에서 새로운 시장분위기를 무려 95가지의 단문형식으로 묘사했다. 한편 슐츠 교수는 새로운 시장은 왜 생겨나며 어떻게 형성되는가에 대해서 켈로그 경영대학이 출간한 책 *Kellog on Integrated Marketing*(2003)에 기고한 서문에서 다음과 같이 설명했다.

21세기의 마케팅과 마케팅 커뮤니케이션의 진화[1)]

노스웨스턴대학은 마케팅과 마케팅 커뮤니케이션 및 광고분야 등의 연구에 관한 한 이론과 실무 양면에서 명실공히 오랜 명성과 전통을 지녔다. 1903년 당시 노스웨스턴대학의 심리연구소장이며 나중에 대학총장까지 오른 스콧(Walter Dill Scott)은 광고에 관한 최초의 책 가운데 하나인 《광고이론》(*The Theory of Advertising*)을 저술하였다. 그 후 1922년에는 당시 상과대학(이후에 켈로그 경영대학원으로 전환)의 교수였던 클라크(Fred E. Clark)가 《마케팅 원론》(*Principle of Marketing*)을 출간하였는데 이 책은 마케팅의 이론과 실무에 관한 초기의 교과서가 되었다.

이러한 전통은 오늘날까지 이어져 켈로그 경영대학원은 세계 최우수 전문가과정으로 인정받는다. 학교 내의 또 다른 대학원 가운데 하나인 메들 저널리즘스쿨(Medill School of Journalism)은 통합적 마케팅 커뮤니케이션 프로그램의 지속적 연구개발을 통해 오늘날과 같은 상호작용적이며 네트워크화하는 경제구조에서 바람직한 마케팅 커뮤니케이션 해법을 찾는다. 요약하면, 노스웨스턴대학은 마케팅과 마케팅 커뮤니케이션의 연구와 교육, 사상의 요람이자 선구자임을 자임한다. 때문에 이 책이 제시하는 통합마케팅 과정은 오랫동안 우리 학교가 추구한 마케팅과 마케팅 커뮤니케이션 연구의 최신 축적물이라 할 수 있다. 통합마케팅이란 무엇이며 켈로그와 IMC 대학원은 왜 이 새로운 개념을 주창하는가? 이 서문은 그러한 질문에 대한 개략적인 해답을 제공할 것이다.

:: 자연적 진화

마케팅 및 마케팅 커뮤니케이션의 이론과 실무에 관한 최근의 혁신은 켈로그와 IMC 두 학교 교수들의 자연적 진화에서 비롯된다. 우리들은 지난 10여 년간 일어난 시장의 변화(*market place*)와 출현(*market space*)에 주목한다. 두 학교 사이의

---

1) 이 글은 슐츠 교수가 *Kellog on Integrated Marketing* (2003) 서문에 쓴 내용임.

연구는 이러한 시장의 변화와 출현에 대한 새로운 시각과 사고 그리고 접근방식을 창출하기에 이른다. 이를 바탕으로 두 학교 교수들이 하나의 책을 집필하게 된 것은 노스웨스턴대학의 오랜 전통에 비추어볼 때 오히려 자연스럽기까지 하다.

IMC 프로그램을 운영하는 메들 스쿨은 노스웨스턴 상과대학의 일부로 1938년에 생긴 켈로그 대학원의 전신이기도 하다. 그 해에 메들 스쿨은 분리되어 독립된 대학원을 형성한다. 1961년에 메들 스쿨에 집중되기 이전까지 두 학교 모두 광고를 가르쳤다. 지금은 비록 분리되었지만 두 학교간 협력과 교류는 꾸준히 지속되었다.

두 학교는 협력관계를 유지하면서 마케팅과 마케팅 커뮤니케이션에 관한 각기 독자적 노선을 추구했다. 켈로그는 전통적으로 '기업과 소비자'의 관점에서 마케팅이나 마케팅관리에 대해 지속적 관심을 가졌다. 반면, IMC는 '광고 위주'의 관점에서 광고주와 대행사 그리고 매체사 등에 집중했으며, 1970년대 후반에 대학원과 평생교육과정의 개설 등으로 광고와 판촉으로 영역을 확대했다.

1980년대 중반에는 광고학과에 다이렉트 마케팅과 판촉, 기업 PR 등의 커리큘럼을 보강했다. 이러한 확장은 관심의 초점을 자연스럽게 광고대행사로부터 클라이언트의 마케팅 커뮤니케이션으로 옮기게 했다.

1991년, 광고학과는 전자와 데이터에 기초한 커뮤니케이션으로의 변화를 감지하고 이를 포괄적으로 수용하기 위하여 IMC 학과로 개편하였는데 이는 대학으로서는 세계 최초의 시도였다. 이러한 발전적 변화를 거치면서 IMC는 점차 고객과 데이터베이스 중심의 커뮤니케이션 연구에 집중하기 시작한다. 이는 그간의 커뮤니케이션 연구가 전술적 차원에 머물던 것을 더 경영적인 차원에서 전략적 마케팅 커뮤니케이션을 추구하도록 했다. 이러한 관점에서 볼 때 켈로그와 IMC 두 학교가 마케팅과 마케팅 커뮤니케이션 전반에 걸친 프로그램을 공동으로 개발 · 운영하는 것은 지극히 자연스러운 일이다. 이는 또한 네트워크와 상호작용으로 더욱 경쟁이 심화된 21세기의 글로벌 마케팅 커뮤니케이션 상황에 성공적으로 대처하기 위해서도 적절하다고 하겠다.

:: 왜 통합이 필요한가?

많은 학자들과 실무자들이 묻는다. 왜 통합마케팅인가? 왜 통합적 마케팅 커뮤니케이션인가? 통합마케팅이란 도대체 뭔가? 마케팅과 마케팅 커뮤니케이션은 당연히 통합된 것이 아닌가? 마케팅의 개념이 원래 소비자 중심이라면 상품이나 서비스는 당연히 고객의 필요를 충족해야 하는 것 아닌가? 진정한 '마케팅조직'이라면 통합은 자연스러운 것이 아닌가? 그렇다면 '통합마케팅'이나 '통합적 마케팅 커뮤니케이션'은 이러한 종래의 개념이나 사고에 비해 무엇이 다르고 무엇이 새롭단 말인가?

이 책에서 필자들은 그러한 질문에 답할 것이다. 맞다. 마케팅의 개념은 당연히 통합을 내포한다. 하지만 그것은 마케터의 관점에서의 통합이지 고객 관점에서의 그것은 아니었다. 때문에 전세계에 걸쳐 실행되는 마케팅은 자주 교과서에 언급된 것과는 다르게 나타났다. 오늘날 우리가 적용하는 마케팅은 대개 이론적 배경을 산업사회에 둔다. 즉, 제품, 유통, 가격 그리고 판촉 등 4P에 기초한 개념이다. 이러한 사고와 접근법은 개념이 생성되던 1950년대나 1960년대에는 적합했다. 공급이 수요를 크게 앞서고, 인구는 폭발적으로 증가했으며, 공통적 대중문화가 풍미하고 수요보다는 공급이 우선되던 시절이었다.

하지만 시장은 변했다. 오늘날 우리는 상호작용하는 지구촌에서 시간과 속도가 무엇보다도 중요시되는 고객 중심의 서비스 경제체제 아래 산다. 전통적 마케팅이나 마케팅 커뮤니케이션의 기초가 되었던 대량생산과 대량소비는 이제 대량고객화(*mass customization*)에게 자리를 내줄 때다.

오늘날의 시장은

· 노트북 한 대로 주문과 배달, 결제를 일주일 내로 마칠 수 있다.

· 전자메일이나 웹사이트를 통한 커뮤니케이션은 시간차를 두지 않는다.

· '확정된 가격'이란 없다. 모든 상품과 서비스는 협상과 조정이 가능하다.

· 생산보다는 부가가치가 창출되는 유통에 관심과 초점을 모은다.

이러한 변화의 대부분은 기술발전, 특히 정보통신(IT) 기술에 기인한다. 바로 이 부분이 — 마케팅과 마케팅 커뮤니케이션의 발전에서 IT의 성장과 활용 — 이 책에서 주목하는 바다. 이러한 변화의 원인과 나아가 모든 조직에 왜 통합마케팅이 중요한지를 이해하려면 그러한 변화의 원동력이 된 원천이 무엇인지를 반드시 깨달아야만 한다.

:: 시장에서의 힘의 이동

마케팅은 원래 고객이나 소비자 같은 구매자를 위해서 생긴 개념이 아니다. 오히려 판매자를 위해서 만들어진 것이다. 대량생산이 가속화됨에 따라 판매자들은 그에 맞는 소비자를 찾아나섰다. 하지만 물류나 배송 등의 판매지원체계는 생산속도를 따라잡지 못했다. 다시 말해서 생산자나 판매자는 자신들의 상품을 소화할 소비자나 고객을 찾을 수 있는 새로운 방법을 필요로 했다. 그들은 생산이나 공급기술 못지않게 고객창출을 원했던 것이다. 기본적으로 관심의 초점은 판매였다. 하지만 판매는 점차 줄어들었다. 대량시장의 개념에 따라 판매자들은 대량생산과 대량소비를 연결하는 마케팅 개념을 도입했다. 특히 제2차 세계대전 이후 미디어의 급속한 발달에 힘입어 판매자들은 다양한 광고와 판촉을 통해 수십, 수백만의 고객에게 다가갈 수 있었다. 이것이 오늘날 우리가 말하는 '근대 대량마케팅' 또는 '근대 대중커뮤니케이션'의 시초다. 이와 같은 대량생산, 대량유통, 대중커뮤니케이션 시스템 아래서는 판매자가 시장장악에 필요한 모든 카드를 손에 쥐게 된다.

판매자의 결정권에는 다음과 같은 것이 포함된다.

· 무엇을 생산하거나 만들 것인가?
· 어떤 유통시스템을 채택할 것인가?
· 어떤 가격정책을 쓸 것인가?
· 상품이나 서비스에 관한 어떤 정보를 얼마나 그리고 어떻게 커뮤니케이션

할 것인가?
· 누구에게 알릴 것인가?
· 언제 알릴 것인가?

말 그대로 모든 권한은 제조업자나 유통업자의 수중에 있게 된 것이다. 고객은 단순히 '소비자' 혹은 제조업자나 판매자의 능력 여하에 따라 쉽게 설득당하며 반복적으로 구매하는 불특정 다수에 불과하다.

1950~1970년대 생산자 중심의 시장구조는 〈그림 4-1〉과 같다. 생산 중심의 시장에서 생산자나 판매자, 마케터는 원자재에서부터 생산, 노동력에 이르기까지 모든 것을 장악하고 막강한 힘을 갖는다. 이 가운데 마케터가 갖는 가장 강력한 힘은 기술, 특히 IT에 관한 것이다. 이러한 기술확보는 마케터로 하여금 ① 소비자의 요구를 파악하고, ② 가격대를 결정하며, ③ 물류를 관리하고, ④ 적정 재고관리를 가능하게 한다. 뿐만 아니라 이러한 IT 기술의 독점적 장악은 생산자로 하여금 도매, 소매에 이르는 유통조직과 미디어와 같은 커뮤니케이션 시스템 그리고 나아가 소비자와 같은 최종고객까지도 통제할 수 있도록 한다. 이러한 시장환경에

〈그림 4-1〉 생산자 중심의 시장

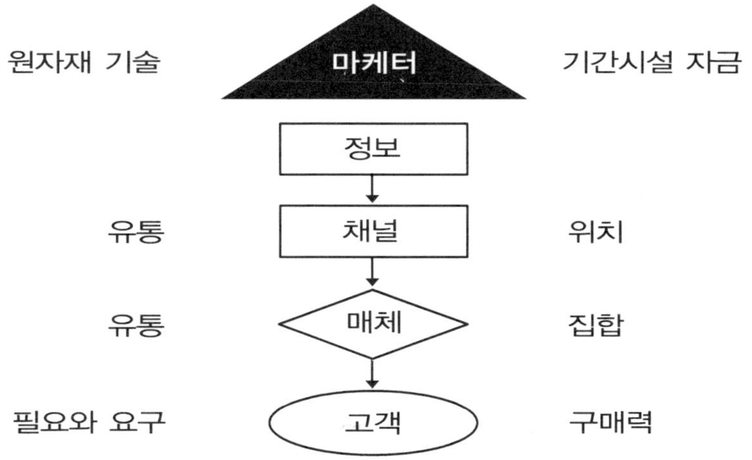

서 마케팅과 마케팅 커뮤니케이션의 통합은 비교적 중요하지만, 그 가치는 단지 마케터에게만 귀속될 뿐이다. 하지만 마케터들이 하는 일이라고는 제품을 생산하고 그것을 유통업자에게 공급하고 광고하며 고객의 구매를 지켜보는 정도이다. 그리고 유통이나 공급업자들은 제공되는 상품을 구매할 뿐이다. 마케터에 의해 개발되고 매체를 통해 전달되는 커뮤니케이션 프로그램은 소비자의 수요를 창출한다. 다시 말해서 소비자는 수동적으로 반응한다. 그들은 상점에 가서 물건을 산다. 마케팅부에서 보면 완벽한 시스템이다. 하지만 유통이나 소비자 입장에서 보면 그렇지 않다(즉, 유통에 관련된 사람에게는 선택권이 매우 제한적이거나 거의 없다).

그러나 상황은 변하게 마련이다. 미국에서는 1970년대 후반부터 1980년대 초반에 컴퓨터를 기반으로 하는 구매시점(POP)에서 정보처리 기술이 급속하게 발전했다. 이러한 기술의 발달은 시장에서의 힘이 공급업자나 소매상에게 옮겨가도록 하였다. 그 이유는 컴퓨터기술이 유통업자가 시장에서 소비자행동에 관한 더 정확한 정보수집을 가능하게 했기 때문이다. 이러한 정보는 제조업자로서는 좀처럼 접근하기 어려운 것이다(즉, 제조업자는 이러한 정보를 얻으려면 소매상 등 유통업자를 거쳐야만 한다). 자연히 IT 기술은 시장에서의 힘을 〈그림 4-2〉처럼 변화시켰다. 〈그림 4-2〉에서 보듯이 유통업자들은 자신이 확보할 수 있는 고객의 정보를 무기로 제조업자나 마케터로부터 힘을 넘겨받는다. 여러 가지 경로(스캐너나 바코드 등)를 통해 입수한 고객정보를 식별함으로써 유통업자는 고객이 다양한 마케팅이나 마케팅 커뮤니케이션 프로그램에 대해 어떻게 반응하는지 알 수 있게 되었다.

이러한 이해와 지식을 바탕으로 유통업자는 효과적 마케팅 커뮤니케이션 프로그램으로 공급업체인 생산자나 마케터에게 간섭과 통제를 가할 수 있게 되었다. 따라서 오늘날 대량마케팅 시스템에서 고객에게 제공할 메시지나 인센티브를 결정하는 가장 강력한 주체는 제조업자가 아닌 유통업자다. 이렇게 시장은 진화한다.

〈그림 4-2〉 유통 중심적 시장

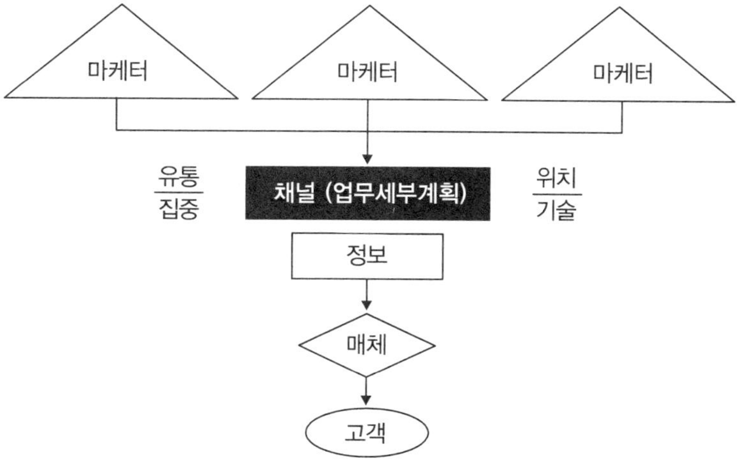

〈그림 4-3〉 고객중심적 시장

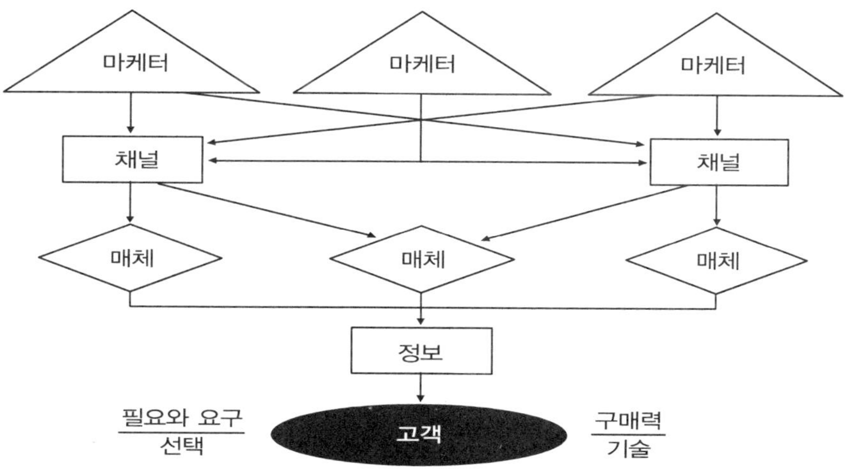

유통 중심의 시장에서 통합마케팅이나 통합적 마케팅 커뮤니케이션 프로그램은 제조업자와 유통업자 사이에서 개발되었다. 아직까지는 그 힘이 소비자의 수중에 완전히 들어가지 않았으므로 프로그램의 통합이 반드시 필요하지는 않았다.

1990년대 초반에는 급격한 변화가 일어났다. 인터넷과 웹 그리고 여타 전자 커뮤니케이션과 데이터 교환기술 등의 발달로 또 한 번 힘의 이동이 일어난 것이다. 여기서 힘의 이동은 유통업자로부터 소비자로의 이동이다. 소비자와 고객은 점점 더 많은 정보기술(웹이나 인터넷, 전자메일, 팩스 등)을 확보하였으며, 이를 바탕으로 마케터나 유통업자들로부터 힘을 빼앗아 〈그림 4-3〉에서 보는 바와 같이 오늘날 우리가 아는 상호작용적이며 네트워크화한 시장을 구축하기에 이른다. 고객이 점점 더 많은 IT 기술을 확보함에 따라 더 효과적으로 시장에 관한 정보를 입수할 수 있게 되었다.

〈그림 4-4〉 마케팅 전환

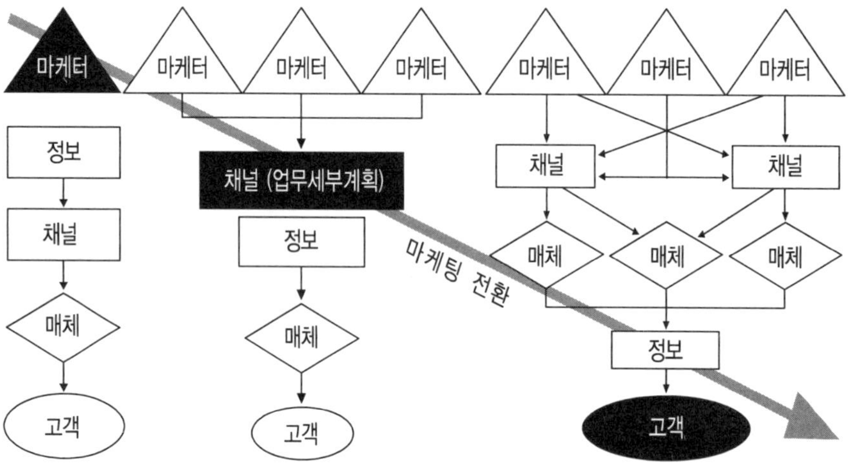

소비자는 이제 자신이 거주하는 곳뿐만 아니라 전체시장을 검색할 수 있다. 새로운 기술은 소비자로 하여금 세계시장을 둘러보고 가격을 비교하며 자신이 원하는 상품이나 서비스를 골라 흥정할 수 있게 하였다. 간단히 말하자면, 소비자가 더 많은 정보기술을 확보할수록 시장에서 더 큰 힘을 발휘하게 된 것이다. 반면에 고객이 확보한 시장정보가 완벽할수록 마케터나 유통업자는 더 어려운 상황에 처하게 된다. 이러한 변화는 IT가 발달하는 한 더욱 가속화될 것이며, 이와 같이 시장에서의 힘이 제조업자로부터 유통업자를 거쳐서 소비자에게로 이동하는 과정을 뜻하는 "마케팅 전환"(*Marketing Diagonal*)을 도식화하면 〈그림 4-4〉와 같다.

IT 기술이 제조업자로부터 고객으로 옮겨가면서 시장에서의 힘 또한 이를 따라 이동한다. 하지만 여기서 이러한 이동 못지않게 중요한 것은 마케팅이나 마케팅 커뮤니케이션이 기업에서 고객을 향하는 외부지향에서 고객이 자신의 요구나 필요에 따라서 수용하고 접근·획득할 수 있도록 하는 상호작용으로 전환된다는 사실이다.

이상 제시한 세 가지 형태의 시장과 전환은 이해하기는 쉽지만 적응하기는 결코 쉽지 않다. 네트워크와 상호작용 시장의 출현 그리고 소비자로의 힘의 이동은 왜 통합마케팅이나 통합적 마케팅 커뮤니케이션이 모든 기업(그들이 생산 중심이든, 유통 중심으로 옮겨가든 혹은 진정한 고객 중심의 네트워크 시장에 속해 있든)에 절실한지 이해하는 데 큰 도움을 준다.

상품이나 유통 중심의 시장에서는 마케팅이나 마케팅 커뮤니케이션 요소의 통합은 필요하지 않다. 마케터나 유통이 시장을 통제하는 한 통합은 그것이 고객에게 어떻게 영향을 미치는지가 중요한 것이 아니라 단지 조직 내부의 문제에 그칠 뿐이다. 하지만 네트워크화되고 상호작용적인 시장에서는 이야기가 달라진다. 21세기의 고객중심 시장에서 기업은 반드시 고객의 요구와 기대, 현재와 잠재적 기회에 맞도록 모든 마케팅과 커뮤니케이션 활동을 통합해야만 한다. 어떤 형태로든 고객과 연관되지 않으면 상품과 유통에서 차별화는 어렵다. 때문에 마케팅 시스템의 통합은 고객에서 출발하여 기업으로 연결되어야 하며, 이는 세계 모든 기업이 당면한 과제이기도 하다.

:: 융합이 핵심이다

다행스럽게도 IT 기술의 발달은 기업에게 21세기의 시장에서 고객의 새로운 요구에 대응할 수 있는 방안을 제시한다. 기업이 고객에 관한 정보를 모으고 저장하며 분석·가공하고 대응할 수 있는 방법 또한 폭발적으로 발전한 것이다. 이제 마케터는 불특정 다수의 소비자가 아닌 개별화된 고객에 초점을 맞출 수 있게 되었다. 새로운 '일대일 시장'에 대해서는 그 동안 다양한 논의와 비판이 있었다. 21세기의 마케팅조직이 당면한 진정한 도전은 이 두 가지 형태의 마케팅활동, 곧 대중마케팅과 일대일 마케팅을 일관성 있는 하나의 통합체로 조화를 이루는 것이다. 이를 위해서는 '전통적 대중'과 '개별화된 마케팅' 사이에 우리가 '융합'(*convergence*)이라고 명명한 합체(*combine*)가 〈그림 4-5〉와 같이 이루어져야만 한다. 21세기 마케팅부서가 당면한 과제는 아직까지도 시장에서 유효한 전통적 마케팅과 전자시스템이 제공하는 새로운 접근방식을 한데 묶는 것이다.

같은 텔레비전 프로그램을 시청하는 소비자집단은 유사한 사이트를 서핑하는 경향이 있다. 온라인 구매자는 종종 오프라인에서도 같은 상표의 상품을 찾는다.

〈그림 4-5〉 융합

결국 고객이나 마케터 혹은 유통업자의 통합, 집합, 상호작용, 네트워크 시스템 등이 오늘날 마케팅조직이 당면한 과제다.

이처럼 새롭고 복잡한 시장에 대처할 때 과거의 4P 이론에 입각한 단계적 접근방법은 그다지 바람직하지 못하다. 더 새로운 절차에 의한 조직적 접근방식이 필요하다. 이 책에서 켈로그와 IMC 교수들은 마케팅 경영시스템에 필요한 통합마케팅의 개념을 개괄한다. 즉, 과정접근에 필요한 과정을 제시한다.

주지하듯이 통합마케팅 경영시스템(*Integrated Marketing Management System*)은 켈로그가 개발하고 IMC 교수들이 여기에 마케팅 개념을 실용화한 것이다. 이 시스템은 고객에서 출발한다. 우리는 IT 기술을 활용하여 관련조직과의 관계발견에서 고객수익성 측정, 나아가 가격결정과 통합적 유통시스템의 구축에 이르기까지 역동적이고도 다양한 마케팅활동을 수행한다.

통합마케팅 절차는 관리자로 하여금 다음과 같은 핵심사항에 집중할 수 있게 해준다.

· 신규고객의 확보
· 현재고객과의 커뮤니케이션 및 관리
· 고객서비스의 통합과 믹스
· 충성고객에 대한 보상
· 교차판매의 가능성을 찾기 위한 고객정보 마이닝 등

요약하면, 우리의 마케팅 경영시스템은 마케팅의 진정한 의미 — 고객의 요구와 기대를 파악하고 충족시키는 것 — 에 집중한다.

:: 마케팅과 마케팅 커뮤니케이션의 믹스

전통적으로 마케팅 커뮤니케이션은 마케팅의 하위개념으로 상품이나 서비스에 관한 현재 또는 잠재고객을 대상으로 하는 대외적 커뮤니케이션 프로그램의 개발과 보급 정도로 여겨졌다. 대부분의 생산자 중심, 때로는 유통 중심의 시장에서조차 마케팅 커뮤니케이션은 기업이 필요에 따라 실시하거나 중단할 수 있는 전술 정도로 비춰진 것이다. 기업에게 진정으로 중요한 것은 상품이나 서비스 자체로서 경쟁사와 차별화하는 것이었다. 한때 이것을 '지속적 경쟁우위'(*sustainable competitive advantages*)라고 부르기도 했다.

지속적 경쟁우위는 달성하고 유지하기가 매우 어렵지만 탁월한 목표임에는 틀림없다. 기술은 경쟁사로 하여금 신속하게 모방하거나 더 나은 제품을 만들 수 있도록 한다. 서비스 업종에서의 경쟁우위는 더욱 어렵다. 예를 들어 은행이나 여타의 금융기관이 내놓는 신상품은 경쟁사에 의해 유사상품이 나오기까지 불과 20분이면 충분하다. 때문에 경쟁의 개념은 변하고 또 변할 것이다.

지난 수 년 사이에 마케팅 관리자들은 전통적 상품과 서비스의 차별화만으로는 더는 경쟁할 수 없다는 사실을 깨달았다. 그들은 자신이 창출하고 관리하며 지속적으로 강화할 수 있는 것, 곧 브랜드로 경쟁해야만 한다. 우리가 근래 지속적으로 브랜드에 대한 관심과 참여를 높이며 개발하고, 나아가 마케팅부서의 핵심요소로서 브랜딩 역량을 다루는 이유가 바로 여기에 있다. 켈로그와 IMC는 수 년 동안 기업이 시장에서 강력한 브랜드를 구축하고 유지·강화할 수 있는 방안에 대한 연구를 지속했다. 이 책에서 우리가 제시하는 바는 과거 산업사회의 제품에 기초한 마케팅 개념이 아니다. 그보다는 정보사회의 관점에서 브랜드를 유일무이한 경쟁우위 요소로 제시한다.

이러한 접근방식은 통합 브랜드 경영절차에 기초한다. 브랜드 관리란 이제까지 그래왔던 것처럼 소비재의 빠른 순환을 의미하는 것이 아니다. 그보다는 브랜드를 상품이나 서비스에 대한 제1의 차별적 요소로 보고 그 토대 위에서 고객이나 소비자와의 지속적 관계구축을 시도하는 것이다. 고객이나 소비자가 관계를 맺는 실체는 상품이나 서비스 또는 가격이나 판촉물이 아닌 바로 브랜드 그 자체다. 이는 고객이 가치나 혜택, 때로는 심리적 안정감을 얻는 감성적 영역이다.

역사적으로 브랜드란 시장에 대한 대중커뮤니케이션 투자의 결과라고 여겼다. 즉, 브랜드는 창의적 메시지나 아이콘, 패키지 등이 막대한 대중매체에 의한 광고를 통해서 형성된다는 것이다. 하지만 오늘날 우리는 브랜드란 고객의 경험에 기초한다는 사실을 깨달았다. 브랜드란 단순히 단기적으로 텔레비전 광고를 통해서 고객의 충성도를 끌어올리려는 주변적 노력이 아니라 반복적으로 고객에게 부여되는 가치의 누적이다. 때문에 브랜드를 관리한다는 것은 고객을 관리하는 것이며, 이것이 바로 통합마케팅과 통합적 마케팅 커뮤니케이션의 본질이기도 하다.

통합마케팅에 대해 비판적인 사람들은 이것이 실행할 수 없는 이론일 뿐이라고 지적한다. 대중매체에 의한 광고나 홍보를 통해서 상품이나 서비스, 브랜드를 알리든지 아니면 개별화된 탈대량 고객을 겨냥한 일대일 접근이 필요하다는 주장이다. 통합마케팅은 두 가지를 모두 필요로 한다. 통합시스템에서 시장에 대한 이해는 기본이며, 때로는 대중시장과 대량마케팅 프로그램의 병행도 요구한다. 동시에 필요하다면 고객과의 일대일 접촉도 포함한다. 우리는 이러한 포괄적 개념을 〈그림 4-6〉과 같이 설명한다.

〈그림 4-6〉 브랜드 가치

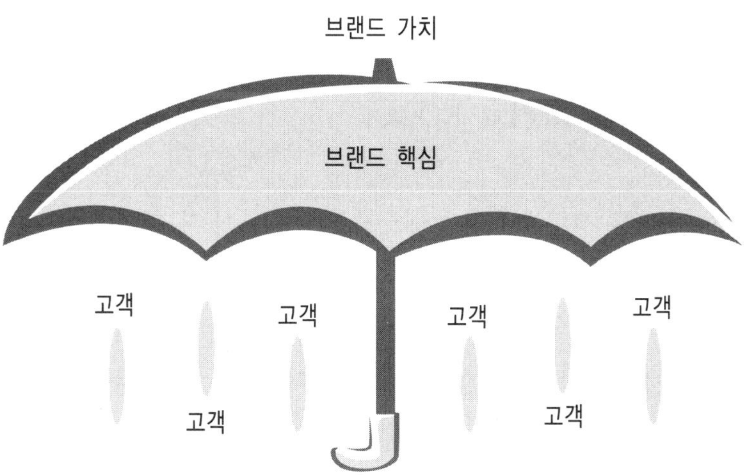

21세기의 네트워크화된 상호작용적인 시장에서 성공하려면 마케팅부서는 이른바 '브랜드 우산'(*brand umbrella*)을 개발해야 한다.

브랜드 우산이란 ① 고객이나 여타의 이해집단에게 제시되는 시장을 포용하는 포괄적 가치나 핵심, ② 브랜드의 이름이나 그것에 대한 인식으로부터 오는 친숙도, ③ 메르세데스 벤츠(Mercedes), 버진(Virgin), 티파니(Tiffany's), 델 컴퓨터(Dell), 스타벅스(Starbucks) 등과 같이 시장에서 리더라고 인정받는 어떤 것, ④ 모든 이해집단에게 제공되는 특별한 혜택이나 가치 등을 말한다.

브랜드 우산의 개념에는 고객의 요구와 기대를 충족하는 어떤 혜택이 숨겨져 있다. 이것들은 다양한 일대일 마케팅 커뮤니케이션 수단에 의해 전달될 수 있다. 이러한 맞춤식 정보전달은 광범위한 브랜드 우산 아래 개인이나 특정집단의 기호를 충족하는 것이다. 이것이 바로 우리가 〈그림 4-5〉에서 제시한 바이며 융합이라고 명명한 것이다. 집합은 마케팅이나 커뮤니케이션 프로그램의 물리적 확산에서뿐만 아니라 필요에 따라 각기 차별화된 다양한 커뮤니케이션의 스펙트럼을 제공할 수 있다는 측면에서도 중요한 의미를 갖는다. 때문에 통합마케팅이나 통합적 마케팅 커뮤니케이션은 모든 계층, 모든 영역의 고객에게 다양한 가치를 제공한다. 이것이 프로그램이나 절차가 통합되어야 하는 진정한 이유다.

:: 통합과 ROI 그리고 ROCI

대부분의 마케팅 관리에서 부딪치는 가장 심각한 문제 가운데 하나는 마케팅이나 마케팅 커뮤니케이션 투자에 대한 환수효과를 측정할 수 있는 적정한 방법을 찾는 것이다. 이 문제는 오랫동안 마케팅 담당자들을 괴롭혔다. 측정과 평가, 간단히 말해서 조직의 마케팅 투자에 대한 효과판단은 통합마케팅 절차의 핵심이다. 통합마케팅 절차에서 측정을 가능케 하는 것은 기업이 자신의 현재 또는 잠재고객에 대한 지식을 갖고 있기 때문이다.

멀헌(Frank Mulhern) 교수가 자신이 저술한 장에서 설명하듯이 고객에 대한 가치를 앎으로써 마케팅부서는 지속적으로 그에 대한 적정한 투자수준과 기대수익을 계산할 수 있다. 이 영역에서는 앞으로 더 많은 개선과 보완이 요구되지만 특히 고객과의 커뮤니케이션과 고객서비스에 대한 평가, 충성도의 측정 등에 대한 지속적 연구가 기대된다. 통합마케팅은 회사의 경영진이 마케팅을 재무적으로 계량화하는 데 기여할 것이다.

제 5 장 전략적 대안

1929년의 그룹 내 회의를 주재하는 자리에서 세계 유수의 광고대행사 회장인 레오 버넷(Leo Burnett)은 "이제 우리가 개발할 수 있는 더 이상의 새로운 광고전략이나 개념은 없다. 광고계에 남은 길이라곤 오직 이 정상을 유지하는 것뿐이다"라고 공헌했다. 아직 텔레비전은커녕 라디오조차 보급되지 않은 시절, 대중매체라고는 오직 신문과 잡지 같은 인쇄매체가 전부이던 시절의 일갈이다. 오늘의 광고를 전공하는 학생들이 듣기에도 너무 이른, 가당치 않은 단언일 것이다. 하지만 전략은 어디서 나오는가? 그것은 주어진 상황의 역학구도에서 비롯된다. 소비자(의 라이프 스타일)가 단순하고 전달매체가 제한된 상황에서는 전략 또한 굳이 복잡하거나 난해할 필요가 없다. 더구나 수요가 공급을 앞지르는 시장조건에서는 말해 무엇하랴. 그런데 오늘날의 소비자나 매체상황은 어떠한가? 앞의 장에서 논의한 소비자의 다양성, 가변성과 뒤에서 다루게 될 매체의 복잡성을 보면 어쩌면 많은 광고인이 약 한 세기 전의 광고상황을 몹시 부러워할지도 모른다. 21세기가 연출하는 정보화, 글로벌화 그리고 다매체화를 수용하면서 극심한 시장의 경쟁환경에 대처하고자 통합적 마케팅 커뮤니케이션 이론이 새로운 광고전략의 대안으로 등장한 지 벌써 십수 년의 세월이 흘렀다. 가파른 수직에 가까운 곡선을 그리며 가속화하는 오늘의 제반 변화여건을 고려할 때 결코 짧은 시간은 아니다. 하지만 이 사이에 벌써 초기의 개념화 작업에만 잠시 머물다 등을 돌린 학자들은 IMC가 이론만 번드르르하지 실행전략이나 측정수단을 가지지 못한 껍데기뿐이라고 비판한다. 이보다 성급한 연구자들은 IMC는 일시적 '경영유행'일 뿐 아니라 '이미 죽었다' 라고까지 단언한다.

해방 후 불과 반 세기 만에 미국이나 서구열강이 200여 년에 걸쳐 쌓은 민주주의와 이를 바탕으로 하는 자본주의를 습득하기 위해 우린 미처 소화할 겨를도 없이 수많은 개념과 전략들을 받아 삼켰다. 때로 소화불량에 걸리기도 하고, 식도가 막혀 숨이 넘어갈 뻔한 적도 있다. 그러나 이제까지 용케 목숨을 부지했으며, 이로 인한 끈질긴 생명력은 오히려 우리의 경쟁력으로 승화되었다. 다행스러운 일이다. 하지만 상처가 아물기도 전에 이 약, 저 약을 바르다 보면 으레 덧나기 마련이다. 우리의 경영은 생명에는 지장이 없지만 많은 상처를 안고 있다. 상처에 무뎌져 내버려둠으로써 상처를 깊게 할 수도, 면역력을 길러 더 강인한 체력을 갖게 될 수도 있다. 모두 우리가 하기 나름이다. 이 장에서는 그 동안 광고를 중심으로 한 전략의 흔적과 앞으로 도입 혹은 연구해야 할 방향에 대해서 논의하기로 하자. 다음의 글은 그 첫 번째 작업으로 마케팅 믹스의 4P를 대체하는 4C의 미흡함을 보완하기 위한 슐츠 교수 등의 제안이다.

SIVA : 왜 4P를 재고해야 하는가? [1)]

4P적 사고의 틀은 20세기 중반 이후로 마케팅활동 관리를 위한 가장 보편적인 접근방식이 되었다. 오늘날 이 4P 개념을 참조하지 않는, 또는 그 개념에 근거를 두지 않거나 의존하지 않는 마케팅 교과서나 강좌, 강의 또는 리서치를 찾는 것은 거의 불가능할 것이다. 하지만 흥미롭게도 요즘의 마케팅 개념이 모든 마케팅기획에서 고객을 최고로 여기는 반면 4P 접근은 고객과 잠재고객 심지어 시장의 중요성마저 간과한다. 4P 관점을 선택한 마케팅 관리자는 다음과 같은 전제를 만든다.

---

1) 이 글은 코넬대학의 덴(Chekitan S. Den) 교수와 슐츠 교수의 공동논문 가운데 일부를 발췌한 것이다.

만약 마케터가 적절한 4P 믹스(조합)를 성공적으로 구성하고 실행하면 고객과 이윤은 마술처럼 등장하고 조직은 순조롭게 발전한다는 것이다. 게다가 이러한 전제가 고객의 욕구를 찾아내고 충족한다는 이상적 마케팅 개념과 대조를 이룸에도 불구하고 이것을 절대적으로 신뢰하는 마케팅학자와 전문가가 너무 많다. 간단히 말해서 4P는 더는 마케팅 개념을 만족시키지 못한다. 마케팅 개념은 시장의 밖에서 안으로의 시각, 즉 고객 중심의 시각을 기반으로 해야 한다. 하지만, 4P 개념은 기업의 마케팅자원을 최대한 활용하기 위한 안에서 밖으로의 기업중심적 접근방식이다. 따라서 우리는 4P 개념과 방법론이 21세기 시장의 마케팅과 마케팅 개념에 도움되기보다는 더 해로울 것이라 주장한다. 4P를 재고해야만 하는 중요한 이유는 급변하는 시장의 역동성이 개념을 시대에 뒤떨어지게 만들었기 때문이다. 시장의 역동성에 관해서는 다음에 간단하게 논의하기로 한다.

과잉공급, 경쟁심화, 그리고 더 영리해진 고객들이 시장의 규칙을 바꾼다

미국에서는 1970년대 후반, 다른 선진국에서는 1980년대부터 시장의 생산능력이 소비자의 소비나 사용능력을 능가하기 시작했다. 따라서 마케터들은 과잉공급의 벽에 부딪히며 전통적 마케팅이론의 한계를 느꼈다. 릭(Rick Kash)은 자신의 책 《수요와 공급의 새로운 법칙》(*The New Law of Demand and Supply*)에서 다음과 같이 썼다.

> 지난 2세기 동안 미국과 세계경제는 공급주도적이었다. 그러나 21세기에는 사실상 모든 산업이 과잉공급 상태이고 기업은 가격인상의 힘을 잃었다. 이제 우리는 수요주도적 경제상황에 놓이게 된 것이다.

우리는 이 말에 동의할 수밖에 없다. 문제는 이러한 과잉공급은 서구 선진경제에만 존재하는 게 아니라는 사실이다. 중국에서부터 칠레, 독일, 일본에 이르기까지 모든 곳에서 과잉공급, 과잉능력, 그리고 과잉생산이 문제되고 있다. 많은 지역의 인구성장률이 폭발적임에도 불구하고 소비자들은 생산자들이 공급을 늘리는 만큼 빠르게 소비하지 못한다. 이와 더불어 분야별 특성화(*category killer*)로 무장한 소매 전문 유통업체가 등장, 제조업자의 힘을 감소시켰다. 아울러 이와 비슷한 시기에 테크놀로지가 시장파괴적 모습을 드러냈다. 경쟁자들은 거의 동시에 모든 제품을 복제하거나, 개선 또는 차별화할 능력을 지녔다. 이렇게 해서 모든 제품은 서로 상당히 비슷해졌으며, 유사상품이 넘쳐나면서 소매상과 유통채널은 가격인하를 감수할 수밖에 없었다. 이러한 이유로 불과 몇 년 동안 월마트가 세상에서 가장 큰 소매점으로 성장한 것이다. 이제 시장은 과거의 마케터지배 중심에서 소매자지배 중심으로 변화하였다. 오늘날은 시장의 지배력이 그야말로 고객의 수중(*customer in control*)에 놓여 있다. 이제 고객은 아주 비슷한 다수의 제품과 서비스 가운데 소매점과 공급자 선택권을 갖게 된 것이다. 오늘날 대부분의 제품과 서비스는 지속적 가격인하나 적어도 지속적인 이윤감소를 감내하는 상황 속에서 팔린다.

문제는 대부분의 마케팅조직이 기업의 공급측면을 관리하는 것에만 익숙하다는 것이다. 전통적 4P 마케팅은 마케팅 관리자들이 고객과 잠재고객에게 제품과 서비스를 공급하는 데 도구와 자원을 더 잘 사용하기 위해 가격, 제품, 채널, 프로모션을 통제하는 것이다. 이 개념은 1960년대에 형성되었고 지난 반세기 동안 전문가나 학자들에 의해 지속적으로 체계화되었다. 4P에서 성공에 가장 중요한 요소는 '고객이 원하는 것이 무엇인가'가 아니라 기업이 가장 내부중심적 시각으로 만든, '고객이 이것을 원할 것이다' 라는 판단이다.

공급사슬에서 수요사슬로

시장에서 4P적 관점은 마케팅 관리자의 마케팅 믹스 지배에 의한 집중화와 함께 다양한 공급마케팅 경쟁자들의 지속적 싸움에서 고객이나 소비자를 단지 수동적 대상으로 본다는 것이다. 1980년대 하버드대학의 마이클 포터(Michael Porter)에 의해 유행한 공급사슬 또는 가치사슬 접근은 내부적으로 주도된 4P 개념에 의한 자연스러운 결과물이었다

포터는 마케터에게 중요한 기회는 제품개발, 프로모션, 배달, 소비에 관련된 각 단계에 가치를 더하는 것이라고 주장했다. 다시 말해, 4P의 전제는 마케터가 시스템을 지배한다는 시각에서 시작하여 제품이나 서비스의 제작, 유통, 배달과정의 각 단계가 마케터나 마켓시스템이 가치를 더할 수 있도록 기회를 제공한다는 것이다. 이러한 개념을 도식화하면 〈그림 5-1〉과 같다.

제조업 중심의 공급사슬에서 보면 4P가 매우 복잡하게 얽혔다. 하지만 마케터들은 이 개념과 접근방식, 아이디어에 깊이 빠져들었다. 왜냐하면 공급사슬은 마케터가 시스템을 지배하고 고객이나 소비자는 단순히 게임의 담보물에 불과하다는 점에서 4P 접근의 연장이기 때문이다. 또한 무엇보다도 마케터가 자신의 마케팅

〈그림 5-1〉 공급사슬

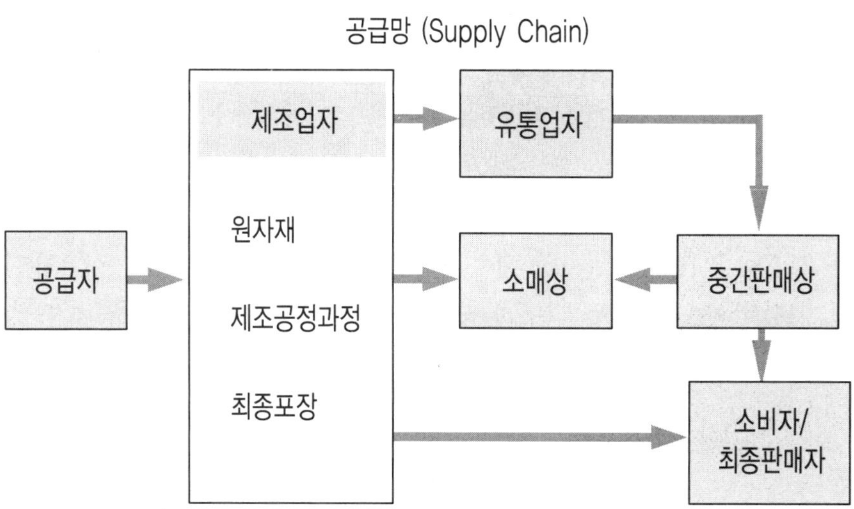

기술, 지식 그리고 마케팅 자원으로 기업의 경쟁자를 당장 제압할 수 있다는 자부심에 호소하였다.

공급사슬 접근에 내재된 아이디어는 마케터가 제품이나 서비스에 가치를 더할 수 있다는 것이다. 따라서 마케터는 현재의 고객이나 잠재고객보다 더 머리가 좋거나 더 많은 지식과 자원을 가졌다는 단순한 이유로 고객을 조정할 수 있으며, 마케팅조직이 제공하는 제품이나 서비스를 사도록 유도할 수 있다고 여긴다.

이러한 접근이 1950년대와 1960년대 심지어 1970년대에 이르기까지 몇몇 특수한 경제상황에서는 맞아떨어졌거나 최소한 관련이 있었을지 몰라도 오늘날 대부분의 시장상황과는 전혀 맞지 않는다. 조직이 생산, 개발, 판매하길 원하는 제품과 서비스를 팔거나 운반해 인정받도록 노력한다는 점에서 4P 마케팅은 공급위주의 경영(*Supply-Side Management*)이라고 부르는 것이 더 나을 것 같다. 따라서 4P 마케팅에서 조직의 가장 큰 과제는 봉사해야 하는 고객이 아닌 제조한 것을 살 수 있는 바이어를 찾는 것이다.

분명한 사실은 마케팅은 단지 제품과 서비스의 판매증가만을 위해 노력하는 것이 아니라 21세기 시장상황에 대응할 수 있어야 한다는 것이다. 지난 10년 동안 중요한 힘의 이동이 있었다. 현재는 지갑을 가진 고객이 힘과 결정권을 가진다. 그러므로 마케터는 4P의 영향을 받는 공급모델에서 고객으로 하여금 판매와 지속적 관계에 의하여 결정하기를 장려하는 수요모델로 이동해야 한다. 이러한 변화를 보여주는 것이 〈그림 5-2〉이다. 수요중심적 시각은 마케팅기능을 바라보는 새로운 방식을 제공한다. 이 시각은 고객을 마케팅과정의 마지막이 아닌 시작에 둔다. 이렇게 하기 위해서 마케팅은 변화해야 하고, 21세기 기업에 실용적 경영가치를 제공하기 위해 변화는 급진적으로 이루어져야 한다. 어떻게 수요사슬이 작동하는지에 대한 간단한 설명은 〈그림 5-3〉에 나타나 있다.

〈그림 5-2〉 수요 사슬

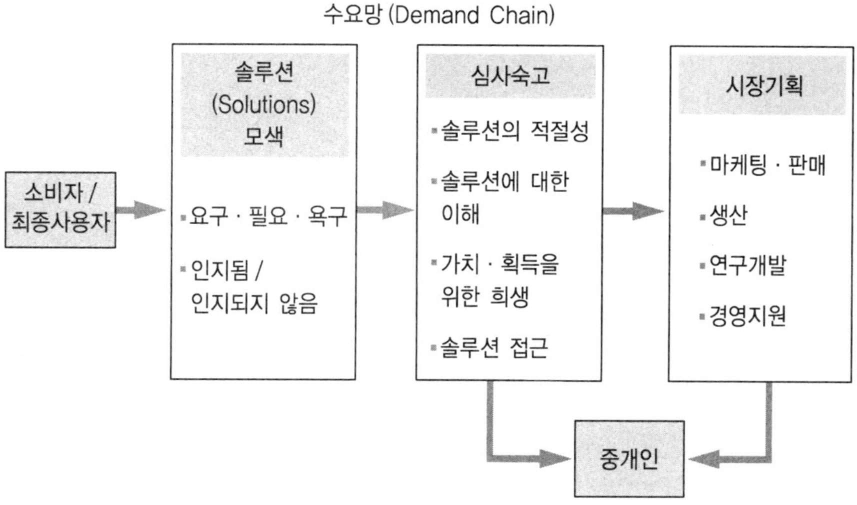

〈그림 5-3〉 수요 사슬의 예

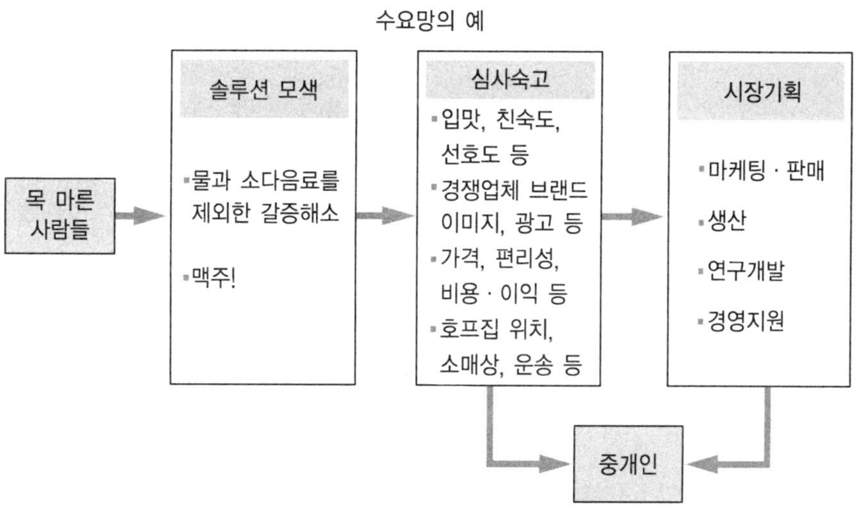

새로운 마케팅 믹스 : SIVA

우리는 과거 공급위주의 4P 개념을 새롭고 현대적이며 고객중심적인 접근으로 바꿀 것을 제안한다. 그렇지만 4P 개념에서 터득한 모든 것을 부정하려는 것은 아니다. 대신에 마케팅 믹스를 더 수요중심적인 기업역량의 집합체로 재창조할 것을 제안한다. 이것은 조직의 여러 활동을 고객에 의한, 고객을 위한 여러 직종의 시스템이나 과정의 집합체로 정렬하고 조정할 수 있도록 한다.

이러한 새로운 마케팅 믹스 사고는 고객의 입장에서 출발하는 마케팅 접근방식을 신선하게 개념화할 수 있다. 이 시각은 마케터를 위해 현재의 4P 접근이 쉽게 허용하지 않는 다양한 가능성을 열 것이다. 고객중심 믹스, SIVA는 고객이 제품을 검토하거나 구매할 때 묻는 4가지 핵심질문에 바탕을 둔 4가지 주요 요소를 가진다.

SIVA [수요중심의 접근, 즉 *Solutions*(해법), *Information*(정보), *Value*(가치), *Access*(접근)의 첫 번째 네 철자들로 구성된] 는 우리가 새로운 역량이라고 이름붙였던 것과 순서상으로도 들어맞는다(우연하게도 우리가 만든 SIVA는 파괴와 재창조의 힌두신의 이름과 같다. 그 신은 더 나은 것을 창조하기 위해 기존의 것들을 파괴하는 것으로 알려졌다).

:: S는 해법(*Solutions*)이다
고객은 자신의 문제를 어떻게 해결할 수 있는지 묻는다

고객은 제품의 홍수 속에 빠져 있지만 자신의 문제해결에는 굶주린 상태다. 반세기 동안 신제품 성장을 위한 마케팅 '과학'에도 불구하고 미국의 신제품 실패율이 얼마나 높은지 한 번 돌아보기 바란다. 문제는 마케터가 고객의 문제를 해결하는 데 초점을 맞추기보다는 다음 신제품을 개발하는 데 사로잡혀 있다는 것이다.

수요사슬의 시각은 제품이나 서비스를 마케팅 믹스의 첫 번째 요인으로 여기는 사고를 거부하고 이들을 문제의 해결책, 즉 해법으로 재창조하는 것에서부터 시작한다. 10년도 훨씬 전에 IBM은 이러한 변화를 예상하며 회사의 모토를 "우리는 컴퓨터를 판매합니다"에서 "우리는 솔루션을 판매합니다"로 바꾸었다. 오늘날 전화번호부의 컴퓨터 컨설팅란에서 마이크로소프트사가 인증한 소프트웨어 공급자들과 서포트회사들이 솔루션 제공자로 등록된 것을 보는 것은 더는 놀라운 일이 아니다. 최근에 내 친구의 부인이 어린 아들의 생일파티를 위해 '버스데이 익스프레스'(Birthday Express)라는 웹사이트(www.birthdayexpress.com)에서 쇼핑했다. 이 회사는 테마 접시, 컵, 리본, 포스터, 케이크, 각종 장식용품, 파티박스, 과자나 캔디, 심지어 게임의 아이디어까지도 제공했다. 그 부인이 필요한 것은 생일파티 제품이 아닌 생일파티, 즉 문제의 해결책이었다. 모임의 모든 엄마는 이제 거래처를 동네의 파티상점에서 버스데이 익스프레스로 바꾸는 것을 심각하게 고려중이다.

이와 비슷한 맥락으로 맥도널드가 대안요리로 진출한 것은 패스트푸드 공급자에서 집 밖에서 먹는 음식조달업자, 즉 새로운 솔루션으로 신속하게 다시 포지셔닝했기 때문이다. 《맥킨지 쿼털리》(*McKinsey Quarterly*)는 솔루션 제공자가 평균 3%에서 7% 정도 판매에 대한 추가수익을 얻는다고 보고했다. 고든(Gordon Wyner)은 다음 세대의 '최신 응용소프트웨어'(*killer app*)는 고객의 문제를 해결하는 오늘날의 비즈니스 디자인의 반영물이 될 것이라고 예측한다. 제품을 개발하여 그것을 고객의 필요에 맞추는 대신 고객이 가진 문제를 이해하는 것이 시장조사와 전문가들이 갖추어야 할 마케팅원칙이다. 실소비자의 문제해결을 위한 최상의 솔루션을 만든 다음에는 고객과 잠재고객이 이러한 솔루션에 대해 알도록 한다. 기존 마케팅 믹스의 프로모션 요소는 잊어버리고 완전히 새롭게 정보의 관점으로 재창조한다.

:: I는 정보(*Information*)다

고객은 어디에서 원하는 정보를 얻을 수 있는지 묻는다

요즘의 마케팅이나 마케팅 커뮤니케이션은 고객에게 너무 많은 메시지와 시청각 정보를 제공한다. 미국인은 하루 평균 약 3천 개의 광고를 본다. 따라서 고객과 잠재고객이 상품이나 서비스에 귀기울이게 한 뒤 구입하거나, 더 알 수 있도록 하는 것이 오늘날 중요한 커뮤니케이션 과제다.

현재의 마케팅 커뮤니케이션 기획과 전달방식은 오늘날 대부분의 고객과 소비자가 움직이는 시장상황에는 적합하지 않다. 예를 들면 대다수 고객은 네트워크화되고 상호작용적이며 동시다중 작업에 익숙하다. 그러나 대부분의 마케터는 고객이나 잠재고객이 제품이나 서비스를 구입하거나 시도하도록 일방적으로 설득하는, '한 번에 한 가지씩'(*single-point-in-time*)의 메시지나 마케팅활동을 당연하게 여긴다. 그러나 이것은 결코 다중작업에 능숙한 고객이 활동하는 방식이 아니다.

이를테면 2002년 가을에 실시한 한 조사에서는 소비재 구매과정에서 인터넷, 텔레비전, 잡지를 망라한 70%의 동시미디어 노출이 있었다는 결과가 나타났다. 다시 말해 응답자의 70%가 둘 또는 세 가지 매체를 동시에 사용한다는 것이다. 이러한 동시미디어 다중사용자는 (대부분의 미디어광고 개념이 개발된) 1960년대의 〈비버에게 맡겨라〉(*Leave It to Beaver*)라는 텔레비전 프로그램에 푹 빠졌던 세대와는 전혀 다르다. 이제 새로운 시장상황에서 고객에게 정보와 설득메시지를 어떻게 전달할 것인가 재고해야 할 때다.

뿐만 아니라 고객은 프로모션, 쿠폰, 가격인하의 홍수 속에 빠져 있지만 정작 자신의 문제해결을 위한 정보에는 목말라한다. 수십 년간 연구와 리서치에 투자된 수백 만 달러의 비용에도 불구하고 다이렉트 마케팅에 대한 지독히 낮은 응답률을 한 번 상기하라. 이메일 응답률이 1.5%에서 4.5%를 차지하는 반면 웹 배너광고 클릭률은 0.3%까지 떨어졌다. 확실히 이제까지 사용되던 '안에서 밖으로의'(*inside-out-based*) 프로모션 모델은 더는 효용이 없어졌다.

퍼미션 마케팅(*Permission marketing*)은 외부지향적인 판매촉진 전달방식으로, 고객과 잠재고객에게 그들이 원하고 필요로 할 때 유용한 정보를 제공하는 것에 바탕을 둔 모델로의 전환이다. 이제는 고객에게 그들이 원하는 때, 그들의 언어로 그들의 주제에 대한 정확한 정보를 제공하는 방법을 개발하는 것이 중요한 마케팅 기능이 되었다. 오늘날 대다수 고객의 가장 중요한 정보수집활동인 구전마케팅(*word-of-mouth marketing*)에 대한 관심이 늘어나는 현상을 목격하는 것은 더는 놀라운 일이 아니다. 흥미롭게도 영국의 한 연구결과는 제품이나 서비스에 대한 구전마케팅에 의한 지지가 기존고객보다 새로운 사용자 사이에 더 많이 생긴다는 것을 보여주었다. 따라서 새로운 제품이나 서비스를 가장 많이 지지할 수 있는 사람은 제품이나 서비스를 막 선택하거나 구매한 사람이다. 그러나 우리는 이러한 결과를 마케팅과 커뮤니케이션 프로그램, 특히 브랜드가치나 브랜드자산(*Brand Equity*) 모델을 개발할 때 사용하지는 않는다. 여기서의 전제는 고객을 더 오랫동안 붙잡아 둘수록 옹호자로서 그들의 가치가 더욱 커진다는 것이다. 그러나 매력적으로 들리는 이 말이 사실이 아니라는 증거가 나타났다.

요즘 새롭게 떠오르는 트렌드 중 하나는 마케터가 자원을 채팅룸을 관리하거나 모니터링하는 데 쏟아 붓는 것이다. 고객이 어떻게 정보를 찾고 분류하며, 받아들이고 사용하는지 이해하는 것이 조사의 최우선 과제가 되었다. 다시 한 번 강조하지만 목표는 고객이 원하고 필요로 하는 정보를 그들이 원하고 필요로 하는 때 제공하는 것이다. 그러기 위해서는 기존의 방식을 뒤엎는 급진적 변화가 필요하다. 고든은 이에 대해 다음과 같이 간략하게 표현했다.

> 가장 중요한 트렌드 중 하나는 기업이 정보중심 마케팅으로 전환하는 것이다. 광고, 디엠(*DM*), 캠페인 관리 등은 고객에게 자신의 우수성을 일방적으로 알리기에 급급한 상황을 넘어섰다는 것이다.

일단 고객과 잠재고객이 정보를 획득하면(마케터가 유포했다고 이야기하지 않은 점에 주목하라) 거래를 성사하기 위해 솔루션을 평가해야 한다. 여기서 우리는 세 번째 P인 가격(*Price*)을 SIVA모델의 다음 핵심요소인 가치(*Value*)로 바꿀 것을 제안한다.

:: V는 가치(*Value*)다

고객은 해법을 얻기 위해 어떤 대가를 치러야 하는가를 묻는다

오늘날 고객은 제품이나 서비스가 아닌 해법패키지나 더 나아가 해법경험을 구입한다. 따라서 가치를 재정적 비용이 아닌 고객의 희생이라는 점에서 생각할 필요가 있다. SIVA 모델에서 V는 고객의 투자에 의해 얻어지는 가치가 된다.

백여 년 전부터 경제학자들은 가치를 즐거움에서 고통을, 만족감에서 희생을 뺀 것이라고 정의했다. 우리는 이러한 정의를 잊고 가격에 집요하게 집중했다. 많은 조직이 가격과 프로모션이 판매증가나 시장점유를 위한 가장 중요한 수단이라고 믿지만 가격만을 고려하는 고객은 전체 구매자의 15%에서 20% 정도에 불과하다. 《뉴욕 타임스》는 최근 99센트에 팔리는 햄버거 와퍼(Whopper)를 비롯해 대부분의 제품가격이 지난 열두 달 동안 계속 감소했다고 보도했다. 맥도널드와 버거킹이 1달러짜리 메뉴의 출혈식 가격경쟁에 몰두하는 동안 스타벅스는 고객이 커피 한 잔에 5달러, 무선인터넷 접속에 49.99달러를 지불하도록 했다. 스타벅스 같은 영리한 마케터는 고객이 가격에 신경 쓰지 않고 스타일과 시간, 배달 등을 강조한 가치에 집중하도록 하는 것이 가치방정식을 바꾸고, 그들로 하여금 더 많은 돈을 지불하게 한다는 것을 깨달은 것이다.

가격만 생각하는 한 귀중한 가치를 지닌 비가격적 요소를 놓치게 될 것이다. 가치란 고객이 원하는 것이다. 가격은 여러 믹스의 한 요소에 지나지 않는다. 적당한 가치패키지 안에서 고객은 시간을 절약하고 절차를 간소화하거나 기호를 만족시키기 위해 때로는 기꺼이 더 많은 돈을 지불하기도 한다. 이러한 예로는 놀이공원에서 덜 기다리기 위해 더 많은 돈을 지불하는 고객(디즈니랜드의 급행티켓인 Fast Pass), 자동차를 고객의 집이나 직장으로 배달하는 렌터카회사(Enterprise Rent A Car), 더 나은 시설을 제공하는 작은 사이즈의 방에 더 비싼 가격을 책정하는 뷰티크 호텔(Ian Schrager's Hotels) 등이 있다. 이와 같이 핵심소비자의 구매동기를 확인하고 각각의 동기에 가치를 부여하는 것이 전체 마케팅과정에서 중요한 요소가 되었다. 고객의 인생가치가 핵심마케팅 관리도구로 부상하면서 마케팅의 역할은 가치교환을 촉진하는 것으로 바뀌었다. 일반적 마케팅 메시지란 '당신이 우리 제품과 서비스에 평생 동안의 충성을 맹세하고, 시장에서 자신의 입장을 밝히면 우리는 당신이 원하는 것을 줄 것이다'라는 것이다. 어떤 이들은 현대 소비자들의 변덕에 비추어 이것은 비현실적 목표라고 말한다. 하지만 꼭 그렇지는 않다.

이와 관련된 일화를 하나 소개하고자 한다. 내 친구의 부인이 7년 전에 겨울휴가를 즐길 만한 좋은 리조트를 발견했다. 그 후 우리는 다양성의 추구자(*variety-seekers*)라고 스스로를 공언했음에도 불구하고 그간 제공받은 환상적 가치 때문에 늘 그곳을 선택했다. 그런데 하필이면 그곳은 가장 비쌌다. 우리는 항상 이 리조트를 방문할 때마다 할인이 안 된 제값을 지불한다. 싼 것을 찾아다니는 우리에게 이곳은 과분한 편이다(그래도 매년 겨울이면 우리는 이곳을 찾는다).

최고의 해법을 개발했고, 알맞은 시기에 가장 유용한 정보를 제공하고 고객이 치러야 할 대가의 정확한 수준을 결정했다면 이제 마케터는 해법을 제공해야 한다. 네 번째이자 마지막 P를 대체하는 것으로 접근(*Access*)을 제안한다. 고객이 원하는 것을 원하는 때, 원하는 장소에서 원하는 방식으로 해법을 제공해야 한다.

:: A는 접근(*Access*)이다
고객은 어디에서 해법을 찾을 수 있는지 묻는다

마케터는 제품을 고객에게 제공한다는 전형적 생산 위주의 관점 대신 고객에게 솔루션을 제공한다는 서비스 비즈니스의 관점에서 생각해야 한다. 《하버드 비즈니스 리뷰》에서 레빗(Ted Levitt)은 생산적 접근방식을 서비스 분야에 가져온 본보기로 알려진 맥도널드가 실험적으로 고객이 편의에 따라 전화주문을 하도록 시도중이라고 밝혔다. 어디서 주문하든 30분 내에 배달한다는 도미노피자의 배달성공 사례는 손쉬운 테이크아웃(*Take-out*)과 배달옵션을 제공하기 시작한 대부분의 레스토랑 비즈니스업자에게 교훈의 대상이었다. 다중작업에 익숙하고 시간에 허덕이는 현대 고객의 요구에 따라 전통 유통행위는 더는 선택의 대상이 되지 못한다. 문제는 마케터가 어떤 형태의 유통시스템을 수립할 수 있는가보다는 소비자가 어떤 형식의 유통시스템에 접근하기를 원하는가이다. 따라서 중요한 것은 장소가 아니라 마케터가 고객에게 제품이나 서비스에 대한 가장 빠르고 쉽고 저렴한 접근방법을 어떻게 제공하는가이다. 접근은 적어도 두 가지 구성요소를 지닌다. 하나는 고객이 원하는 방식대로 제품을 얻게 함으로써 고객과의 간격을 좁히는 것이고, 다른 하나는 고객과 지속적으로 접촉하는 것이다. 이에 관해서 하나씩 논의해 보자.

주피터 미디어 매트릭스(Jupiter Media Metrix) 사는 인터넷 구매자의 연구에서 온라인고객의 65% 이상이 지불단계에서 쇼핑을 포기한다는 것을 발견했다. 우리는 접근이라는 것이 단순히 유통채널을 열고 닫는 것이 아니라 해법이 장소에 상관없이 확실히 고객에게 전달되도록 하는 것이라는 것을 잊었다. 판매자가 팔 준비가 되었을 때가 아니라 고객이 살 준비가 되었을 때 솔루션을 구할 수 있어야 한다는 것이다.

이는 고객에게 제품이나 서비스에 대한 완벽한 접근을 제공한다는 비전통적 방식을 생각하게 한다. P&G와 코카콜라의 제휴는 유통이 아닌 접근을 위한 것이다. 다시 말하면 코카콜라의 놀라운 유통시스템을 이용하여 자신의 손이 닿는 범위 안에 고객을 둠으로써 P&G 브랜드로의 접근을 가능하게 한 것이다. 테스코(Tesco)가 은행, 보험, 텔레커뮤니케이션과 그 외 다른 서비스를 개발한 이유는 고객에게 접근방법을 제공하기 위해서다. 최근 월마트의 여행사업 진출은 고객이 일상적으로 요구하는 솔루션에 대한 접근을 제공함으로써 고객기반을 강화했다.

:: 종합하면

SIVA 마케팅 믹스에서 마케터는 공급자가 아니라 여러 마켓 세그먼트를 위한 해법(S), 정보(I), 가치(V), 접근(A)의 이상적 조합을 제공하는 봉사자로 활동한다. 이러한 것들을 적절히 조합하여 설정하고 전달하는 것이 마케터의 주요 도전과제다. 위의 예에서 보았듯이 이러한 과제를 고객의 입장에서 수행하는 것만이 성공 가능성을 높일 수 있다. 캘리(Walt Kelly)의 가장 유명한 만화캐릭터인 포고(Pogo)

는 지난 수 년간 수많은 비즈니스의 가능성을 보여주었다. 그 중 하나는 '우리는 적을 만났고 적은 바로 우리였다'라는 대사이다. 우리는 포고의 대사를 빌려 이 지혜를 전통적인 마케팅 접근방식에 적용할 것을 제안한다. 오늘날 마케터들은 주주가치를 증가시킬 수 있는 절호의 기회를 맞았다. 한 가지 장애물이 있다면 그것은 근본주의적 마케팅 정통교리인 4P 접근방식에 대한 재검토를 주저하는 것과 관련 있다.

우리가 제안하고자 하는 것은 마케팅 믹스를 마케터 주도가 아닌 고객 주도로 재정립하자는 것이다. 이러한 변화를 위해서 네 가지 선언을 제안한다.

첫째, 제품(*product*)이 아닌 해법(*solutions*)을 개발하라. 둘째, 프로모션(*promotion*)이 아닌 신뢰하고 비교할 만한 정보(*information*)를 창조하라. 셋째, 가격(*price*)이 아니라 가치(*value*)를 규정하고 전달하라. 마지막으로 유통(*place*)이 아니라 접근(*access*)을 관리하라.

분명히 4P 접근방식은 지난 반세기 동안 마케팅관리를 위한 소중한 뼈대를 제공하며 잘 수행되었다. 하지만 이제 21세기 시장현실에서 비즈니스업계가 가치를 창조, 획득할 수 있도록 도움을 줄 차세대 마케팅 믹스와 함께 그 기반을 수립할 때가 왔다.

우리는 앞에서 새로운 마케팅 믹스를 제안했다. 공급자나 제조업자의 관점이 아닌 고객의 입장을 반영하는 마케팅 믹스를 재정립하고자 하였다. 기능적 관점에서 마케팅을 정의하는 대신에 고객이 무엇을 기대하는가의 관점에서 마케팅을 규정하고 이를 SIVA라는 새로운 마케팅 믹스로 설명했다. 이제껏 우리가 논의한 이 색다른 접근방식은 새로운 기회를 제안하고, 색다른 결과를 이끌어내며 고객과의 관계수립 방식을 근본적으로 변화시킬 것이다. 이제까지 어떻게 이 새로운 마케팅 믹스를 실행할 것인가를 보여주었으며, 즉각적 결과와 함께 이러한 변화를 수행한 조직의 사례연구를 제시하였다.

마케팅 개념에 대한 전통적 관점은 조직이 고객에서부터 시작하고 그들의 욕구를 파악하여 지속적으로 그 욕구를 채워주도록 노력하는 것을 전제로 한다. 그러나 오늘날 시장은 그렇게 작동하지 않는다. 지난 반세기 동안 진화한 마케팅은 고객의 욕구와 필요를 충족하도록 발전하지 못했다. 마케팅은 대부분 기업이 생산, 창조, 개발하거나 단순히 이익을 내고 팔기 원하는 상품이나 서비스를 처리하는 데 이용되었다. 그 결과 대부분의 마케팅 개념이나 테크닉은 고객과의 장기간 관계수립보다는 오로지 신규고객 확보나 확장판매(*cross-and-up-selling*)를 통한 이익이 될 만한 거래수립에 초점을 맞추었다.

이 글에서 우리는 어떻게 새로운 마케팅 믹스를 실천할 것인가를 보여주었다. 그것은 조직 내의 가치창조 과정을 새로운 시각으로 바라보며 고객중심의 관점에서 내부의 행동과 과정을 통합하는 것이다. 일부 마케터는 이러한 변화를 깨닫고 받아들였다. 하지만 대부분은 그렇지 못하다. 최근 《월스트리트 저널》에 실린 SAP 전면광고는 다음과 같은 헤드라인을 사용했다.

"당신의 고객은 기업이 자신에게 집중할 것을 기대한다."

이러한 요구는 4P 중심의 공급사슬환경 아래서는 불가능한 일이지만, 기업이 고객의 요구를 충족하기 위해서는 상당히 중요한 부분이다. 더욱이 4P 접근은 생산주의 사고방식에 근거를 두기에 서비스중심 경제를 반영하도록 적응해야 한다. 이제 마케팅조직의 쟁점은 '변화해야 하는가'가 아닌 '무엇을 언제 어떻게 변화시켜야 하는가'이다.

마케팅 개념에 대한 전통적 시각은 기업이 고객과 함께 시작하여 그들의 요구사항에 대해 알고 그것을 지속적으로 채워줘야 한다고 가정한다. 그러나 그것은 지금의 현실과는 다르다. 마케팅은 지난 반세기 동안 진화하면서 고객의 요구와 필요를 만족시키지 못했다. 그 대신 — 너무나 많은 경우에 — 그것은 기업이 생산 · 창조하고 개발하거나 단지 이익을 남겨 팔고자 했던 재화와 용역을 처분하는 데 사용되었다. 그 결과, 대부분의 마케팅 개념과 기술은 시간을 들여 고객과 장기적 관계를 맺기보다는 신규고객 창출과 판매확장을 통한 수익성 있는 거래를 성사하는 데만 집중했다.

오늘날 쌍방향의 네트워크화된 고객중심의 시장에서, 고객의 필요와 요구를 알아내 만족시키는 목표에 부합하지 못하는 마케팅의 무능함은 모든 마케팅활동 개념의 가장 공통적인 부분인 4P라는 경영방침, 즉 상품, 가격, 장소, 판매촉진 등 네 가지에 상당부분 기인한다. 이 장에서 우리는 우선 고객중심 시각을 가지고 내부활동과 절차를 통합함으로써 조직 내에서 다른 관점의 가치창조 과정을 통해 어떻게 새로운 마케팅 믹스를 실행하는지 제시하겠다.

첫째, 조직이 이끄는 가치창조의 순환고리(*the Value Creation Cycle*)를 고객이 이끌도록 변화시켜라

21세기 시장에서 4P의 부적절함을 보여주는 예를 보고자 접근방식과 방법론, 그리고 몇 가지 상당히 단순한 형태의 마케팅 진행과정의 개념을 적용하는 방법을 비교·대조하겠다. 먼저 4P 마케팅관리의 사고와 적용에 관해 몇 가지 간단한 비교로 시작하여, 그것을 21세기에 더 적절한 고객중심 접근법과 대조하도록 하자.

조직의 관리자가 주로 4P를 이용하는 방법을 도식화하면 〈그림 5-4〉와 같다.

4P를 이용하기 위해 마케팅 관리자는 우선 조직의 자산기반을 평가한다. 분명히 조직의 자산이 부족하면 어떠한 마케팅활동의 개발도 불가능하다고 판단할 수 있다. 그러므로 여기서는 회사가 어떤 방법으로든 투자할 수 있는 자산을 가지고 있다고 가정한다.

〈그림 5-4〉 조직 중심적 관점

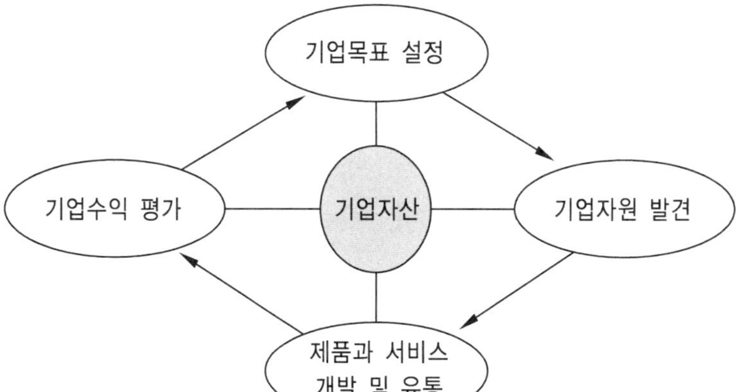

마케팅 관리자가 운용이 가능하다고 여기는 자산에는 으레 설비시설, 재정자원, 원자재, 인적 자원 그리고 기타 유사한 종류의 자원이 포함된다. 그러한 자원은 회사나 조직이 시장에서 수익을 낼 수 있도록 전환될 것이라 믿는 가치를 가진 무엇인가를 만들 수 있게 한다. 4P를 사용할 때 마케팅 관리자는 시장진입과 발전을 위해 안에서 밖으로 향하는, 또는 '우리가 할 수 있는 것이 이것이다'라는 식의 접근방법을 취한다.

일반적으로 사용되는 네 단계는 첫째, 기업의 목표확인이나 회사경영을 통해 달성하고자 하는 것을 근간으로 한다. 목표는 주로 기업이 자산을 이용하여 얻고자 하는 시장에서의 성과나 결과물에 따라 결정된다. 두 번째 단계는 조직의 어떤 자원이 기존에 결정된 회사의 목표를 달성하는 데 쓰일 것인가를 알아내는 것이다. 세 번째 단계는 4P가 본격적으로 출현하는 곳이다. 이 단계에서는 조직이 재화와 용역을 어디에서 개발하고 분포시킬 것인지 결정한다. 분명 여기에서, 제품(*Product*)의 P, 유통(*Place* 혹은 *distribution*)의 P, 판매촉진(*Promotion*)의 P, 그리고 가격(*Price*)의 P를 발견하게 될 것이다. 물론 이 내부지향적이고 마케터가 주도하는 시스템의 마지막 단계는 조직의 프로그램에 대한 성공 혹은 결과를 측정하고 그것을 주주에게 돌아가도록 하는 방법에 관한 것이다.

여기서 예로 든 방식은 4P 접근을 하나의 타깃에 맞추는 것이다. 이것은 마케터가 모든 자산과 자원과 힘을 통제하는, 내부지향적 시스템에 기반을 둔다. 말하자면 마케터는 이 시스템을 통제하고, 기업의 목표를 설정하며, 재화와 용역 및 그것들의 유통방법을 결정한다. 마지막으로 가장 중요한 역할로서, 그 결과와 성과를 측정한다. 이제까지 고객은 눈에 띄지 않았다. 사실 마케팅조직이 4P 관련 자원만 운영한다면, 고객은 결코 그와 동등하게 다루어지지 않을 것이다. 그들은 불필요할 뿐 아니라 방해만 될 뿐이다. 이에 대한 대안으로 외부지향적 접근방법에 대해 생각해 보면, 〈그림 5-5〉와 같은 도식으로 표현할 수 있다. 우리는 이것이 21세기 조직의 마케팅이 발전되고 실행되어야 할 방향이라고 주장한다.

〈그림 5-5〉 고객 중심적 관점

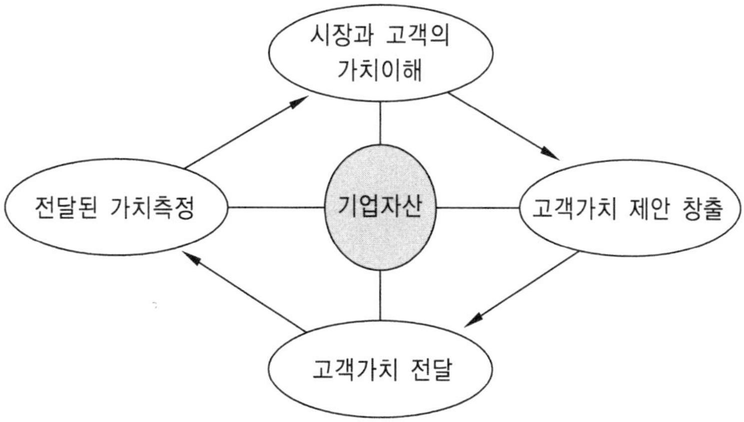

이 접근방법에서 마케팅 관리자는 〈그림 5-5〉에 나타난 것과 같은 자산기반이나 자원을 가지고 시작한다. 그러나 그가 기업주도적 접근보다는 시장주도적 접근방법을 취한다는 것이 다르다. 예를 들어, 진정한 시장주도적인 접근의 첫 번째 단계는 진정한 그리고 심도 있는 고객관점을 바탕으로 한 시장과 고객에 대한 이해이다. 이러한 관점에서는 고객이 가치를 두는 것을 알고 회사가 조직의 자산과 자원을 사용하여 고객이 원하는 가치를 만들 수 있는지 여부를 판단하는 것이 목적이다.

두 번째 단계는 다양한 '고객가치 제안'(*customer value propositions*)을 찾고 만드는 것이다. 다시 말해, 마케팅조직은 고객이 원하고 필요로 하며, 가치를 두는 것을 결정해 자원과 자산을 고객의 요구와 필요에 부합하도록 해야 한다. 세 번째 단계는 매우 간단하다. 조직은 만들어지거나 모아지거나 개발될 수 있는 재화와 용역에 집중하기보다 고객이 원하는 가치를 전달하는 방법을 찾아야 할 것이다. 그러고 나면 자연적으로 네 번째 단계에 도달한다. 조직은 기업이나 마케팅 회사에 돌아오는 성과보다는 고객가치가 전달된 정도를 측정해야 한다.

이처럼 단순화된 예에서 보듯이, 전통적 4P 과정에서는 고객과 고객의 필요에 일관성 있게 집중하지 못한다는 논란이 발생한다. 분명 고객에 관한 조사는 제품이 생산되기 전에 이루어져야 하며 유통채널은 고객의 요구에 맞게 선택해야 한다는 것 등이 될 것이다. 그리고 이러한 주장이 상당히 설득력 있지만, 실질적으로는 4P 접근이 고객중심 방법에서는 일반적으로 제대로 이루어지지 않았다.

그러나 위의 두 가지 접근법을 비교하면, 4P 접근법은 내부적으로 향하고 조직 내부에 초점을 맞추며, 고객을 간과한다는 것을 알 수 있다. 바로 이것이 우리가 말하고자 하는 바이다. 4P는 마케팅 개념을 반영하지 못한다. 그것은 오늘날의 훨씬 더 고객중심적인 시장환경에서는 지속될 수 없는, 단지 제조업자 중심의 개념에 의해 주도되는 경영도구일 뿐이다.

고객이탈을 막는 것이 새로운 마케팅 모토다. 이는 4P 접근법으로는 결코 이룰 수 없다. 고객을 위한, 고객 중심의 사업을 이루기 위한 새로운 접근법을 취하는 것이 기업의 핵심역량 중 하나가 되어야 한다. 마케팅은 고객을 다루는 모든 요소를 연결하고 통합하는 과정이 되어야 한다.

둘째, 내부활동과 절차를 통합하라

이제까지 마케팅활동은 단지 고객경험의 일부를 만들 뿐이라고 여겼다. 대부분의 조직에서 판매력과 고객서비스 인력 그리고 고객응대 인력은 마케팅의 영역에 속하지 않았으며, 대부분 마케팅 프로세스에 합류되지 않았다. 그러나 단순히 제품 자체의 품질이나 서비스의 전달이 아닌 고객이 제품이나 서비스에 가진 경험이 재방문이나 재구매 여부를 상당히 좌우한다. 바로 이 때문에 마케팅은 고객유지의 책임을 지니지만, 그 고객을 유지하는 활동에 대한 책임을 갖는 것은 아니다. 그리고 이것이 4P 조직의 문제이기도 하다.

내부마케팅, 내부정렬 그리고 내부체계는 새 조직의 새로운 업무다. 오늘날 내부 마케팅활동 중 드러난 문제점의 상당부분은 마케팅과 인사, 마케팅과 IT, 또는 마케팅과 영업 사이 등 기업 내의 틈새에서 발생한다. 마케팅에서 최고의 도전 중 하나는 프로세스와 시스템 – 특히 직원, 유통채널, 사업제휴, 그리고 기타 이해관계자들 – 을 통틀어 조직 전체의 통일과 통합을 이루는 것이다.

〈그림 5-6〉 SIVA 접근법의 통합

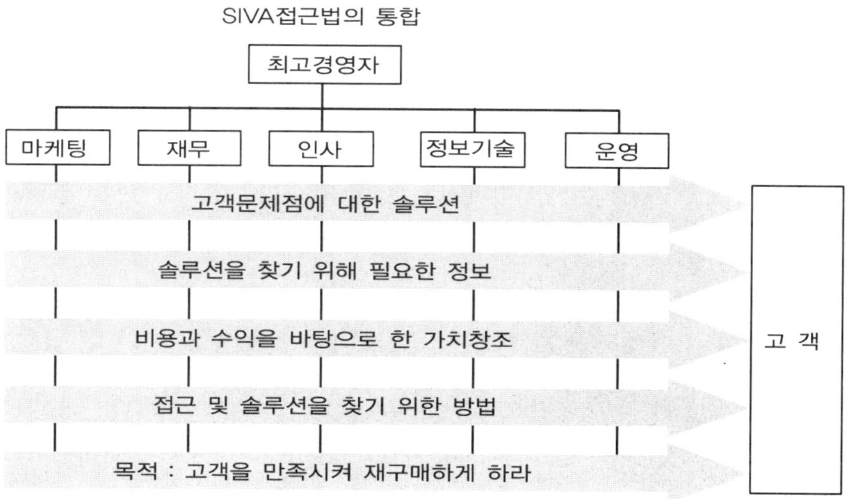

출처 : Cranfield University.

고객의 손에서 해답을 얻기 위한 더 나은, 더 빠른, 더 저렴한, 더 똑똑한 방법을 찾는 것이 가장 중요하다. 일단 이러한 사고가 적절히 이루어지면, 기업의 직원은 마케팅 담당자의 지원을 통해 문제해결사이자 가치전달자로서 훈련되어야 한다. 반면, 이때의 마케팅 담당자는 지식제공자이자 접근창조자가 될 필요가 있다. 기업경영에 필요한 기능에 따라 새로운 믹스를 통합하는 과정이 〈그림 5-6〉에 나타나 있다.

셋째, 바로 실행하라

여기서 분명히 질문이 생각날 것이다.

'SIVA는 단지 마케터들이 이미 하고 있거나 과거에 했던 것을 다시 반복하는 또 하나의 영리한 마케팅 기억장치에 지나지 않을까?'

우리는 SIVA가 마케팅 개념에서 고객의 필요와 요구를 발견하고 마케팅활동을 하는 조직에 이익을 안겨주는 선에서 쌍방의 기대를 채워줄 수 있을 것이라 여긴다. 왜냐하면 SIVA는 마케팅 프로그램을 고안하고 계획하며 개발하는 데 근본적으로 다른 접근방법을 제안하기 때문이다. SIVA를 행동으로 옮긴 한 사례를 통해 이 점을 살펴보자.

서던 LINC(Southern LINC)는 미국 동남부 지역의 여러 전기설비를 운영하는 서던 컴퍼니(Southern Company)의 계열사이다. 서던 LINC는 처음에 모토로라(Motorola)에 의해 개발된 장비와 기술을 서던 컴퍼니가 선택하여 설비운영 회사에서 사용되는 노후한 운송시스템을 교체하는 데 이용되면서 성장하였다.

서던 컴퍼니는 이 시설의 운영을 위해 상당히 안정적인 커뮤니케이션 네트워크가 필요하다는 것을 깨달으면서 모토로라의 iDEN 기술을 내부적으로 사용하기 위한 모바일 커뮤니케이션을 시스템의 솔루션으로 채택했다. iDEN 기술은 양방향 라디오, 휴대폰, 페이징, 그리고 인터넷 접속을 하나로 통합한 핸드셋으로 결합한 것이다. 서던 컴퍼니는 iDEN 기술이 자사가 필요로 하는 것보다 더 많은 능력을 가졌다는 것을 알게 되었다. 이것은 서던 컴퍼니 사에 추가수입을 가져다줄, 다른 사업가들과 정부관계자들의 요구를 만족시킬 커뮤니케이션 방안을 제공할 더 큰 능력을 팔 수 있게 할 것이기 때문이다. 이 시스템은 4개 주에 걸쳐 12만 7천 평방마일을 차지하며 건설되었고, 불리한 기후상황을 견딜 수 있으며 전기설비를 갖춘 도심과 외곽지역 모두에 걸치도록 고안되었다. 서던 LINC는 1994년부터 이러한 서비스를 제공하여 1996년 서비스 도달범위 내에서 공식적으로 상업서비스를 개통했다.

수많은 다른 기술집약 기업처럼 서던 LINC도 처음에는 서비스가 제공하는 고객의 편익보다는 그들이 제공하는 제품과 서비스에만 집중했다. 대부분의 다른 통신업체처럼 서던 LINC도 기능 측면에서 조직되고 운영되었다. 이것은 회사가 기술, 재무, 운영, 마케팅, 판매, 그리고 빠르고 효과적인 다른 활동 등의 다양한 분야를 발전시킬 수 있게 한다. 프로젝트 담당자들은 동등한 위치에서 함께 일했고, 기술담당자들은 고객서비스와 직접 맞닥뜨렸고, 재무팀은 여러 상품담당자들과 직접 연결되었지만, 최고경영자였던 밥 도슨(Bob Dawson)은 조직이 무엇인가 간과한다는 것을 느꼈다. 비록 그룹 차원에서 연례회의를 개최하여 모든 프로젝트팀이 함께 이듬해를 계획하긴 했지만, 초점은 여전히 서던 LINC가 제공하는 것을 파는 것에 맞추어졌다.

1998년에 마케팅 부사장으로 취임한 줄리 피고트(Julie Pigott)는 팀빌딩(*team-building*)과 팀들 사이의 교류를 중심으로 연례회의를 조직했다. 이것은 그룹을 함께 묶고 제품과 서비스개발 및 전달에 대한 공감대를 형성하게 하였다. 그러나 도슨과 피고트는 여전히 조직이 고객지향적이지 않다고 느꼈다.

분명 연례모임을 통해 서던 LINC의 프로젝트팀들은 더 고객지향적으로 되기를 원했다. 그리고 간부경영진은 그들이 그렇게 할 수 있도록 독려했다. 문제는 프로젝트팀이 제품과 서비스보다는 고객을 중심으로 일하게끔 도와줄 체제가 결여된 것이었다. 서던 LINC는 그렇게 많은 여타 마케팅조직이 배우고 있던 것, 즉 마케팅의 4P는 내부지향적인 마케팅 접근법임을 발견했다. 그것은 회사가 하고자 하는 것에 초점을 맞춘 것이지, 고객이 필요로 하고 원하는 것에 초점을 맞춘 것이 아니었다. 따라서 서던 LINC가 다양한 마케팅활동을 아무리 더 나은 방향으로 운영한다 해도, 그 과정은 언제나 고객이 아닌 제품과 서비스를 우선으로 하는 것이었다. 피고트는 2003년 회의를 돌아보며 이렇게 말했다. "우리는 연례기획회의를 통해 하나의 그룹으로 만났습니다. 우리는 함께 일했고, 풀어야 할 공통과제를 발견했습니다. 프로젝트팀들은 무엇을 할 필요가 있는지에 대해 동의했습니다. 우리는 수많은 해결책을 내놓았지만, 실행을 하려고 하면 무엇인가 모자란 것을 발견했습니다."

피고트는 서던 LINC의 외부 마케팅 컨설턴트인 아고라 주식회사의 부사장 하이디 슐츠(Heidi Schultz)와 이 문제를 논의했다. 하이디는 문제의 해결을 위해서 그녀의 사업파트너인 노스웨스턴대학의 돈 슐츠(Don Schultz) 교수와 코넬대학의 체키탄 데브(Chekitan Dev) 교수가 공동개발한 SIVA 개념을 빌려 왔다. 피고트와 슐츠는 SIVA 체계를 2003년 8월 서던 LINC의 연례기획회의의 근간으로 사용하는 데 동의하였다. 연례회의는 SIVA 개념의 사용을 중심으로 기획했다. 첫 번째 회의 때, 서던 LINC의 프로젝트팀장들은 미래계획을 위한 모델로서 이 접근법에 몰입했다.

효과는 즉각 나타났다. 서던 LINC의 최고경영자 밥 도슨은 이것을 2003년 회의의 계획단계에서 이루어진 토론을 통해 확인할 수 있었다. 다양한 프로젝트팀은 제품개발이나 강화보다는 고객의 필요에 대해 이야기하기 시작했다. 고객의 필요사항이 무엇일까? 어떻게 하면 그것이 충족될 수 있을까? 서던 LINC가 아니라면 누가 할 수 있을까? 회사가 고객의 문제를 해결하고 해결책을 제시하기 위해 무엇이 필요할까?

"우리는 서던 LINC가 개발한 깜찍한 제품에 대한 전망을 이야기할 색다르고 효과적인 방법을 찾기보다는, 고객이 원하고 필요로 하는 것을 제공할 방법을 찾기 시작했습니다"라고 판매 및 물류관리 담당 부사장인 로드니 존슨(Rodney Johnson)은 말한다.

2003년 연례회의에서 나온 핵심안건 중에 제품개발과 고객서비스 향상 그리고 네트워크의 신장 및 확장과 같은 것이 있음에도 불구하고, 그룹은 다음과 같은 의견의 일치를 보았다. "함께 사업을 이끄는 것은 여전히 어렵습니다. 우리의 내부적 필요 때문에 새롭고 효율적인 시스템을 개발했지만, 고객에게는 너무 복잡합니다. 우리는 아직 충분히 고객중심적이지도, 고객지향적이지도 못합니다. 2년 전보다는 잘 되었을지 몰라도, 강력한 자금력을 가진 다국적 경쟁자들에 대항하는 지역기업으로서 경쟁하기 위해서는 고객의 요구를 예상하여 서비스 전달부문 전체에서 빠르게 진일보하는 기업이 되어야 합니다." 간단히 말하면 "우리는 고객이 더 쉽게 우리의 서비스를 누리도록 해야 합니다"라는 것이 모든 참가자의 공통된 의견이었다.

이 주제들은 2004년의 목표의 골자가 되었다. SIVA를 사용하면서, 여섯 개의 그룹이 다음과 같이 고안된 핵심전략 정책을 다루기로 했다.

· 특정지역과 산업분야의 서비스 요구를 이해하고 그에 따른 제품과 서비스를 개발한다(S와 I).
· 필요한 네트워크 범위를 확장한다(S와 V).
· 합리적 가격으로 우수한 서비스를 제공하는 프로세스를 운영함으로써 특별한 가치를 제공한다(S와 V).

· 장기적이고 통합된 다채널 유통전략을 개발한다(I와 A).
· 고객의 관점에서 사업프로세스를 향상시킨다(S, I와 V).
· 신제품과 신서비스를 출시한다(S, I, V와 A).

여섯 개 그룹은 SIVA 프로세스에 따라 조정되었다. 고객을 우선으로 여기면서, 고객이 원하는 해결책(*Solutions*)을 찾았다. 그리고 서던 LINC가 이 해결방안들을 얼마나 잘 제공하는지 살펴보았다. 그 다음에 고객들이 서던 LINC가 제공하길 원하는 정보(*Information*)와 함께, 단지 그것을 어떻게 유통시킬 것인가가 아닌, 고객들이 그것을 누릴 수 있는 형태와 방법이 무엇인가를 결정했다. 그 후, 그들은 가치(*Value*)를 찾았다. 수익성 측면이 아닌 고객경험의 측면에서. '서던 LINC는 고객의 문제점이나 그들의 관심사 혹은 의문점을 일으킬 만한 어떤 일을 하고 있었나? 어떻게 고객의 문제를 줄이거나 해결할 수 있을까?' 고민하는 것이 업무의 목표가 되었다. 서비스 네트워크나 시스템, 안정성보다도 전체 고객경험이 서던 LINC 담당자의 기준이 되었다. 고객을 우선 살핌으로써 서던 LINC 담당자들은 그들이 서비스를 확장하고 확대할 새로운 방법을 구상했다. 그리고 물론, 접근(*Access*)이 핵심이슈 중 하나가 되었다. 이것은 서던 LINC가 어떻게 고객에게 다가가 기대를 충족할 것인가의 문제가 아니라, 고객이 필요로 하는 정보와 재화를 어떻게 고객이 원하는 방법으로 전달할 것인가의 문제이다. 즉, 서던 LINC가 원하는 서비스와 고객관계가 아닌, 고객이 원하는 종류의 관계를 어떻게 만들 것인가의 문제인 것이다.

요약하면, SIVA 접근법은 조직을 완전히 뒤집어 생각하게끔 하지만, 파괴적이거나 경영의식을 바꾸는 방식은 아니다. SIVA는 고객을 제대로 이해할 필요가 있는 서던 LINC의 담당자들에게 프로세스를 제공하였다. 고객이 원하고 필요로 하며 요구하고 지불하고자 할 만한 것인 무엇인지 제대로 알아야 한다. 무엇보다도, SIVA는 마케팅이 프로젝트 마케팅 관리자들이 했던 것이 아닌 조직 전체가 하는 것이 될 수 있도록 하는 수평적 기획시스템을 위한 체제를 제공했다.

SIVA 시스템은 서던 LINC에서 완벽한 것일까? 그다지 그렇지 못하다. 2003년 동안 서던 LINC의 담당자들은 제기할 만한 수많은 이슈를 찾아냈다. 어떤 것은 자본집약적인 것이고, 어떤 것은 문화적인 문제였다. 또 어떤 것들은 단지 회사가 성장하면서 이제껏 의문을 가지지 않았던 정책과 절차에 관한 문제였다. 그리고 어떤 것들은 커뮤니케이션과 장비회사의 근간을 이루었던 규제환경의 부산물이었다. 이 모든 것을 '어떻게 그것들을 조정할 것인가'가 아닌 '고객은 어떤 해결책과 정보, 가치와 접근을 원하고 우리는 어떻게 그것을 제공할 것인가'라는 차원에서 재고하고 재평가해야 했다. "그것은 우리 모두에게 완전히 새로운 사고방식입니다"라고 2003년 연례회의 마지막에 피고트는 말했다.

결 론

SIVA 접근법은 서던 LINC에게 목표를 달성할 수 있도록 해야 하며 또 그렇게 하고 있다. 그것은 기술주도적인 회사가 상품과 서비스 중심에서 고객지향적인 태도로 바꾸도록 도왔다. 또한 조직이 평등한 관계를 이루며 함께 일하도록 했다. 조직이 여전히 기능적으로 운영되고 있지만, 그에 맞도록 여러 프로젝트 담당자들과 전문가들이 고객의 문제를 효과적이고 효율적으로 해결할 수 있도록 조직 전반에 걸친 수평적 프로세스를 제공했다. 회사경영 차원에서는 중간관리자들이 필요한 변화에 대해 인지할 수 있도록 도왔다. 그들이 자금조달을 위해 고위간부들에게 제안하는 추천내용에 착수하고 구체화하며 가치를 부여하고 우선하도록 하였다. 그러나 무엇보다도, SIVA는 매우 힘 있고 능력 있는 기업이 더 나은 모델을 통해 한 차원 높은 마케팅사고를 향하도록 하는 촉진기능을 수행했다. 또한 이것은 내부중심적인 4P 방법론의 굴레에서 벗어나 21세기 시장현실에 더 적합한 고객지향적인 SIVA 접근법으로 다가가게 하였다.

제 6 장

매체와 해체

2000년 미국사람이 매체에 소비하는 평균시간은 1992년에 비해 불과 1.7%만 증가했다고 한다. 하루 24시간은 물리적으로 넘어설 수 없는 한계다. 따라서 물리적 시간의 관점에서 보면 일상의 삶이 매체에 허용할 수 있는 시간은 이미 정점에 도달했다고 할 수 있다. 이를 입증하는 또 다른 예는 앞서 슐츠 교수 등이 발표한 "동시다매체 이용행태에 관한 연구"("Simultaneous Media Exposure")에서도 확인된다. 여기서 각각의 매체에 대한 독자적 조사결과를 합친 매체에 대한 노출시간(10시간/일)은 전체를 동시에 조사한 시간(9.9시간/일)과 매우 가깝다는 것을 알 수 있다. 매체의 종류와 숫자는 늘어나지만 전체 매체에 노출되거나 접속하는 절대시간은 한계에 달했다는 얘기다. 자연 주어진 울타리 안에서 더욱 치열하게 싸움이 벌어질 것이다.

연간 수십억 달러에 달하는 광고비를 집행하면서 세계 소비재시장을 주도하는 P&G의 매체전략은 세계 광고주나 대행사 그리고 매체사의 주목을 끌기에 충분하다. 그런 P&G가 몇 해 전 매체광고전략을 발표하면서 앞으로 수 년 내에 P&G의 전체 광고비 가운데 절반 이상을 인터넷을 포함한 사이버공간으로 이동하겠다고 밝혔다. 이는 1920년대 라디오가 처음 나오면서 신문과 잡지의 광고물량 상당수를 라디오로 옮기고, 1950년대에는 마찬가지로 텔레비전으로 매체광고의 비중을 이동시킨 전례로 보아 대단히 수긍이 가는 조처였고, 자연 전 세계 광고계가 주목했다.

하지만 정작 수 년이 흐른 지금, 모르긴 몰라도 P&G가 사이버공간에 쏟는 돈은 전체 광고비의 절반은커녕 아마 10%를 넘지 않을 것으로 추산한다. 왜 그럴까? 흔히 말하는 닷컴(dotcom)의 거품요인도 있겠지만 매체의 세분화가 너무 심각하기 때문이다. 앞서의 라디오나 텔레비전의 출현은 한 가지로 끝났다. 하지만 오늘의 뉴미디어가 연출하는 컨텐츠의 다양·다각화는 훨씬 다채롭다. 그리고 더 근본적인 원인은 이전의 매체가 두 가지 전제, 즉 '대량'과 '일방향'의 연장선에 있던 데 비해 뉴미디어는 이를 근본적으로 뒤엎는다.

이러한 혼란의 여파는 비단 매체영역에만 국한되는 것이 아니다. 광고업계에서는 아직도 인터넷이 4대 매체와 같은 미디어(*media*)인지 아니면 광고나 PR, 이벤트와 같은 수단(*discipline*)인지에 대한 논의를 끝내지 못했다. 아니, 아예 시작조차 않는다. 좋게 해석하면 그런 이분법적 논의 자체가 구시대적 발상이라는 변명이 가능하다. 대륙간 탄도미사일(ICBM)이 육군이 보유한 장거리포인지, 공군의 무인비행기 영역인지에 따라서 이를 사용하는 전략과 전술은 엄청나게 다를 수 있다. 이 장(*chapter*)에서는 미디어의 장(*field*)에 관해서 논의해 보자.

:: 동시다매체노출 시대

대학가에서 심심찮게 볼 수 있는 것이 mp3나 CD를 들으면서 조깅하는 젊은이들이다. 핸드폰으로 통화하면서 걷는 것과 더불어 이는 거의 모든 젊은이의 생활패턴인 듯싶다. 소비자의 미디어 이용행태에 관한 서로 다른 두 가지 유형의 조사가 같은 결과를 보여 흥미롭다. 사회과학 영역에서 연구목적이 같으면 결과가 같거나 유사한 것이 당연한 일이겠으나 그 시사하는 바는 자못 크다. 하나는 타기팅 미디어(Targeting Media)나 닐슨(Lielesn's Media Research) 또는 인터액티브 미디어(Interactive Media)와 같은 세계 유수의 미디어 리서치기관들이 독자적으로 조사한 것으로, 각 매체별 1인당 하루의 미디어 이용시간을 합산하면 평균 10시간이라는 조사결과다. 또 하나는 심 빅리서치(Simm BIGresearch)라는 기관이 조사한 것으로 소비자들의 1일 평균 동시다매체이용(*Simultaneous Media Exposure*) 시간의 총

합계가 9.9시간이라는 결과가 나왔다. 그 동안 우리는 매체간 중복은 매체효과 측정에서 제외하거나 무시했다. 매체간 비교도 '잡지면 잡지, 라디오면 라디오' 하는 식으로 같은 범주 내에서만 다루었다. 조사방법 자체가 매체간 분리 및 단독의 방식으로 이루어졌던 것이다. 빈도나 범주조사가 그렇고 CPM이나 GRP가 그러하다. 하지만 소비자는 미디어에 개별적으로나 순차적으로 노출되지 않는다. 우리는 이미 오래 전부터 전화통화를 하면서 텔레비전을 시청하고, 신문을 보면서도 라디오를 들었다. 미디어가 다양화되면서 수용자의 동시 다중미디어 수용형태도 훨씬 더 광역화했다. 다음의 논의가 이를 설명해 준다.

광고매체에 관한 새로운 이해[1)]

21세기에 접어들어 가속화하는 새로운 매체환경, 즉 상호작용적이고 네트워크화하며 동시에 글로벌 지향적인 일련의 변화는 기존의 '광고매체 전략'(*how media advertising works*)에 대한 근본적이며 심각한 문제를 제기한다. 이 가운데 중요한 것으로는 ① 소비자들의 다매체 동시수용 행태, ② 정보처리에 관한 새로운 인지심리학적 개념, ③ 매체동시수용에 관한 시너지효과 측정기법 개발 등을 꼽을 수 있다. 이러한 요소가 아우러져 '광고매체'에 관한 새로운 해석과 모델개발을 불가피하게 한 것이다. 여기서는 먼저 소비자가 어떻게 매체를 이용하는지에 대한 최근의 조사결과와 의견을 제시함으로써 앞으로 이에 대한 활발한 논의의 장을 마련하고자 한다.

---

1) 이 글은 슐츠 교수가 2004년 6월 ESSOMAR과 ARF의 공동주최로 스위스 제네바에서 열린 WAM(Worldwide Audience Measurement) 세미나에서 발표한 글이다. 공동연구자 필로타(J. Pilotta)는 오하이오주립대학의 교수이며 빅리서치(Bigresearch) 사의 부사장이다.

:: 들어가면서

우선 직설적 질문인 '광고매체의 작동원리는 무엇인가?' 부터 시작하자. 왜냐하면 광고인, 특히 매체전문가는 자신이 광고매체에 관한 한 해박한 지식을 갖고 있다고 믿기 때문이다. 그러나 그들이 금과옥조로 믿는 원칙들은 몇 가지 근거 없는 가설에 기인한 것이기 때문에 하루 빨리 수정해야 한다. 이 연구의 목적이 바로 21세기의 변화하는 새로운 시장환경을 관측한 결과 더는 맞지 않는 퇴색한 이론의 문제점을 지적하고 대안을 제시하려는 것이다. 먼저 오늘날까지 광고매체 시장을 지탱한 '추론된 가설'(*derived assumptions*)과 '가정'(*hypotheses*)에 대한 문제를 지적하기로 한다. 우리는 이러한 가설이 단지 가정일 뿐 과학적 근거나 재확인이 가능한 장치나 방법이 결여되었음을 밝히고자 한다.

우리는 다음과 같은 세 가지 시장관측 자료를 근거로 추론된 가설의 문제점을 입증하겠다.

① 광고매체 소비측정에 관한 새로운 평가방법
② 개개인이 광고를 포함한 여타 마케팅 커뮤니케이션을 자신의 의사결정에 어떻게 활용하는가에 대한 고찰
③ 매체시너지(*media synergy*)라 일컫는 여러 매체를 동시에 수용하는 이용자의 행태를 측정하기 위한 새로운 통계기법의 소개

그런 다음 21세기의 시장환경에 적합한 새로운 광고매체 모델을 제시하고자 한다. 이 글은 우리가 새로운 광고매체 이론개발을 목적으로 유럽에 위치한 다국적 리서치회사인 에소마(ESOMAR : European Society of Opinion and Market Research)와 미국의 광고연구재단(Advertising Research Foundation : ARF)에 제출한 것임을 미리 밝혀둔다. 오늘날 새로운 매체의 새로운 이용행태에 관한 연구는 전 세계 모든 마케팅 커뮤니케이션 종사자들에게 여간 시급하고 중요한 문제가 아니다. 상호작용적이고 네트워크화하며 날로 새로운 매체가 넘치는 글로벌시장에 적합한 새로운

광고매체 이론이 절실하다. 마지막으로 이러한 연구의 미래방향과 그에 따르는 문제점을 제시하고자 한다.

:: 가설과 변화

지난 십수 년간 광고매체 환경이 변했음을 부정할 사람은 아무도 없을 것이다. 우리의 연구는 미국에 국한되지만 우리는 광고매체환경의 변화가 전 세계적인 현상이며, 특히 광고가 경제에 미치는 영향이 큰 나라일수록 더욱 그러하리라 확신한다.[2)]

전 세계가 무선과 전자매체로 전환하고 있으며 어떤 지역에서는 더욱 빠른 속도로 교체중이다.[3)] 뿐만 아니라 기존의 전통적 매체 또한 빠르게 세분화되고 있다.[4)] 수용자들은 하루가 다르게 새로운 정보와 오락을 찾아서 이동하고,[5)] 티보(TiVo : 광고를 건너뛸 수 있는 리모컨 메모리장치)처럼 광고를 회피하거나 차단하는 장치가 점점 더 큰 인기를 얻는다.[6)] 간단히 말해서 광고와 관련된 매체시장의 모든 것이 변하고 있다. 다만 변하지 않는 한 가지는 이제까지 유지된 광고매체에 관한 전통적 가설과 가정뿐이다. 이러한 그릇된 가정 아래 지금도 전 세계적으로 해마다 5~6%씩 빠르게 증가하는, 수십억 달러에 달하는 광고비용이 매체구매에 소비되는 실정이다.[7)]

연구결과 우리는 광고주나 대행사들이 50년이 넘게 지난, 오래 전에 개발된 개념에 고착되었음을 알 수 있었다. 그 동안 이에 대한 여러 차례의 문제제기와

---

2) Frith, Katherine Toland(1996), *Advertising in Asia : Communication, Culture and Consumption*, Iowa : Iowa State University Press.

3) Media Center Conference(2004), "Media Morphosis", March 10~13, Newport Beach, CA.

4) Johnson, Bradley(2003), "Crack in the Foundation", *Advertising Age*, December.

5) Peskin, D.(2004), "Make Way for the Mobiles", in Synapse, Washington D. C. : The Media Center API.

6) Media Center Conference(2004), "Media Morphisis", March 10~13, Newport Beach, CA.

7) Coen, Robert(2003), "Presentation on Advertising Expenditures", *Insiders Report*, Universal McCann.

지적에도 불구하고 여전히 매체사는 물론 마케터와 대행사는 구태의연한 가설에 막대한 예산을 집행한다.[8]

전통적 광고모델은 기본적으로 마케팅의 4P 이론에 근거를 둔다. 이 개념은 지난 1950년대, 아니 어쩌면 그보다 훨씬 이전 마케터나 매체가 시장을 완전히 통제할 수 있던 시절에 등장했다.[9] 그 핵심은 어떤 상품이나 서비스를 만들지, 포장은 어떻게 하고 가격은 얼마를 받으며 유통구조는 어떤 방식을 취할지, 그리고 더 중요하게는 이러한 상품이나 서비스를 어떻게 광고할지 등을 모두 기업이 결정한다는 데 있다.[10]

이 가운데 네 번째 P인 판촉(*promotion*)은 마케팅부서가 메시지를 결정하고 매체사와 계약, 메시지를 전달한다는 개념이다. 이는 다분히 외향적(*outbound*)이며 대중적인 전달방식이다. 따라서 기업은 더 많이 메시지를 내보내면 더 많이 전달될 것이라는 가정 아래 어떻게 하면 더 많은 메시지를 경제적으로 내보낼 것이냐에 관심을 집중했다.[11] 이 당시의 광고매체에 관한 이론은 20세기 초에 등장한 소비자의 정보처리 과정을 행동심리학적 관점에서 설명하는 자극과 반응이론에 기초한다.[12]

이러한 전통적 메시지전달 모델은 또 다른 가설에 기초를 두는데, 그것은 광고매체가 메시지에 노출되는 소비자의 태도변화에 영향을 미칠 것이라는 가정이다.[13] 이러한 가설에 기초한 것이 수직효과모델(*hierarchy of effects*) 이론이며, 이는

---

8) Elkin, Tobi(2004), "Malcontent is King at Agency Media Fest", *Media Post's Media Daily News*, February 13.

9) McCarthy, Jerome E.(1975), *Basic Marketing : A Managerial Approach*, 5th Edition, Homewood, IL : Richard D. Irwin Inc.

10) Kotler, Philip(2003), *Marketing Management*, 11th Edition, Upper Saddle River, NJ : Pearson Education Inc.

11) Sissors, Jack Z. & Bumba, Lincoln(1996), *Advertising Media Planning*, 5th Edition, Lincolnwood, IL : NTC Business Books, pp.82~84.

12) Weilbacher, William M.(2001), "Point of View : Does Advertising Cause a 'Hierarchy of Effects'?", *Journal of Advertising Research*, November-December, pp.19~26.

13) Lavidge, Robert J. & Steiner, Gary A.(1961), "A Model of Predictive Measurements of Advertising Effectiveness", *Journal of Marketing* 25, pp.59~62.

소비자가 일련의 심리변화 과정, 즉 상품이나 서비스의 인지에서 구매까지 이르는 단계를 순차적으로 밟는다는 가정을 전제로 한다. 이는 나아가 메시지가 잠재고객에게 전달되기만 하면 결과적으로 그들의 태도를 변화시킬 것이라는 가정을 내포한다. 이러한 수직효과모델 이론은 지난 1970년대 콜리가 제창한 이후 입증되지 않은 가설에 근거한 것이다.14) 따라서 이러한 가설에 입각한 매체광고 이론은 다분히 선형적이고 외향적이며 메시지빈도와 학습곡선 간 완만한 포물선 등을 전제로 한다.15) 이에 따르면 광고매체는 결국 소비자의 태도를 변화시켜 구매에 이르게 한다.

그러나 수직효과모델에서 주목해야 할 것은 이것이 커뮤니케이션 효과에 국한된 이론이라는 점이다. 문제는 시장에서 광고가 매출에 이르기까지 너무도 많은 간섭변인(*intervening variables*)이 작용한다는 사실이다.16) 따라서 오늘날 매체광고에 관한 가설의 대부분은 소비자가 매체광고에 노출된 결과 태도가 변화하는 데 영향받았을 것이라는 추론에 근거를 둔다. 이는 나아가 이러한 소비자의 태도변화 또는 강화가 미래에 언젠가는 광고주의 상품이나 서비스구매에 어떠한 형태로든 영향을 미칠 것이라는 가정을 전제로 한다.

요약하면, 오늘날까지 통용되는 매체광고에 관한 추론된 가정은 규정된 '목표잠재고객'(*targeted prospects*)에 대한 태도변화에 영향을 미친다는 것을 전제로 한다. 이러한 가정의 연장선에서 광고매체가 어떻게 작동하는지를 살펴볼 필요가 있다. 이에 따르면, 가능한 최소의 비용으로 최대한의 메시지를 전달하는 것이 관건이다. 이 또한 커뮤니케이션 효과의 자극과 반응이론에 근거한다. 여기서는 매체의 총량이 매우 중요한 과제이므로 매체계획의 궁극적 목표가 되기도 한다.

---

14) Colley, Russell H.(1973), *Defining Advertising Goals*, 7th Edition, New York, NY : Association of National Advertisers Inc.

15) Rossiter, John R. & Danaher, Peter J.(1998), *Advanced Media Planning*, Norwell, MA : Kluwer Academic Publishers.

16) Lavidge, Robert J. & Steiner, Gary A.(1961), "A Model of Predictive Measurements of Advertising Effectiveness", *Journal of Marketing* 25, pp.59~62.
Colley, Russell H.(1973), *Defining Advertising Goals*, 7th Edition, New York, NY : Association of National Advertisers Inc.

또 한 가지 문제점은 지금까지 모든 매체의 측정이 각각의 매체별로 독립적으로 수행되었다는 사실이다. 이제까지의 매체효과의 측정이란 각각의 매체에 대해서 얼마나 많은 눈과 귀가 몰렸는가, 또는 그것이 반복적이었는가를 조사하는 것이었다.[17] 자극과 반응모델에서는 매체의 가치를 개별적으로 측정할 수밖에 없었다. 매체간 중복에 따른 시너지효과는 광고매체 효과를 측정하고 평가하는 데 무시되거나 도외시되었다.

이를 종합하면 이제까지의 매체광고에 대한 이해는 전적으로 지난 1980년대 초반 포터(Porter)에 의해 개발된, 시장에 이르기 위한 최적의 방법으로서의 '공급사슬' 개념에 바탕을 두었다.[18] 이러한 공급사슬 방식은 시장을 '통제가능한 대상'(*marketer in control*)으로 가정하기 때문에 낭비를 줄이고 비용효율화를 극대화하는 데 매체광고의 목표를 둔다.

이 글에서 우리는 이러한 공급사슬 관점에서의 매체광고 접근이 얼마나 잘못된 것인가를 밝히고자 한다. 매체와 매체의 소비유형은 엄청나게 변화하고 있음에도 불구하고 마케팅이나 마케팅 커뮤니케이션 이론과 개념은 아직도 50여 년 전의 것을 그대로 사용하고 있다. 그 동안 매체도, 시장도 변했다. 변하지 않은 것은 지난 세기의 유물로 물려받은 잘못된 가정 위에 바탕을 둔 광고매체에 관한 이론뿐이다.

광고주나 대행사, 매체사는 자극과 반응모델에 입각한 수직적 유형의 단일매체 이용에 대한 이제까지의 관행을 쉽사리 포기하려 들지 않는다. 오히려 그들은 각각의 매체가 다른 매체와 분리된 채 독자적으로 이용된다고 가정한다. 어떤 형태로든지 매체가 중복 이용되거나 상호영향을 미치는 사안에 대해서는 무시하거나 간과한다. 뿐만 아니라 매체간 경쟁은 동일한 집단 내에서만, 즉 텔레비전 방송은 다른 텔레비전 방송들과, 잡지는 잡지끼리만, 신문은 신문끼리만 경쟁한다고 여긴

---

17) Sissors, Jack Z. & Bumba, Lincoln(1996), *Advertising Media Planning*, 5th Edition, Lincolnwood, IL : NTC Business Books, pp.69~71.

18) Porter, Michael E.(1985), *Competitive Advantage : Creating and Sustaining Superior Performance*, New York, NY : Free Press.

다.[19] 이러한 가정이 오늘날까지 각 매체를 분리한 조사만 한 이유이기도 하다. 이 때문에 광고매체는 단순히 메시지가 몇 번이나 전달됐는지에 머물게 된 것이다. 왜냐하면 효과적 메시지 전달은 — 자극과 반응이론에 따르면 — 노출빈도든, 보여질 가능성이든 횟수를 늘리는 것만 관건이기 때문이다.

우리는 이러한 종래의 광고매체에 대한 관점을 다음의 세 가지 시장관측 결과를 토대로 반박하고자 한다. 이러한 관찰은 이제까지와는 색다른 접근방법이다. 세 가지 관측결과는 우리가 예전 것이 아닌 새로운 광고매체에 대한 작동원리를 설명하는 데 이론적 기초를 제공할 것이다.

:: 새로운 모델 제시를 위한 세 가지 관측

우리가 제시하는 광고매체에 관한 새로운 모델은 다음의 세 가지 관측에 기초한다.

첫째, 오늘날의 소비자는 매체를 하나씩 따로따로 접하지 않는다. 그보다는 여러 가지 매체를 한꺼번에 동시에 보고 듣는 경향이 있다. 이를 '동시다매체이용'이라고 부르자. 우리는 지난 2년간 수집한 자료를 바탕으로 이러한 주장을 증명할 것이다.[20]

둘째, 지금까지의 매체이용에 관한 바탕을 제공한 자극과 반응이론은 오늘날 부상하는 새로운 인지심리학 관점에서 보면 낡고 맞지 않는 정보처리 이론에 불과하다. 우리는 연구결과 소비자가 동시에 여러 가지 매체를 한꺼번에 수용할 수 있음을 알게 되었다. 소비자는 광고메시지를 접하더라도 이제까지의 행동심리학적 개념에 따라 정보를 처리하지 않는 것이 분명하다.[21]

---

19) Sissors, Jack Z. & Bumba, Lincoln(1996), *Advertising Media Planning*, 5th Edition, Lincolnwood, IL : NTC Business Books, pp.100~105.

20) Schultz, Don E. et al.(2004), "Simultaneous Media Usage : A Critical Consumer Orientation to Media Planning", *Journal of Consumer Behaviour* 3, pp.285~292.

21) Weilbacher, William M.(2003), "How Advertising Affects Consumers", *Journal of Advertising Research*, June, pp.230~234.

셋째, 매체 사이에는 분명 시너지가 존재한다. 다시 말해서 어떤 특정한 상품이나 서비스에 대한 광고메시지가 전달될 경우 그 효과는 단순히 산술적 합산이 아닌 누진적인 상승효과를 가져온다는 것이다. 따라서 전체 매체의 광고효과는 각각의 매체를 합산한 것 이상의 효과를 거둔다. 반대로 적절치 못한 광고의 중복이나 조합은 전체적으로 더 좋지 않은 결과를 초래할 수도 있다. 여기서는 우리가 최근에 개발한 매체시너지를 분석할 수 있는 개념을 소개할 것이다.

:: 동시다매체이용

먼저 우리가 명명한 동시다매체이용, 줄여서 SIMM(*Simultaneous Media Exposure*)에 관해 논의를 시작하자. 빅리서치(BIGresearch) 사는 동시다매체이용에 관한 연구를 선도하는 소비자전문 조사기관이다. 이 회사는 매년 두 차례에 걸쳐 전자메일로 미국 내 12,000~14,000명을 대상으로 조사를 실시하고, 아울러 연령과 성별을 14개 항목으로 구분한 전체 인구비례에 의한 표본집단을 대상으로 한 조사를 병행한다. 이들의 조사결과는 미국 내 유수기업들이 활용하며 최근에 소비자행동 학회지(*Journal of Consumer Behaviour*, 2004. 4.)에도 발표되었다.

지난 2003년 10월에도 13,000명을 대상으로 하는 조사를 마쳤다. 이는 2002년의 1,883명을 대상으로 하는 표본조사(*pilot test*)에 기초한 것으로, 뒤이어 세 차례에 걸쳐 각각 7,800명(2002년 8월), 12,322명(2003년 3월) 그리고 앞서 말한 2003년 10월에 13,000명을 대상으로 동시다매체이용에 관한 조사를 실시하였다.

연구결과를 한마디로 요약하면 새롭게 등장하는 커뮤니케이션 기술이 과거 전통적 읽기 중심의 문화를 보고 듣는 활동의 문화로 전환한다는 사실이다. 이미지와 사운드 그리고 그래픽, 이 세 가지가 문화구조의 중심을 이루고 나아가 '자가증식'(*self-reproduction*)하는 것이다. 새로운 기술은 종래의 3차원이자 시계열적인 개념을 바꿨다. 즉, 위치나 거리는 간격 개념 없이 현재화되며, 서로 얽힌 여러

Zaltman, Gerald(2003), *How Customers Think: Essential Insights into the Mind of the Market*, Boston, MA: Harvard Business School Press.

사람들과 '마치 집에' 있는 것처럼 당연하게 상호작용한다. 교통과 기업경영의 도시집중화는 분산되고 있음에도 상호접촉하는 데 아무런 문제가 없다. 시간 또한 제약이 사라진다. 시간과 공간, 동작 이 모든 것이 급격하게 전환되는 것이다.[22)]

이러한 급격한 변화는 매체의 분할을 가속화했다. 새로운 매체의 폭발적 증가는 소비자 선택의 폭을 무척 넓게 만들었다. 하지만 불행하게도 우리에게는 하루 24시간밖에 없다. 때문에 소비자는 여러 가지 매체를 동시에 수용할 수밖에 없는 것이다. 개인적 경험에서 알 수 있듯이 사람들은 흔히 텔레비전을 시청하거나 라디오를 들으면서 전화로 통화한다. 따라서 동시다매체이용은 전혀 새로운 개념이 아니며 단지 광고매체 분야, 특히 매체조사나 담당자에게만 생소할 뿐이다. 앞서 SIMM에 관한 세 차례의 조사결과는 이러한 주장을 뒷받침할 많은 증거를 포함한다. 지금까지 누적된 자료는 3만 명의 데이터를 넘어섰다. 여기서는 2003년 10월의 조사결과를 요약, 이를 이전의 결과와 비교 논의함으로써 소비자 사이에서 매체이용이 어떻게 변화하고 있는지 설명하고자 한다. 〈표 6-1〉은 가장 최근의 실태를 보여준다.

〈표 6-1〉은 '항상 그렇다'와 '이따금 그렇다' 사이의 차이를 보여준다(여기서 '항상'이란 일정한 기준에 따라서 지속적으로 그러함을, 그리고 '이따금'은 일정한 기준 없이 기분에 따라서 그러함을 의미한다). 동시다매체이용과 관련하여 응답자의 49.3%가 어느 특정한 매체를 다른 매체보다 주목한다고 대답했고 34.0%는 매체편중 없이 동일하게 이용한다고 응답했다. 그리고 단지 16.7%만이 매체를 동시에 이용하지 않는다고 답했다. 이러한 조사결과를 유사한 다른 연구결과들과 종합하면 사람이 5감을 동시에, 또는 중복해서 사용하는 공감각(*synaesthesia*) 현상을 매체이용에서도 확인할 수 있다.[23)] 우리는 이것이 오늘날의 매체환경에 대응하는 소비자의 기본 작동원리라고 확신한다. 단언하건대, SIMM은 일시적 현상이 아닌 오늘날 급변하는

---

22) Naik, Prasad A. & Raman, Kalyan(2003), "Understanding the Impact of Synergy in Multimedia Communications", *Journal of Marketing Research* 40, Issue 4, pp.375~389.

23) Pilotta, Joseph J. & Mickunas, Algis(2000), "Life-World: Computer Logic and Values as a Self-Generating System", fall, pp.105~128.

매체환경에 적응하기 위한 수용자현상이다. 사람들이 텔레비전, 라디오, 인터넷, 신문, 잡지 기타 다이렉트 메일 등에 활용하는 시간은 하루에 9.9시간 정도다. 하지만 사람이 일하고, 잠자고, 움직이는 시간을 합산하면 매체에 이만한 시간을 쓰면 다른 일은 아무것도 할 수 없다. 흥미로운 사실은 이러한 매체이용 행태가 아비트론(Arbitron), 타기팅(Targeting), 닐슨(Nielsen), 인터렉티브 미디어(Interactive Media) 등 유수의 매체조사기관의 결과와 일치한다는 점이다. 서로 다른 매체조사 전문기관이 조사한 결과를 합산하면(아비트론의 라디오, 닐슨의 텔레비전, 인터렉티브 미디어의 온라인조사 등) SIMM의 조사결과와 거의 차이가 없다. 즉, 각각의 조사기관이 매체별로 조사한 결과를 합산하면 하루에 약 10시간이다. 이는 SIMM에서 조사한 9.9시간과 매우 근사한 값이다. 즉, 동시다매체이용은 일상화된 사실이며 그 동안에는 단지 개별적으로 조사해 확인할 수 없었던 것뿐이다.

〈표 6-1〉 동시다매체이용 실태

(단위 : %)

구 분		인터넷	신 문	잡 지	라디오	텔레비전	편 지
라디오	R	17.40	11.70	9.30		2.20	10.00
	O	39.90	35.20	37.20		15.50	47.10
텔레비전	R	33.40	22.50	16.00	6.30		18.70
	O	31.80	41.70	43.80	22.60		54.60
잡 지	R	3.20			5.50	6.60	
	O	20.10			37.30	44.80	
신 문	R	5.70			9.40	8.60	
	O	16.90			40.20	43.80	
편 지	R	11.20			7.10	11.20	
	O	31.00			44.00	52.90	
인터넷	R		4.80	3.90	15.50	24.90	7.20
	O		15.40	17.50	36.60	36.90	30.40

주 : R = 항상, O = 이따금.

SIMM의 조사결과가 밝힌 또 다른 것은 '텔레비전을 시청하는 도중 광고가 나오면 어떻게 하는가?' 하는 물음에 대한 응답이다. 그에 대한 다음과 같은 결과는 자못 놀랍다.

- 16.9%는 자리를 비운다 : 이는 2003년 3월 조사(15.3%)보다 1.6%가 증가한 수치다.
- 34.5%는 다른 방송으로 돌린다 : 이는 2003년 3월 조사(30.2%)보다 3.7% 증가한 수치다.
- 29.9%는 그대로 보지만 집중하지 않는다 : 2003년 3월에는 30.1%였다.
- 32%는 이곳저곳으로 채널을 돌리는데 이는 지난번 조사(30.8%)보다 1.4%가 증가한 것이다.
- 35.1%는 다른 사람과 얘기하거나 전화를 거는 것으로 나타났다. 이 또한 이전 조사(32.8%)보다 2.7%가 증가한 것이다.

동시다매체이용은 엄연한 사실이다. 그렇다고 주목률의 문제는 아니다.[24] 그보다는 오히려 매체수용에 관한 인식전환이 필요하다. 순차적 경험에서 동시적이고 시너지한 방향으로, 다시 말해 사람의 주목에 대한 재해석이 필요하다. 〈표 6-1〉에서 보여주는 동시다매체이용 현상은 일상적 현상으로 꾸준히 증가하는 추세이며 따라서 매체광고에서도 같은 논리의 전개가 가능하다.

매체이용의 동시성과 시너지현상은 일찍이 맥루한(McLuhan, 1967)이 확인한 바 있다.[25] 신문과 같은 인쇄매체는 선형적 사고를 불러왔으며 따라서 시계열적으로 활동을 분배 — 이를테면 책을 읽고 나서 전화로 대화하고 그 다음에 저녁을 먹는 순서로 — 할 수밖에 없었다. 하지만 텔레비전세대는 세상을 비선형적으로 체험한다. 그들의 심리는 다르게 작동하는 것이다. 그들의 뇌는 마치 텔레비전처럼 광고

24) Merleau-Ponty, Maurice(1992), *Phenomenology of Perception*, 1st Edition, New York, NY : Routledge.

25) McLuhan, Marshall(1967), *The Medium is the Message*, New York, NY : Random House.

와 프로그램이 나오고 또 다른 프로그램으로 바뀌는 식이다. 그들도 책을 읽고, 전화를 하고, 텔레비전을 시청하고, 온라인에 접속하는 등 여러 가지 일을 하지만 앞서처럼 순차적으로나 단계적으로 하지는 않는다. 그보다는 오히려 이 모든 것을 한꺼번에 해치운다. 따라서 한 가지 행동은 다른 행동에 영향을 미치고 자연 매체 광고 시장에서도 이에 걸맞는 발상의 전환이 필요하다. SIMM의 결과는 우리로 하여금 다양한 매체의 조합에 의한 시너지효과를 바라보게 하고 나아가 이제까지와는 다른 매체의 수용과 이용에 관한 관점을 요구한다. 이제 우리는 그러기 위한 입구에 첫발을 들여놨을 뿐이다.

전통적인 광고조사 방식에서는 각각의 매체가 고립된 것처럼 다루어졌다. 이러한 방식은 이제부터는 부적합하다. 따라서 앞으로는 노출이나 빈도, 중복 혹은 도달의 개념에 대한 새로운 사고와 정의가 필요하다. 노출의 경우 배타적 원칙을 전제로 한다는 한 가지 사실만 떠올려도 쉽게 공감할 것이다. 빈도 역시 SIMM의 환경에서는 그대로 적용하기에는 부적합하다. 중복 정도가 다매체이용을 반영한다. 도달도 중복을 배제한 채 누적수치만 파악한다. 이를 앞서 우리가 제시한 동시다매체이용의 동시성과 시너지 측면에서 비교하면 그 차이를 분명하게 이해할 수 있을 것이다. 따라서 매체광고 효과는 그 매체 하나만 아니라 동시에 이용되는 '주매체'(*foreground*)와 '부매체'(*background*)로 구분하여 고려해야 한다. 이에 관해서는 〈그림 6-1〉을 참조하라.

〈그림 6-1〉은 동시에 매체를 이용할 경우 어느 것이 주가 되고(F) 어느 것이 부수적이 되는지(B)를 보여준다. 어느 매체든지 주 혹은 부가 될 수 있다. 주매체란 보통 수용자가 집중하는 것으로 매체 그 자체가 수용자의 집중을 요한다. 어떤 형태의 시청각 조합이든 주매체나 부매체가 될 수 있다. 매체의 노출에 대해 평가하고 그것을 광고효과와 연결할 때 드는 의문은 과연 소비자들이 여러 가지 일을 하면서 광고정보를 인지적으로 처리하느냐이다. 〈그림 6-2〉를 보면 그 일련의 과정을 볼 수 있다. 〈그림 6-2〉는 여러 가지 매체에 노출된 상황에서 이루어지는 일상적인 활동들이 각각의 매체에 어떻게 관여(이용)하는지를 보여준다. 이 과정에서 각 매체는 주매체나 부매체로서 간헐적으로 이용된다. 이러한 접근은 매체광고

〈그림 6-1〉 주매체 / 부매체 활용 비교 : TV, 라디오, 온라인, 신문, 전자메일 및 기타

〈그림 6-2〉 일과중 매체활동

하루 일정	고도의 매체집중 활동	일상 생활
오전 5:00~9:00	텔레비전 (F : 주매체) (AV) ⟷ 신문 (B : 부매체) (V)	운전
오전 9:00~오후 1:00	텔레비전 (B) (AV) ⟷ 인터넷 서핑, 이메일 (F) (VTA)	전화통화, 요리, 아이 돌보기, 집안일, 숙제
오후 3:30~6:00	라디오 (BF) (A) ⟷ 인터넷 서핑, 이메일 (BF) (VTA)	전화통화, 요리, 운전, 집안일, 가족시간, 운동, 쇼핑, 학교
오후 6:00~7:00	라디오 (B) (A) ⟷ 편지 (F) (A)	전화통화, 요리, 아이 돌보기, 집안일, 가족시간, 여가시간
오후 7:00~11:00	인터넷 서핑 (VTA) ⟷ 이메일 (WT)	전화통화, 집안일, 가족시간, 여가시간
오후 11:00~오전 1:00	특정 주도매체 부재	
오전 1:00~5:00	특정 주도매체 부재	
	낮은 매체집중 활동	
오후 1:00~3:30	라디오 (A)	전화통화, 집안일, 운전, 쇼핑

F : foreground, B : background, A : audio, V : visual, T : tactile.

효과가 어떻게 강화되거나 약화될 수 있는지에 대한 추정을 가능케 한다.

SIMM의 연구에서 우리는 오늘날과 같은 상호작용적이고 정보가 넘치는 21세기 시장환경에 적합한 매체광고에 관한 몇 가지 개념을 개발했다. 다음에 그 일단을 제시하고자 한다. 이는 앞서 논의한 것처럼 기존이론들의 한계에서 출발했으며, 소비자에 대한 새로운 이해가 우리의 주장에 바탕이 되었다.

:: 인지심리학의 발달

앞서도 지적했지만 이제까지의 매체광고 이론은 행동심리학 이론에 근거를 둔다. 이는 1890년대 말 에빙하우스(Ebbinghaus)[26)]의 인간의 기억에 관한 실험에서부터 파블로프(Pavlov)의 타종실험(*salivating dogs*),[27)] 나아가 스키너(Skinner)[28)]의 비둘기 조건반사 실험으로 이어진다. 대부분의 광고개념이나 이론은 '외부의 자극이 내부의 반응을 이끌어낸다'[29)]는 행동심리학에 기초한다. 행동주의자의 관점에 따르면 소비자의 뇌나 마음의 작동은 고려할 필요가 없다. 통제와 조작이 가능한 광고 메시지, 즉 자극이 효과측정을 위해 필요한 전부다.

1950년대 중반 들어 매체가 급격히 발전하고 텔레비전이 강력한 광고매체로 부상하면서 일부 연구자들이 자극과 반응이론에 부분적으로 수정을 가했다. 이들의 주장은 광고의 노출과 소비자의 구매행동 사이에는 너무도 많은 매개변수가 있다는 것이다. 따라서 매체광고에 대한 이론은 실제 소비자행동보다는 커뮤니케이션 효과쪽으로 관심을 옮긴다. 그 결과 등장한 것이 오늘날까지도 쓰이는 수직

26) Ebbinghaus, Hermann(1885), *Memory : A Contribution to Experimental Psychology*, New York, NY : Teacher's College, Columbia University, English Translation, 1913.

27) Pavlov, Ivan P.(1927), "Lectures on Conditioned Reflexes : An Investigation of the Physiological Activity of the Cerebral Cortex".

28) Skinner, B. F.(1950), "Are Theories of Learning Necessary?", *Psychological Review* 57, pp.193~216.

29) Zaltman, Gerald(2003), *How Customers Think : Essential Insights into the Mind of the Market*, Boston, MA : Harvard Business School Press, pp.1~25.

효과모델 이론이다.[30]

이 이론의 핵심은 매체광고가 소비자 혹은 잠재고객에게 전달되면 측정이 가능한 인지나 태도변화, 이를테면 광고의 인지, 광고내용의 인지, 광고된 상품이나 서비스에 대한 구매의도, 선호도 등을 파악할 수 있다는 것이다. 나아가 이러한 효과는 측정이 가능한 결과를 불러일으킬 것이라고 가정한다. 따라서 광고는 얼마나 많은 정보를 전달하느냐가 수직효과모델에서 말하는 단계별로 소비자를 움직이는 데 필요한 절대조건이라는 주장이다. 다시 말해 광고산업은 빈도나 반복횟수 등에 집중하는 용적(*tonnage*) 모델을 만드는 것이다. 결과적으로 이 모델은 소비자를 마케터가 조정하는 대로 움직일 수밖에 없는 나약한 존재로 전락시켰다.[31]

그 동안 수직효과모델의 문제점을 지적하는 시도가 몇 차례 있었지만 번번이 실패했다. 매체사는 빈도를 높이기 위해서는 더 많은 광고의 집행이 불가피하고 이는 자연히 매체광고비의 증가를 의미하므로 수익성 측면에서 이 이론을 반겼다. 광고대행사로서는 매체광고비가 늘어날수록 수수료가 커지니 이들 또한 반기지 않을 이유가 없었다. 조사기관은 이처럼 조사하기 간편하고 결과가 명확히 드러나는 수익사업을 마다할 리 없었다. 결과적으로 이들의 묵시적 합의가 수직효과모델을 난공불락의 요새처럼 만든 것이다. 이러한 이유로 아직도 종래의 매체광고 이론에서 벗어나지 못했다. 문제는 이러한 행동주의자의 심리학을 지탱하는 근본개념이 설득력을 상실하고 있다는 사실이다. 예를 들면, 이제 우리는 사람의 마음구조가 컴퓨터처럼 몇 가지 부품이 모여서 간단히 조작되는 것이 아니라는 것을 안다. 그보다는 오히려 엄청난 양의 정보가 끊임없이 움직이고 있다고 여긴다. 이러한 대부분의 인지심리학적 관점은 최근 1990년대부터 시작된 새로운 지식이다. 잘트만(Zaltman)은 안토니오 다마시오(Antonio Damasio)의 말을 빌려 이렇게 설명한다.[32]

---

30) Lavidge, Robert J. & Steiner, Gary A.(1961), "A Model of Predictive Measurements of Advertising Efectiveness", *Journal of Marketing* 25, pp.59~62.
Colley, Russell H.(1973), *Defining Advertising Goals*, 7th Edition, New York, NY : Association of National Advertisers Inc.

31) *op. cit.*

32) Zaltman, Gerald(2003), *How Customers Think : Essential Insights into the Mind of the Market*,

> 지난 1990년대의 10년 동안 성취한 심리학이나 신경과학 분야의 발전은 그 이전 수백 년의 업적을 능가하는 것이다.[33]

그러나 그래서 문제가 생긴다. 이제껏 배운 두뇌의 작용에 대한 지식은 우리가 주장하는 새로운 매체광고의 이론과 완전히 상충하기 때문이다. 그럼에도 불구하고 우리는 여전히 옛날이론에 입각해 매체를 구매하고 광고를 집행한다. 다시 잘트만의 말을 인용해 보자.

> 신경과학의 연구결과에 따르면 사람들은 선형적이나 수직적으로 사고하지 않는다. 비유하면, 사람들은 케이크를 보고 설탕이나 밀가루 등 원료 각각의 맛을 경험하지 않는다. 단지 케이크 그 자체를 즐길 뿐이다.[34]

간단히 말해서, 이제 우리는 사람의 마음은 전기적 자극과 화학적 반응에 의해 작동하는 신경망 조직이라는 사실을 알게 된 것이다. 중요한 것은 신경망 조직이 지속적으로 상호작용하며 때로 무의식의 영역까지 관련한다는 사실이다. 때문에 정신적 네트워크는 새로운 정보나 새로운 경험, 새로운 관계나 상황에 따라서 얼마든지 변화하고 재구축된다는 것이다. 그리고 이들 대부분은 소비자의 인지도나 회상도를 넘어선 무의식의 영역에서 이루어진다는 점이다.[35] 따라서 사람의 마음에 대한 기계적 관점이나 광고를 통해서 사람에게 영향을 주거나 변화시킬 수 있다는 발상은 매우 불확실한 주장이다. 이 때문에 우리는 지금까지 광고와 매체이론의 근저를 이룬 수직효과모델이 잘못됐을 뿐만 아니라 폐기되어야 한다고 주장하는 것이다.

비록 수직효과모델을 긍정적으로 평가하더라도 매체광고 측면에서는 여전히 문제가 남는다. 예를 들면, 매체광고의 전제는 메시지가 개별적으로 전달되고 개

Boston, MA : Harvard Business School Press, pp.1~25.

33) *ibid.*, p.291.

34) *ibid.*, p.5.

35) *ibid*, pp.1~25.

별적으로 처리되며 따라서 개별적으로 저장되어 의사결정에 영향을 미친다는 것으로, 이러한 단일매체 이론 때문에 오늘날 매체계획이나 구매를 개별적으로 집행하는 것이다. 이는 한 매체가 한 번에 하나씩의 영향(*impression*)을 미친다고 가정한다. 그러나 앞서 제시한 SIMM의 조사결과에 따르면 응답자의 절반 이상이 동시에 여러 매체를 이용한다. 여기서 문제가 되는 것은 어떤 매체가 주매체이며, 어느 것이 부매체인가 하는 점이다. 이에 대해 전통적 방식을 고집하는 광고전문가는 '그렇지 않다. 사람들은 동시에 여러 메시지를 처리할 수 없다. 한 가지에 집중해야 하고 자신의 눈과 귀를 모아 집중해서 듣거나 읽어야 하며 그것을 가능케 하는 것이 바로 크리에이티브가 하는 일이다'라고 반박할지 모른다.

수직효과모델을 전면 부인하는 베일바허(Weilbacher)에 따르면, 동시처리 방식은 사람에게 오히려 일상적이며 당연하다고 한다. 그가 2003년 *JAR*(*Journal of Advertising Research*)에 발표한 논문을 인용해 보자.

> 사람은 받아들이는 정보를 동시에 처리한다. 예를 들면, 교통체증이 심한 고속도로 위에서 운전중에도 옆에 탄 사람과 대화하며 음료수를 마시고 음악을 즐기며, 핸드폰으로 걸려온 전화를 확인하면서 자신의 왼쪽 어깨가 아픈 것을 걱정한다.[36]

때문에 오늘날의 인지심리학적 관점에 따르면 우리가 SIMM을 통해서 확인한 바는 이제껏 쓰인 개념보다도 훨씬 더 의미가 있다. 이러한 비선형적 동시정보처리 환경에서는 선택의 기준이 되는 적합성(*relevance*)이 중요한 의미를 갖는다. 적합성은 미래의 기대치를 구성하는 잠재적 판단기준으로서 이는 지금의 논의가 미래의 관점에서 평가되는 것이다. 따라서 현재는 인간의 활동과 경험이 연속성을 갖는 과거와 미래의 연장선에서 중요성을 지닌다. 예를 들면, 현재의 말은 앞서 그 사람이 무엇을 말했는가의 이해의 바탕이 되는 동시에 앞으로 무엇을 말할 것인가에 대한 판단의 근거가 되기 때문이다. 시간은 이와 같이 행동을 예측하는 단위다.

---

36) Weilbacher, William M.(2003), "How Advertising Affects Consumers", *Journal of Advertising Research*, p.232.

모든 인간의 행위에 다 의미가 있는 것은 아니다. 사람은 일상적으로 선형적인 시간의 연장선에서 중요성에 따라 선택적으로 활동한다. 역으로 말하면 연속성은 선택의 기준을 제공한다고 말할 수 있다. 중요한 것은 선택하고 그렇지 못한 것은 제거한다. 따라서 선택과 연속성은 이전처럼 선형적 가설이나 인과법칙에 의한 것이 아니다. 때로 선택이 비약적이라 하더라도 이는 각자의 시간 속에서는 나름대로의 선택적 당위성을 유지한다. 비록 과거 사건에 대해 더는 인과관계가 없더라도 중요도는 여전히 현존한다. 이는 사건의 중요성이 선형적이라는 의미가 아니다. 오히려, 과거사건의 중요성이 오늘의 시간의 연장선에서 가능성을 내포할 뿐이라는 것이다. 이러한 연속성은 다소 적합성이 떨어지는 사건을 수용하는 정도에 따라 더 넓어지거나 반대로 더 좁아질 수도 있다.

먼저 우리가 제시하는 모델은 기본적으로 하루의 일상에서 주매체와 부매체를 구분한다. 다음으로 각각의 매체와 메시지에 대한 개인의 선택과 적합성에 관한 인지구조를 파악해야 한다. 적합성은[37] 고려해야 할 중심사안이다. 이것은 요인과 가능한 조건의 관계에 관한 적합성과 그것의 현존 여부 등을 말한다. 성공적 조건이란 기대를 구현할 수도, 제약할 수도 있다. 이에 대해 기존의 광고시각에서는 '동시다매체이용이 실재하고 말대로 작동한다 해도, 그리고 소비자가 다중정보처리를 한다 해도 기존의 매체광고 이론을 완전히 무시할 수는 없다. 이제까지의 두 가지 관점을 수용한다 하더라도 다양한 매체간 상호작용을 측정할 수 없다면 우리가 지금까지 수행한 매체계획의 수립이나 집행을 포기할 수는 없다'라고 반박할지도 모른다. 그렇다면 우리가 준비한 다음의 세 번째 논의에 주목하기 바란다.

:: 매체시너지의 측정

광고주들은 오랫동안 여러 가지 매체를 동시에 집행하면서 어쩌면 이들 사이에 어떤 연관, 즉 어떤 매체가 다른 매체를 더 강화하든지, 나쁠 경우 오히려 약

---

37) Luhman, Niklas(1982), *Differentiation of Society*, New York, NY : Columbia University Press.

화시킬 수 있을지도 모른다는 생각했다. 하지만 광고매체 계획은 매체별로 각각 독립적으로 수립하고 집행하기 때문에 이러한 시너지효과는 측정이 불가능한 것으로 여겼다. 실제로 서로 상이한 매체들이 계획수립 단계에서부터 충분히 고려되지 않았다면 이들 사이의 효과를 측정하는 것은 여간 어려운 문제가 아니다. 매체의 상호작용이나 융합, 교차분석 등은 광고주의 오랜 바람이기도 하다. 하지만 그러한 꿈이 제대로 실현된 적은 거의 없다. 컴퓨터의 알고리즘을 이용해서 이 문제를 풀려는 시도가 있었지만 항상 같은 문제에 부딪혔다. 그들은 항상 외부에 배포된 광고 메시지에서부터 시작한다. 따라서 관심은 늘 각각 분산된 요소를 어떻게 묶느냐에 있다. 이러한 관점은 공통적으로 메시지전달의 결과 소비자로부터 얻을 수 있는 실질적 '성과물'(*outcomes*)의 가치를 측정하는 것과는 거리가 멀다. 매체의 통합이 목표임에도 이제까지의 접근은 광고주나 대행사 모두 '매체전문가'들의 직관에만 의존했다. 하지만 이들의 '공급사슬'적 관점으로는 매체간 상호작용 효과를 측정하는 방법에 다가가는 데 근본적 한계가 있다.

지난 몇 년 사이에 나이크(Naik)와 라만(Raman)이 광고매체간 시너지를 측정할 수 있는 방법에 이론적 근거를 제공하는 논문을 발표했다. 가장 최근에 발표한 "멀티미디어 커뮤니케이션의 시너지효과에 대한 이해"[38]에서 이들은 다중매체광고에서 상호작용과 시너지효과를 측정하거나 추정할 수 있는 방법을 제시했다.

두 연구자는 이제까지 사용된 다이내믹광고 모델에 몇 가지 생각을 덧붙여서 매체시너지에 대한 이론을 제시했다. 즉, 동일기간에 동일제품에 대한 두 광고매체간 시너지효과를 분석하는 기법을 제시한 것이다. 그들이 제시하는 개념을 통계적 복잡성을 단순화해 알기 쉽게 설명하면 다음과 같다.

이들은 먼저 1964년 팔다(Palda)의 자동회귀(*autoregressive*) 광고모델을 사용했다.[39] 그리고 이것을 1972년의 몽고메리(Montgomery)와 실크(Silk)의 이론에 접목

38) Naik, Prasad A. & Raman, Kalyan(2003), "Understanding the Impact of Synergy in Multimedia Communications", *Journal of Marketing Research* 40, Issue 4, pp.375~389.

39) Palda, Kristian S.(1964), *The Measurement of Cumulative Advertising Effects*, Englewood Cliffs, NJ : Prentice Hall.

했다.[40] 이렇게 함으로써 다중매체가 각기 다른 시장에서 집행하는 것처럼 분리할 수 있게 만들었다. 다음으로 고파라크리슈나(Gopalakrishna)와 차터지(Chatterjee)의 이론을 활용해서[41] 매체 사이의 상호작용을 평가하는 모델을 고안했다.[42]

이러한 시도의 문제점은 칼만 필터(Kalman Filter)의 적용에 있다.[43] 이는 통계적 기술상의 문제로 시간이 지날수록 모델에 역동성을 부여하게 된다. 최종결과물은 실제의 판매자료를 근거로 측정할 수 있도록 하였다. 나이크와 라만은 이 모델을 매체광고(실제로 이들은 텔레비전과 신문광고에 적용함)에 적용하여 매출의 증가와 그로 인한 매체효과를 측정했다. 결과는 두 매체에 의한 통합적 효과가 서로 다른 매체의 개별노력에 비해 큰 것으로 나타났다.

이러한 방법론으로 나이크와 라만은 다양한 매체간 시너지측정을 시연함으로써 기존의 매체광고 측정방법을 대체할 수 있음을 입증했다. 우리는 이들과 실험을 추진중이며 이것이 미래의 매체광고 발전에 크게 기여할 수 있으리라고 확신한다. 매체간 시너지효과를 측정하기 위한 이러한 시도는 우리가 구축하려는 새로운 매체광고 측정의 세 번째 영역을 담당한다. 이를 앞서 두 가지, 곧 SIMM을 통해서 확인한 소비자의 다중매체 이용행태와 사람의 인지심리에 대한 새로운 이해 등과 함께 아우르면 사람의 마음속에서 광고가 어떻게 받아들여지고 처리되는지에 대한 새로운 개념을 제공할 것이다. 이것이 우리가 다음에서 기술하는 바다.

---

40) Montgomery, David B. & Silk, Alvin(1972), "Estimating Dynamic Effects of Marketing Communications Expenditures", *Management Science* 18, Issue 10, pp.485~501.

41) Jagpal, Sharan(1999), *Marketing Strategy and Uncertainty*, New York, NY : Oxford University Press.

42) Gopalakrishna, Srinath & Chatterjee, Rabikar(1992), "A Communications Response Model for A Mature Industrial Product : Application and Implications", *Journal of Marketing Research* 29, pp.189~200.

43) Jazwinski, A. H.(1970), "Stochastic Processes and Filtering Theory", New York, NY : Academic Press.

:: 새로운 매체이용 모델

앞서의 세 가지 관측 자료들, 즉 SIMM과 인지심리학 그리고 매체의 시너지 측정 등을 토대로 우리는 21세기의 변화하는 시장환경에 맞는 새로운 매체광고 이론을 제시하려고 한다. 이는 광고주의 입장에서 메시지전달이 아닌 소비자의 매체활용이라는 관점에서 출발한다. 모든 시장환경에서 소비자가 어떻게 매체광고를 접하고 이용하는지를 정확하게 파악하는 것이 성공의 열쇠다. 이 말은 소비자가 광고에 어떻게 반응하는지를 보는 '성과물'(*outcome*)에 기초한 모델이어야지 광고주가 어떻게, 얼마나 자주 메시지를 발송했는지를 보는 '결과물'(*output*) 중심이어서는 안 된다는 말이다. 아무리 많은 정보를 자주 내보내더라도 소비자가 거기에 접근하거나 인식하지 않으면 아무 소용이 없다는 것에는 누구나 쉽게 동의할 것이다. 따라서 우리가 제시하는 모델은 어떤 광고메시지를 소비자가 받는지, 또는 받을 수 있는 기회를 갖는지에서 출발한다. 그 다음 그들이 어떻게 반응하는지를 추적한다. 우리가 제시하는 모델은 상호작용적이며, 경쟁이 심한 네트워크 시장구조에 적합하다. 이것은 〈그림 6-3〉을 참조하라.

그림에서 보는 것처럼 소비자가 모델의 중앙에 위치한다. 여기서는 광고에 '노출'(*exposed*)되었다고 여겨지는 소비자 대부분이 동시에 여러 매체의 정보를 처리하는 상황을 보여준다. 이는 앞서 제시한 우리의 SIMM 조사결과를 바탕으로 했다. 이를 기초로 한 매체효과 조사의 첫 단계는 '어느 매체가 광고노출을 제공하는가' 이다. 이는 그 매체나 매체들의 조합에 들인 시간을 의미한다. 여기서 의문이 생긴다. 만일 매체들의 조합이 변한다면 언제 그러한 변화가 일어나는가? 이것이 우리가 새로운 매체광고 이론에서 주장하고자 하는 매체소비 형태를 파악하는 핵심이다. 앞서의 인지심리학적 관점, 곧 사람들은 끊임없이 매체에 접하고 무의식적으로 이를 처리하며 구조화한다는 것에 동의한다면, 매체의 노출은 그 숫자나 횟수보다는 광고효과나 가치의 적합성을 더 중요하게 여겨야 한다.

〈그림 6-3〉 매체이용과 반응

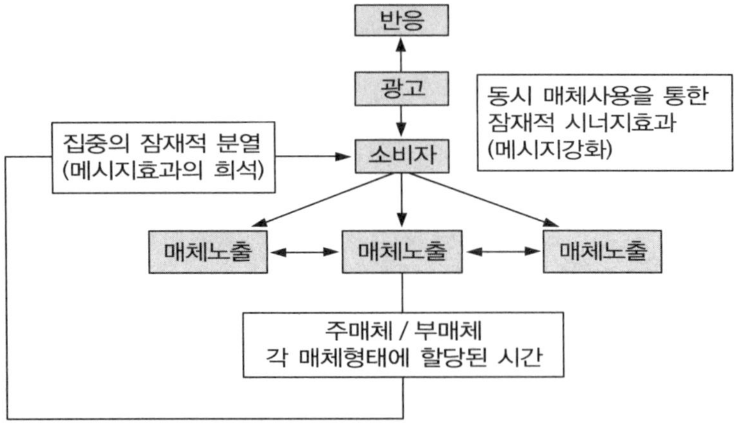

다음으로 동시다매체이용 상황에서는 어떤 매체가 주매체가 되고, 어떤 매체가 부매체가 되는지가 중요하다. 이 문제는 매우 민감하다. 왜냐하면 소비자가 어떤 것을 주매체로, 또 다른 것은 부매체로 여기다가 다른 때엔 그 반대로 느끼는 상황이 얼마든지 발생할 수 있기 때문이다. 특히 전통적 방식에 익숙한 광고주일수록 이러한 부분에 대한 이해가 중요하다. 우리는 일단 주매체와 부매체의 명확한 개념을 구분했지만 앞으로 이 부분에 대한 더 많은 연구, 이를테면 소비자의 우선순위에 대한 선택기준이 무엇인지, 그 구성의 순서에 따르는 효과의 차이는 어떻게 다른지 등에 대한 후속연구를 기대한다.

우리는 이 모델에서 매체의 노출, 주매체와 부매체의 구성은 소비자행동에 영향을 미친다고 주장한다. 인지심리학의 개념에서 네트워크가 존재하며 정보와 경험은 무의식 상태에서 끊임없이 수용되고 정교화된다고 설명한 바 있다. 이러한 이론에 근거해서 우리는 두 가지가 매체광고 소비자에게 영향을 준다고 생각한다.

첫 번째는 소비자들이 동일한 메시지를 다른 매체들로부터 받게 될 경우 시너지효과가 늘어날 것이란 점이다. 이는 아마도 제한된 시간 내에서 동시에 또는 순차적으로 일어날 수 있다. 예를 들어 어떤 소비자가 인터넷과 텔레비전 시청을 동시에 한다고 하자. 텔레비전에서 광고하고 있는 제품이 공교롭게도 인터넷의 팝업

창에도 떴을 경우나 텔레비전광고가 신문광고에 의해서 지원받을 경우(이는 나이크와 라만 모델에서 입증된 바 있음) 등이 그것이다. 두 광고가 정확히 동시에 일어나지 않더라도 가까운 시간 내에 발생하면 분명 시너지효과가 생길 것이다.

두 번째는 반대의 경우를 상정하는 것이다. 동시다매체이용 상황에서 집중의 분산이 일어날 수도 있다. 이를테면 신문이 주매체이고 텔레비전이 부매체일 경우 텔레비전에 이용자의 시선을 끌 만한 화면이 나와 갑자기 텔레비전과 신문의 매체순서가 바뀔 수 있다. 이러한 현상이 소비자의 정보처리나 흡수에 영향을 줄 수 있다. 마찬가지로 여러 매체가 공존하는 상황에서는 매체간 충돌이 생길 수 있다. 예를 들면 펩시 광고를 신문에서 보는 동안 텔레비전에서는 코카콜라 광고가 나오기도 한다. 따라서 소비자의 정보처리 과정에 메시지의 희석이나 감축현상이 발생할 수도 있는 것이다.

연구에서 우리는 특별히 이러한 강화나 상쇄현상에 주목하지는 않았지만 이러한 현상이 발생하는 것을 쉽게 목격했다. 그리고 이러한 현상은 메시지간 시너지를 인정하는 데 간단하면서도 분명한 증거가 된다. 이는 또한 나이크와 라만의 연구에서도 충분히 입증되었다. 따라서 우리가 여기서 메시지나 매체간 상승 또는 상쇄과정을 다루지 않더라도 우리의 모델이 이러한 개념을 내포함을 알 수 있을 것이다. 마지막으로 우리가 제시하려는 모델에서 다루어야 할 부분은 소비자의 반응이다. 뇌의 구조와 작동원리에 대해서는 앞으로도 연구가 지속되어야 하지만 잘트만 등(Zaltman, Weilberger & Ambler)은 우리의 주장을 충분히 뒷받침한다.[44] 우리가 규명하려는 매체광고 원리와 관련해서 가까운 장래에 개개인의 정보처리 과정이 더 명확하게 풀이될 것으로 기대한다.

요약하면, 우리가 제시하는 소비자의 매체소비 모델은 21세기 매체광고 시장을 설명할 수 있을 것이다. 소비자와 그들의 매체소비 형태로부터 출발하는 것이 광고주가 어떻게 메시지를 전달하고 어떤 매체를 통해 얼마나 효율적으로 배포하느냐에서 시작하는 것보다 훨씬 더 적합하다고 믿는다.

---

44) Ambler, Tim(2003), *Marketing and the Bottom Line*, 2nd Edition, London, UK : Pearson Education Ltd.

:: 나오면서

우리가 여기서 제시한 새로운 모델은 앞으로 더 많은 수정과 보완이 불가피하다. 이제 겨우 첫 단추를 끼웠을 뿐이다. 우리는 앞으로 이 게임이 어떻게 전개될지 명시하지 않았다. 앞으로 수 개월 혹은 수 년에 걸쳐 우리가 제시한 모델의 정교화가 이루어질 것으로 기대한다. 우리는 앞으로 매체광고에 관한 이론과 전략이 어떤 부문으로 진행되어야 할지에 대한 방향을 제시했다고 믿는다. 또한 우리가 접근하는 방향이 옳다고 확신하며 우리가 확인한 세 가지 시장현상이 두드러지게 나타나고 있다고 본다.

미국 대부분의 소비자들에게 동시다매체이용은 이제 일상생활이 되었다. 이러한 현상의 증가추세가 도처에서 확인된다. 우리는 연구를 통해 더 많은 증거와 정보를 보강할 것이다. 소비자들은 이전보다 다양한 매체를 다양한 방법으로 이용하고 있다. 이 사실 하나만으로도 우리가 지금까지 고집한 단일매체 광고에 대한 접근방식을 수정해야 할 것이다. 시너지가 나타나고 있다. 문제는 그것을 어떻게 측정하고 평가하느냐이다. 인지심리학은 사람의 뇌가 어떻게 작동하고 소비자에 의해서 광고정보가 어떻게 처리되는지에 관하여 행동심리학보다 훨씬 더 설득력 있는 이론을 제공한다. 이 분야에서 괄목할 만한 연구가 최근 빠르게 이루어지고 있으며 이들은 기존의 수직효과모델에 대해 근본적 의문을 제시한다.

나이크와 라만의 작업은 여러 매체의 조합에 의한 시너지효과 측정이 가능함을 보여주었다. 역사적 자료들은 이 모델이 유효함을 입증하였고 여러 매체에 의한 상호작용이 가져올 효과측정에 관한 모델개발의 가능성을 열었다. 이 모델이 개발되면 미래의 매체통합과 실행에 따르는 기법과 측정을 가능케 하는 놀라운 발전이 구현될 것이다. 우리는 이 글이 우리가 바라는 목표달성에 기여하기를 희망하며 그러기 위해서는 현재 시장에서 일어나는 모든 변화에 더 주목하고, 특히 매체와 소비자 사이에 일어나는, 기존의 매체광고 이론을 무색하게 하는 일련의 변화에 집중해야 할 것이다. 우리는 여기서 단지 우리의 개념을 뒷받침하는 조사와 연구 그리고 관측자료들을 제시했다. 이것이 더 많은 논의를 불러일으켜서 우리가 제시한 모델을 좀더 구체화하는 계기가 되었으면 한다. 그렇게 된다면 우리의 공동목표는 더 쉽게 달성될 것이다.

제 3 부

별 부스러기와 관계

"당신은 여기 없습니다."

아니, 이렇게 두 눈 시퍼렇게 뜨고(한국인이니까 '새까맣게'가 맞겠다) 자기 코앞에 서 있는데 나더러 여기 없다니. 그럼 난 누구란 말인가? 연구년에 들른 미국 대학교에서의 해프닝이다. 예정보다 며칠 일찍 도착해서 이곳저곳을 찾아 필요한 서류신고와 신분증발급, 기숙사 방배정 등을 위해 찾아가는 곳마다 하나같이 내게 하는 소리가 '내가 여기 없다'라는 것이다. 자기네 컴퓨터의 데이터베이스에 내 인적사항이 접수되지 않았으니 자기들로서는 내게 어떤 조치도 취할 수 없단다. 이렇게 황당할 수가! 사람을 앞에 세워 놓고 아예 없는 사람 취급한다. '장자의 나비' 생각이 난다.

"언젠가 나 장주는 나비가 되어 즐거운 꿈을 꾸었다. 매우 즐거웠지만, 내가 장주였던 것을 몰랐다. 갑자기 깨고 나니 나는 분명히 장주였다. 그가 나비였던 꿈을 꾼 장주였는지 그것이 장주였던 꿈을 꾼 나비였는지 나는 모른다."

그렇지 않아도 세계 여기저기 흩어져 사는 친지와 가족사이트에서 이러저런 대화나 정보를 주고받다 보면 전혀 물리적 거리감이나 시차를 느끼지 못해 헷갈리곤 했는데 이젠 시공을 넘어 실제와 가상까지 혼란스럽다. 요즘은 상대방과 대화할라치면 가장 먼저 묻는 첫마디가 '거기 어디야?' 내지 '거긴 지금 몇 시야?'이다. 전혀 다른 시간과 공간의 존재들이 모여 한 집단을 이루고 산다. 사실 이러한 시간과 공간축의 확장은 인터넷에서 비롯된 게 아니다. 그 이전부터 시공의 확장작업은 있었다. 나는 그 징후를 VTR과 건축물에서 찾는다. VTR이 등장하기 전까지는 으레 애국가와 함께 모든 방송이 종영됐고 더는 시청이 불가능했다. 새벽잠이 없는 노인네들도 한참을 정지화면 조정패널을 응시한 후에야 비로소 아침방송 시청이 가능했으니까. 그러던 것이 VTR이 등장하면서 시청시간의 제약을 완전히 무너뜨렸다. 요즘은 텔레비전 방영시간 자체가 늘고, 위성방송이나 케이블, 유선 나아가 VOD와 인터넷시대가 열렸지만 그 발단은 인터넷이 출현한 10년 전보다 더 먼 1970년 대 후반 JVC의 비디오에서 찾아야 할 것이다.

그런가 하면 공간의 확장 또한 교통수단의 발달로 오래 전부터 가능성이 열렸지만, 지상과 지하로 높고 깊어지는 건축물에서 본격화되었다. 이전에 홍콩이나 싱가포르에서나 볼 수 있었던 30층 이상의 초고층 아파트가 이제 우리나라에서도 심심찮게 등장한다. 이렇듯 오늘 우리의 삶은 시간적 · 공간적 제약을 넘어 현실과 가상의 경계도 모호해졌다. 이런 환경에 사는 존재들을 대상으로 누가 누구를 설득하고 동의를 구하며, 그들이 내가 원하는 행동을 하도록 유도할 것인가? 사람과 관계에 대한 깊은 통찰이 없이는 어떤 전략과 전술도 진정한 기능과 가치를 발휘하기 힘들다. 이 장에서는 모든 마콤(*marcomm*) 활동의 주체요, 대상이기도 한 사람들의 삶을 마케팅 커뮤니케이션의 관점에서 조망하기로 하자.

제 7 장 환원주의의 환원

급속한 산업화로 환경문제가 심각해지면서 자연생태나 생태학(*Ecology*)에 대한 관심도 높아졌다. 생태학이란 조직(*organisms*)과 그 조직이 처한 환경(*environments*)의 관계를 다루는 학문[1)]이라는 간단한 정의를 대입한다면, 광고에서 생태학적 시각이란 무엇을 의미할까?

이전의 광고는 주대상이 소비자였다. 아무리 세분해봤자 잠재고객과 현재고객, 충성고객과 전이고객, 경쟁고객 등으로 관심과 범주가 고객이나 소비자에 국한되었다. 하지만 사회가 발달하고 커뮤니케이션 환경이 복잡해지면서 이제 기업이 고려해야 할 대상은 소비자에 머물지 않는다. 너무도 다양한 공중이 고객의 의사결정에 영향을 미치기 때문이다. 내가 굳이 광고에 생태학적 관점을 도입하는 이유는 크게 두 가지다. 첫째, 조직(주로 기업)은 처한 환경 전체를 관심대상으로 삼고 이들과의 우호적 관계에 주력해야 한다는 뜻이다. 둘째, 기업이라는 조직과 구성원은 물론 이들 사이에 교환되는 재화와 서비스, 정보까지도 유기적으로 파악해야 한다는 의미에서다. 다소 비약적으로 들릴지 몰라도 바닷가의 모래나 조약돌마저도 그런 모양이나 형태로 존재하는 것이 주어진 환경에서 최적화한 것이라는 관점에서 보면 이 세상에 생물, 무생물을 망라하고 유기적이며 유동적이지 않은 것이 하나도 없다. 앞서 온광고를 정의할 때 붙인 '온'의 의미를 되새겨 보면 될 일

1) Ricklefs, Robert & Gary, Miller(2000), *Ecology*, 4th Edition, W. H. Freeman.

이다.

지금 이 글을 쓰는 동안 인터넷 신문을 열어보니 다음과 같은 기사가 머리글을 장식한다(《디지털 조선일보》, 2004. 11. 2).

> 와장~창! 속타는 솥단지들의 절규
> 전국 업자 3만 명 시위 "음식점 못해 먹겠다" 불황난립 파동 출구 없는 악순환 은행대출 폭발적 '식당發 위기說'까지 "긴급 재난업종으로 지정해달라" 애원

그리고 한편에는 기사를 읽기 전에는 알 수 없는 사진이 한 장 보인다. 군인에게는 총과 같은 식당의 가마솥을 식당주인들이 집어던지는 것이다. 이 장면은 실제로 본 적은 없지만 250여 년 전 영국의 노동자들이 기계에 모래를 끼얹고 불을 지르는 장면을 연상시킨다. 지금 생각해도 어처구니없는 짓이다. '부서지고 망가진 기계야 얼마든지 다시 만들면 그만인 것을' 하고 우리는 그들의 우매함을 비웃는다. 하지만 지금 우리는 그들과 같은 잘못을 저지르고 있다. 갑작스럽게 외환위기를 맞았을 때 적잖은 여론이 통치권자를 포함한 정치권의 무능을 비판했다. 하지만 거시적으로 보면 이때부터 지금까지, 어쩌면 앞으로도 당분간은 이런 침체와 혼란은 불가피할 듯싶다. 마찬가지로 오늘의 혼란 또한 두 세기 이전에 산업혁명을 치르던 과도기처럼 정보혁명을 거쳐가기 위한 고통일 것이다. 따라서 이를 정치권의 무능이나 무력함으로만 떠넘기는 것은 적절하지 않다. 이러한 혼란은 패러다임의 전환으로 인한 필연적 결과다. 그리고 그 정도가 깊은 것은 200년 전에 비해 지구상의 인구와 경제규모가 커졌을 뿐만 아니라 훨씬 더 빠른 속도로 변화가 진행되기 때문이다. 여기에 우리의 안일이 더 큰 충격으로 비춰질 뿐이다.

우리의 안일은 산업사회 이후에 대한 우리의 환상을 말한다. 보릿고개를 넘기고, 20년 동안 새마을운동과 수출보국에 매진하면서 우리의 선배들이 그렸던 선진국이라는 미래는 그야말로 장밋빛 환상 그 자체였다. 심하게 말하면 일하지 않고도 평생 놀고먹으며 지낼 수 있는 세상이 마치 미래의 우리나라, 선진국의 삶인 것처럼 위정자들이 강력하게 몰아붙이자 그대로 따랐을 뿐이다. 그것은 어쩌면 목

마른 군사들에게 가파른 사막을 넘게 하려면 있지도 않는 산너머 매실밭을 둘러댈 수밖에 없는 것과 같은 고육지책이었는지도 모른다. 그러나 갈라진 입술과 타는 목마름을 견디며 넘어선 선진국으로의 진입은 꿈속의 장밋빛과는 너무도 동떨어졌다. 경제성장은 제자리걸음하고, 실업률은 올라가고, 직업의 안정은 더는 보장되지 않으며, 맞벌이를 죽어라 해야 생존이 가능한 세상. 어쩌면 이런 것이 선진국의 참모습일지 모른다. 단지 그것을 인정하기 싫을 뿐이다. 그 분풀이로 솥단지를 집어던지는 것일지도 모른다. 온광고를 펼쳐야 할 주체이며 대상인 우리(나라)는 지금 경제(좁혀서 마케팅) 관점에서 어디쯤 위치할까?

분명 정보사회의 도래를 지나 안착을 거치면서 이 사회는 변하고 있다. 아니 이미 변했을지도 모른다. 당연히 그 구성원인 동시에 주체인 사람, 곧 인간의 심성과 태도 또한 변하거나 변했을 것이다. 그 변화가 어떠한지, 또는 어떠할지가 온광고와 밀접하다. 인터넷과 같은 기술의 발전이 사회의 변화를 이끄는지, 반대로 사회변화가 기술의 발달을 자극하는지에 대한 깊은 논의는 사회학에 맡기기로 하고 여기서는 이러한 급격한 변화의 원인이 되는 새로운 과학사조에 대해 논의하기로 하자.

:: W이론의 메아리

벌써 오래 전 일이다. 이면우 교수가 쓴 《W이론을 만들자》(1992)를 신선하게 읽은 기억이 있다. 그로부터 십수 년이 흐른 지금까지도 그는 '신창조론'에서 '생존의 W이론'으로 맥을 이으면서 비슷한 주장을 한다.

1911년 테일러(Frederick W. Taylor)는 《과학경영의 원리》(*The Principle of Scientific Management*)라는 책을 출간했다. 제목이 의미하는 것처럼 이 책은 생산성추구를 위한 '과학적' 사고를 기반으로 한다. 여기서 과학은 갈릴레이 이후 데카르트를 거쳐 뉴턴 시대에 와서 완성된 기계론적 환원주의를 기초로 한다. 즉, 산업사회의 생산성은 다분히 비유기론적 유물론에 기초한다. T형 모델의 지프를 생산해 폭발적인 생산성 향상을 일군 포드는 자동차를 만들기 위해서 필요한 것은 손(노동력)

뿐인데 왜 사람을 몽땅 고용해야 하는지에 대해 불만을 토로할 만큼 지극히 비인간적 사고를 지녔다. 이것이 맥그리거(Douglas McGregor)가 1960년 발표한 《기업의 인성 측면》(*The Human Side of Enterprise*)이라는 책에서 주장하는 'X이론'의 토대를 이루는 철학이다. 인간의 노동력에 대한 이러한 기계론적 사유가 포드나 테일러가 시간연구(*time study*)와 동작연구(*motion study*) 등의 이론을 제창하게 만든 것이다. 그러나 이러한 주장은 곧 반복된 동일한 업무에 식상한 노동자의 생산성 저하로 이어졌다. 그 결과 사람은 인간적 대우와 자발적 동기부여가 선행되지 않으면 기계와 달리 생산성을 향상하는 데 한계가 있다는 지적이 대두되었다. 이러한 인간성존중의 사상을 바탕으로 하는 생산성철학이 'Y이론'이다. 이러한 Y이론은 이전의 X이론에 비해 진일보한 듯 보이지만 인간의 존재와 가치를 여전히 생산성의 극대화라는 효용성에서 접근했다는 시각에서는 비판을 면하기 어렵다. 이러한 진화는 환원주의에 입각한 기계론적 · 선형적 과학구조에서는 크게 달라질 게 없다.

샌지(Peter M. Senge, 학습하는 조직의 기술과 실행방식)의 지적처럼 기계론적 경영관점은 사람을 언제나 기계론적으로 다룰 수밖에 없다(*The Fifth Discipline*, 1990)는 한계를 극복하기 어렵다. 그러나 21세기에 접어들면서 정보통신기술에 의한 변화는 전통적 사고와의 단절에 의한 새로운 관점을 제시한다. 아마도 고성능 컴퓨터의 발달이 촉매제가 되었을 듯싶다. 뉴턴 시대에는 몇날 며칠을 밤새워 했어야 할 복잡하고 긴 공식과 계산을 슈퍼컴퓨터는 단 몇 초 만에 끝낼 수 있으니 말이다. 이렇게 해서 시스템이론은 카오스이론으로, 나아가 복잡계이론으로 발전한다. 이전에는 그저 불규칙한 혼란쯤으로 여기던 현상에서 간단한 규칙을 발견하고 설명할 수 있게 되었다. 아울러 부분의 합은 전체에 이르지 못한다는, 따라서 요소환원주의는 전체에 미치지 못한다는 깨우침도 이전 산업사회의 기계론적 과학관의 한계를 인정하는 데 한몫 했다. 기존의 패러다임 관점에서는 아직 수용할 수 없기 때문에 '신과학'이라는 테두리를 둘러놓지만 일군의 현대과학자들이 이룩한 가장 위대한 통찰력 가운데 하나는 톨레(Eckhart Tolle)가 자신의 책 *The Power of Now* (1997)에서 밝혔듯 주체와 객체를 통합한 것이다. 정리하면 새로운 패러다임은 '전체는 부분의 합을 넘어서는 그 무엇이며, 이 전체 또한 인간과 대상의 분리된 이

원론적 구성이 아닌 전체가 하나로 연결된 통합적 구조'라는 것이다. 이것이 내가 모든 존재를 '별 부스러기'로 명명하는 이유이기도 하다.

이러한 포괄적 사고는 자칫 동양의 노장사상으로의 회귀쯤으로 여겨 김교빈이나 이현구(《동양철학 에세이》, 1993)가 경고했듯이 '동양철학에 현대과학을 지도할 수 있는 무엇인가가 들어있다는 은근한 자부심'을 경계하기 위해서라도 명확하게 선을 그을 필요가 있다. 그 동안 동양과학이 신비주의에 머문 건 서양의 기계론적 방법론을 결여했기 때문이다. 하지만 이에 대해서 향후 주체와 객체를 구분할 수 없는 과학에서는 어차피 기계론적 방법론은 무용하다는 낙관론과, 그렇기에 앞으로도 동양과학이 복잡계 등 새롭게 등장하는 과학철학의 기반이 되는 데 한계가 있다는 비관론이 병행될 수밖에 없다. 분명한 것은 주체와 객체가 통합된다고 해서 장자의 나비처럼 꿈과 현실을 자유롭게 넘나들지는 못할 것이라는 사실이다.

:: 꽌시와 관계

북경에서 지내는 동안 주위로부터 들은 충고 가운데 가장 으뜸은 중국에서는 꽌시[關係]를 중히 여겨야 한다는 것이다. 어느 곳이든 사람 사는 곳 치고 관계가 중요하지 않은 곳이 있으랴마는 유독 중국에서 이 말을 자주 들었다. 심지어는 합법적인 행정절차나 규정보다도 때로 이러한 인간관계가 더 결정적일 수 있다는 조언이다. 으레 그러려니 했으나 몇 차례의 저녁모임과 이러한 교류를 통해 확산되는 인간관계를 통해서 진짜 뜻을 어렴풋이 짐작할 수 있었다. 한편, 관계를 중시해 컴퓨터 프로그램으로까지 발전시킨 곳이 바로 미국이다. 하지만 막대한 자원을 투입해 CRM(*Customer Relationship Management*: 고객관계경영)을 도입한 기업 가운데 불과 34%만이 비교적 만족한다고 답변하는 이유는 무엇일까?

그 이유를 두 가지로 풀이할 수 있다. 첫째는 관점과 발상의 문제요, 다음은 자세와 심성의 문제다. 먼저 관점과 발상의 문제라 함은 고객관계경영이라는 발상 자체가 미국이라는 지리적으로 넓은 나라에서 제한된 자원(이를테면 영업관리 인력)으로 어떻게 하면 더 효율적으로 고객(대리점이나 거래처 등)을 관리할 수 있을까 하는 다분히 기업 위주의 관점에서 비롯됐다는 것이다. 표현은 고객의 편익과 만족을 지향하지만 실상은 그보다는 기업의 수익(비용효율)을 우선한다는 뜻이다. 이러한 얼개에서 명시적 목적달성을 기대하기란 결코 쉬운 일이 아니다. 다음으로 자세와 심성의 문제는 지극히 주관적 영역에 속하지만 고객을 대하는 태도를 말한다. 쉽게 예를 들면, 식당의 주인과 종업원이 손님을 맞는 태도이다. 달리 말하면 주인정신과도 통하는 이러한 자세는 제아무리 잘 설계된 프로그램으로도 대신할 수 없는 영역이다. 단지 기업이라는 이익집단에서는 이를 보상(*compensation*)이나 승진(*promotion*) 등으로 연결함으로써 가능하다. 이를 성공적으로 수행한 사람이 바로 스칸디나비아 항공사(SAS)의 CEO 얀 칼센(Yan Kalsen)이다. 그는 일찍이 항공사에서 가장 중요한 인력은 일선창구에서 티켓의 예약과 판매를 담당하는 직원임을 간파하였다. 고객은 기업과의 첫 접촉이 이루어지는 — 그것이 전화든 대면이든지 간에 — 몇 초나 1~2분 사이에 기업에 대한 이미지와 상품이나 서비스의 구매여부를 판단한다는 것이다. 칼센은 이것을 스페인의 투우사를 예로 들어 '진실의 순간'(*moment of truth*)이라고 불렀다. 그래서 이들 최일선 직원들에 대한 권한과 보상을 대폭 개선함으로써 불과 3년 만에 흑자전환을 이룩할 수 있었다. 멀게는 앞서 논의한 기업의 윤리경영으로의 회귀가 이를 지향할지 모른다는 생각이 든다.

정보의 범람은 매체에 의한 광고정보를 무력하게 만들고 사람들은 점차 개인적·인간적 접촉에 의한 정보를 신뢰한다. 관계에 의존하는 것이다. 보통 사람은 상대방이 나에 대해 얼마나 아는가보다 나를 얼마나 배려하는지(*How much care about me, not know me*)에 더 무게를 둔다. 제아무리 데이터베이스가 정교해서 속속들이 나를 파악한다고 해도 내 기호와 필요를 모르면 유익하지 않다. 온라인서점 아마존이 성장하는 이유가 여기에 있다고 본다. 아마존에서는 개별고객을 위한 노력의 일환으로 고객세분화(*sub segmentation*)를 하고, 고객의 행동을 추적해 변화와 원인을 알아내기 위한(*trigger point*) 연구를 진행중이다. 관계에서 꽌시로의 이동을 위한 노력이라 할 수 있다. 다음에 소개하는 글이 바로 그 가운데 하나다.

관계 중심 브랜딩[2)]

:: CRM과 관계브랜딩

CRM이란 대고객관계를 관리하는 광범위한 경영방법이다. 관계브랜딩(*Relationship Branding*)이란 고객이 해당 브랜드와 관계 있다고 느끼거나 개인적 친밀감을 갖도록 하는 전략적 접근방법이다. 이상하게도 그 동안 이 두 접근방법에 그다지 공통점이 드러나지 않았다. 그러나 통합마케팅의 관점을 사용해 이 두 가지 접근법을 결합하여 각각의 장점을 살리는 과정을 그릴 수 있다.

먼저 CRM의 현 위치를 점검하고, 관계브랜딩을 대중브랜딩(*Mass Branding*)과 실제 인식보다 분명히 구분하면서, 그것이 CRM 활동에 필수적인 전략적 근거를 제공함을 논할 것이다. 마지막으로, 우리는 하위구조 세분화의 중추적 역할을 강조하면서 CRM과 관계브랜딩의 결합과정에 초점을 맞추고자 한다. 우리는 이것을 하위구조 세분화과정(*Subsegmentation Process*)이라 부르며, 이것에 관련된 중요한 수많은 쟁점과 분석도구에 대해 이야기할 것이다.

:: CRM의 위치

우리가 고객관계경영, CRM이라 부르는 것은 고객과 기업 사이에 이루어지는 의사소통을 다룬다. 고객이 서비스를 요청하고자 전화하는 것도 CRM 활동의 하나다. 한 회사가 최근 구매내역이 있는 고객에게 관련제품의 구매를 제안하는 것 또한 CRM 활동에 포함된다. CRM의 영역은 활동의 시작이 회사에 의해서든 고객에 의해서든, 회사와 고객 사이에 이루어지는 모든 교류와 접촉을 아우른다. 그러나

---

2) 이 글은 노스웨스턴대학 메들 스쿨의 말트하우스(Edward C. Malthouse) 교수가 칼더(Bobby J. Calder)와 함께 쓴 것을 이 책을 위하여 기고한 것이다. 이 글과 더불어 이 저술에 관한 여러 가지 조언을 제공한 에드워드에게 감사를 표한다.

CRM이란 이러한 활동에 대한 명칭 이상의 의미를 가진다. CRM은 고객을 대하는 특별한 접근방법을 일컫는다. 선도적 기업들이 실행했고 수많은 컨설턴트와 판매자(*vendors*)가 주장한 것처럼 CRM은 회사가 데이터에 근거하여 고객과 교류해야 하는 것으로 여긴다. 고객이 전화를 하면 받는 사람은 정확하게 고객의 기존 요구사항과 그에 대한 해결책을 입수해야 한다. 그 회사가 어느 고객에게 연계판매(*cross-sell*)를 시도한다면, 그 제안은 고객의 이전 구매내역에 대한 분석을 바탕으로 이루어져야 한다. 따라서 CRM 체계(*systems*)는 자료에 근거한 고객과의 교류를 만들도록 설계되어야 한다. CRM의 목적은, 그 이름이 암시하듯이, 고객과의 교류를 통해 지속적인 관계를 만드는 것이다.

일반적으로 신봉되는 CRM의 고상한 목적에도 불구하고, 현실에서는 종종 전술적 방법으로 광범위하게 인식되는 듯하다. 기업은 더 의미 있는 고객과의 교류를 목적으로 하기보다는 CRM에서 사용하는 하드웨어와 소프트웨어 시스템에 더 초점을 둔다. 이것은 다른 나라에서보다 미국에서 일어난다. 사실 CRM에 대한 관심이 최근 가라앉은 것을 나타내는 지표도 나타났다. 헌비와 헌트(Hunby & Hunt, 2003 : 16)[3]는 최근의 현상을 잘 요약했다.

> 경영학으로서 CRM이 실패한 이유 중 하나는 수단에 대한 지나친 집중과 궁극적 목표대상에 대한 관심부족이다. IT에 대해선 지나치고 고객에 대해선 부족한 관심 … 포레스터 리서치(Forrester Research)는 CRM에 대한 붐이 2002년에 멈추었다고 평가한다. 대부분의 회사가 여전히 고객서비스 부분에서 혁신적 개선을 이룰 가능성이 있다는 것을 알지만, CRM 체계에 대한 시장규모는 사실상 5% 가량 축소되었다.

비록 CRM에 들이는 비용이 의심할 바 없이 장기적 성장을 가져오겠지만, 회사와 판매자들이 전술적으로 IT기술에 지나치게 의존한다는 인식이 증가한다. CRM의 현재위치에 대한 두 가지 반응이 있다. 최근에 나타난 것은 상당수의 회

3) Humby, Clive & Hunt, Terry(2003), *Scoring Points : How Tesco is Winning Customer Loyalty*, London : Kogan Page.

사가 CRM을 더 작은 규모의 프로젝트에 한정함으로써 성공확률을 높인다는 것이다.

> (성공한 기업들은) 모두 비교적 그들의 영역에 비해 좁고 목적에 비해 겸손한 프로젝트에 고도로 집중하면서 CRM에 실용적이고 체계적으로 접근했다. 그들은 CRM을 사용하여 사업 전체를 바꾸기보다는, 고객관계주기(*customer relationship cycle*) 내에 분명하게 정의된 문제들을 해결하는 데 투자의 방향을 두었다. 이 주기는 고객에 대한 초기세분화와 표적화에서부터 그들이 더 구매하도록 구애하는 것에 이르기까지의 모든 과정을 말한다(Rigby & Ledingham, 2004 : 118).[4)]

CRM의 적용에서 두 가지 현상이 일어나는 것으로 보인다. 하나는 더 한정적인 문제해결 방식의 CRM 프로젝트다. 다른 하나는 CRM을 세분화와 표적화라는 마케팅이슈에 연관짓는 것이다. 마케팅이슈에 대한 CRM이 더 중요하다. CRM이 갖는 미래의 가능성은 그것을 더욱 전략적이게 하고, 마케팅활동에 관련되도록 하는 것이다.

CRM의 장기적 미래에 관심을 두면서 CRM을 더 전략적으로 만들고자 하는 요구가 점점 많아졌다. 예를 들어, 릭비와 라이헬드(Rigby & Reichheld, 2002)[5)]는 CRM을 관련 소프트웨어를 이용하여 고객에 대한 전략과 과정을 한데 묶는 것으로, 고객의 충성도(*customer loyalty*), 즉 기업의 이익을 향상시키려는 목적을 위한 것이라고 정의했다. CRM은 전략을 행동으로 옮기는 방법으로서 강조될 가치가 있다는 것이다.

블라이와 터크(Bligh & Turk, 2004)[6)]는 CRM을 포터의 전략구조에 연관지었다. 포터는 전략은 더는 단순한 내부프로세스 개선(*operational excellence*)으로 접근할 문제

---

4) Rigby, Darrell & Ledingham, Dianne(2004), "CRM Done Right", *Harvard Business Review*, November, pp.118~129.

5) Rigby, D., Reichheld, Frederick & Schefter, Phil(2002), "Avoid the Four Perils of CRM", *Harvard Business Review*, February, pp.101~109.

6) Bligh, Philip & Turk, Douglas(2004), *CRM Unplugged : Releasing CRM's Strategic Value*, New York : Wiley.

가 아니라고 강조한다. 그러한 개선이 필요하긴 하지만 경쟁력 있는 강점을 유지하기엔 충분하지 않다. 전략은 생산의 효율화(*cost leadership*)를 이루거나 경쟁자들과 차별화하는 행동이다.

> CRM은 사업을 할 때 고객이라는 측면에 작용하는 내부프로세스 개선의 가능한 수준을 유지할 수 있도록 도움이 되어야 한다. 결국, 제대로 만들지 않은 서비스 콜센터나 제대로 관리하지 않는 고객정보는 대부분의 회사에게 분명 약점이 될 것이다. 그러나 대부분의 경우 이 부분의 발전은 경쟁자들이 이룬 것과 매우 비슷할 것이다. 그래서 CRM이 시장에서 조직의 경쟁력 있는 강점을 강화하도록 사용되는 것이 그만큼 중요하다.

CRM을 더 전략적으로 사용하려면 더욱 전략적인 목적을 가져야 한다. 마이클 포터는 CRM이 생산의 효율화와 시장에서의 차별화라는 두 부분에서 경쟁력 있는 강점을 제공할 필요가 있다고 말한다. 예를 들어, 어떤 이는 CRM을 소비자에게 들이는 총비용을 줄일 수 있는 방법으로 보기도 한다. 소비자와의 관계를 만듦으로써 회사는 그들을 다루는 효과를 높이는 것이다. 그러나 생산의 효율화와 단순한 내부프로세스의 개선 사이에 놓인 선은 매우 미세할 뿐이다. 더 전략적으로 CRM에 접근하는 가장 호소력 있는 방법은 시장에서 경쟁우위를 찾는 과정을 밟는 것이다. 그것이 대부분의 CRM에 관한 논쟁에서 간과된 편이지만 말이다. 그러나 여전히 CRM이 얼마나 시장에서의 경쟁우위에 기여할 것인가 하는 현실의 문제에는 답하지 못한다. 어떻게 하면 CRM이 경쟁우위가 될 수 있을까? 여기서 그 답으로 주어진 것이 바로 CRM과 브랜딩을 연결하고자 하는 기업의 요구이다. 브랜딩은 마케팅전략의 핵심에 놓인다. 우리가 믿는 것처럼 CRM이 더 강력한 브랜드를, 그리고 심지어 CRM이 없다면 불가능할지 모를 브랜드를 일으켜 세우는 데 공헌할 수 있다면, 그것은 더 전략적으로 중요한 활동이 될 것이다. 마지막까지 우리는 관계브랜딩이라는 주제에 대하여 논할 것이다. 그러나 우선 브랜드를 통합 마케팅적 관점에서 고찰하는 것이 필요하다. 이것을 통해 관계브랜딩을 더 분명하게 정의할 수 있다.

:: 브랜딩과 통합마케팅

회사는 브랜딩을 어떻게 생각해야 할까? 무수히 많은 서적과 신문기사가 이 주제를 다루었다. 브랜드는 — 특정영역과 경쟁자와 관련된 — 포지셔닝, 판매계획, 협력업체, 또는 (더 최근에는)고객에 관해 이야기한다. 때때로 이러한 논의는 알 수 없는 방향 — 브랜드는 설득(*conviction*)이라는 — 으로 결론을 내리기도 한다. 그러나 이 연구에서는 브랜드는 하나의 아이디어라고 생각하면 충분하다. 회사가 소유한 브랜드는 소비자의 경험을 만들고, 그 경험으로 만들어지는 하나의 아이디어다. 이것이 뜻하는 바를 예를 통해 살펴보자.

여성의 다이어트를 위한 즉석식사 시리즈를 마케팅한다고 생각해 보자. 브랜딩의 실마리는 소비자의 경험에 있는 것이지 제품에 있는 것이 아니다. 우리가 해야 할 첫 번째 일은 다이어트와 다이어트 식품에 관한 소비자의 경험을 이해하는 것이다. 많은 소비자가 다이어트를 하면서 힘든 경험을 한다. 소비자들이 허용된 음식에 대해 얼마나 잘 지키도록 훈련되었는지 몰라도, 다른 음식이 늘 껴들게 마련이다. 단지 다이어트중에 섭취하는 음식이 먹기 힘들어서가 결코 아니다. 다이어트 식단에 포함되지 않은 음식을 완전히 배제하고 식사를 한다는 것이 힘들다. 당신은 어쩌면 단지 다이어트용 음식으로 구성된 한 끼의 식사를 마저 하려다 냉장고에 남은 감자를 같이 먹어버릴 수도 있다.

이제 이러한 경험을 가진 소비자들에게 어떤 아이디어가 좋은 아이디어일까? 좋은 아이디어란 당신이 식사를 완성하기 위해 무언가 다른 것을 첨가할 생각조차 못할 정도로 완벽한 즉석식사 시스템이 될 수 있다. 즉석식사에 대해 이 브랜드는 완벽하게 준비했다. 모든 식단이 다이어트를 위한 것이고, 따라서 다이어트 식단에 포함되지 않는 먹거리들은 결코 눈에 띄어선 안 된다. 그러므로 이 브랜드의 핵심은 바로 이것이다. 다이어트용이 아닌 음식에 대해 절대 걱정 없는 것. 이 아이디어는 소비자의 경험(보다 잘 통제된 상태로 먹는 다이어트)을 형성한다. 반대로, 이것은 소비자의 경험(완전한 식사해결을 위해 즉석식사에 의지하는 다이어트)에 의해 만들어진 것이기도 하다. 소비자의 경험에 대한 연구를 바탕으로 회사는 그 경험에 관련된 브랜드 아이디어를 제안한다. 이 브랜드는 그런 경험에 포함될 것이며, 역으로 그 경험이 브랜드에 다시 영향을 미칠 것이다. 이렇게 브랜드란 무엇이며 그것이 무엇을 의미하는가에 대해 회사와 소비자 사이에 공감대가 형성된다. 다이어트용 외의 음식에 대해 절대 걱정하지 않는 것은 좀더 통제된 상태에서 다이어트를 시도한 소비자들의 경험의 일부가 된다. 그리고 시간이 지나면서 그 소비자들은 더 철저한 다이어트 방법을 찾기 위해 그 브랜드에 눈을 돌릴 것이다.

이러한 논리는 더 완전하게 만들어질 수 있다. 브랜드가 소비자에게 의미를 부여하는 무엇인가에 대한 회사의 아이디어라면, 그 아이디어는 소비자의 경험에 영향을 미칠 때 비로소 소비자에게 전달될 수 있다. 이것에 대해 생각해 보는 유용한 방법 중 하나가 바로 통합마케팅 패러다임이다(Calder & Malthouse, 2003).[7] 〈그림 7-1〉에서 보듯이, 실마리가 되는 개념은 바로 회사가 브랜드 아이디어를 일련의 고객과의 접촉(*contacts*)으로 바꾸는 것이다.

접촉이란 소비자의 경험에 실제로 영향을 미치는 어떠한 것이라도 될 수 있다. 광고는 물론 소비자에게 브랜드 아이디어로 다가가는 어떠한 방법과 형태라도 가능하다. 다이어트 브랜드를 위해서 한 끼 식사를 구성하는 각각의 음식이 어떻게 다이어트에 꼭 맞도록 선택된 것인지 영양학자가 설명하는 광고를 할 수도 있다. 또한 웹사이트를 만들어 소비자가 다이어트식단을 구성하는 음식에 대해 그것이 얼마나 그 다이어트에 적합한지 묻는 질문이 800개에 이르도록 할 수도 있다. 아주 멋지고 완벽한 다이어트 저녁식사를 선전하는 전시용 레스토랑을 만들 수도 있다. 이러한 접촉이 모두 브랜드 아이디어에 딱 맞으면서, 동시에 그 아이디어가 실제 소비자의 경험으로 전환되도록 서로 보완역할을 할 수 있도록 통합해야 한다. 이제 우리는 관계브랜드(*Relationship Brand*)가 무엇인지 말할 수 있는 위치까지 왔다.

---

7) Calder, Bobby J. & Malthouse, Edward C.(2003), "What is Integrated Marketing", in Dawn Iacobucci & Bobby Calder(Eds.), *Kellogg on Integrated Marketing*, New York : Wiley, pp.6~15.

〈그림 7-1〉 통합마케팅 패러다임

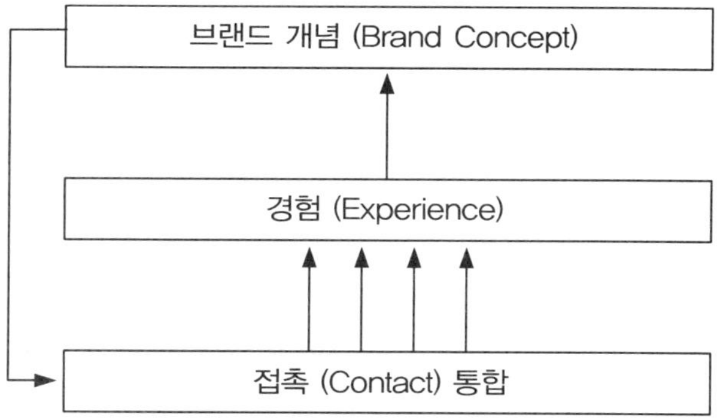

:: 관계브랜드(*Relationship Brand*)

대중마케팅(*mass marketing*)을 주문생산(*customization*)이나 대량주문생산(*mass customization*)과 구분하는 것은 너무 진부하다. 주문생산이나 대량주문생산은 특정 소비자에게 제공하는 특별한 버전의 제품을 재단하는 일을 포함한다. 그러한 주문생산의 가치는 종종 관계브랜딩을 세우는 데 있다. 우리는 관계브랜드들이 브랜딩에서 힘있는 유형이지만, 대량주문생산과 고객분할(*segments-of-one*)에 관한 미사여구가 여러 면에서 과도하게 단순화되었다고 믿는다. 더 신중한 접근이 필요하다.

관계브랜드는 대량주문생산과 같다는 단순한 생각이 가진 문제는 바로 브랜드 아이디어들이 불특정 다수인 대중에게 호소한다는 데 근거를 둔다. 실례로, 가장 최근에 유행한 다이어트인 사우스 비치(South Beach) 다이어트를 살펴보자. 이런 다이어트가 갖는 매력 중 하나는 모든 사람이 이것을 사용하는 듯한 느낌을 받는 것이다. 이런 다이어트를 한다는 것은 어떤 클럽에 가입하거나 사회단체에 속한 것과 같다. 이것은 '차세대'(*next thing*) 개념이다. 브랜드의 이러한 아이디어에 내재한 본질적 특징은 바로 대중에게 어필할 수 있다는 점이다. 일단 이 다이어트가 이러한 매력을 상실하면, 소비자는 바로 다른 다이어트를 찾는다. 이런 점이 다이어트라는 대중브랜드(*mass brand*)가 갖는 매력 가운데 하나다. 그런 브랜드를 중심으로 고객의 요구에 맞춘 활동을 하는 것이 마땅하겠지만, 이것이 그 브랜드가 갖는 대중성을 희석하지 않도록 매우 신중하게 실행해야 한다. 다이어트 콜라를 마시는 사람이 병이나 캔을 선호함에도 불구하고, 브랜드가 가진 아이디어는 아직도 새 상품이 패키지와는 상관없이 기존 소비자의 취향을 그대로 반영한다는 것이다. 최근 유행하는 다이어트에서 겪었던 염려는 절대 없을 것이라는 아이디어에 근거한 즉석 다이어트식사 브랜드는 더 대중적인 브랜드에 가깝다. 분명 소비자들은 구색을 갖춘, 잘 짜인 식사를 원한다. 그러나 기본적으로는 자신이 다이어트중인 수많은 사람 가운데 하나라는 소비자의 생각이 브랜드를 강화한다. 대중브랜드는 공유된 경험이라는 본질적 매력에 의지하는 것이다.

실제로 여기에는 연속체가 존재한다. 브랜드 아이디어의 한 부분을 이루는 대중브랜드에서 시작된 연속체의 또 다른 끝에 관계브랜드가 있다. 관계브랜드의 주목할 만한 특징은 그것의 내재된 매력이 바로 그 아이디어가 소비자에 의해 더 개인적이면서 특징적인 방법으로 경험된다는 데 있다. 우리의 즉석 다이어트식사 브랜드가 대중브랜드에 가깝다면, 어떤 것이 관계브랜드의 예가 될 수 있을까? 즉석 다이어트식사 브랜드가 팔리는 슈퍼마켓이 아주 완벽한 후보자 중 하나다. 영국의 대형할인점 테스코(Tesco)가 강력한 관계브랜드의 좋은 예다(Humby & Hunt, 2003).

:: 테스코 : 관계브랜딩의 놀라운 성공사례

우선 왜 테스코가 관계브랜딩의 위대한 예가 되는지 간략하게 기술한 후, 관계브랜딩에 매우 중요한 하위구조 세분화과정(*Subsegmentation Process*)에 대해서 좀 더 자세히 논의한 뒤에 다시 거론하기로 하자.

테스코의 브랜드전략은 창업자의 말로 요약된다.

"높이 쌓아 놓고, 싸게 팔아라."

이 회사는 비용절감을 통한 생산의 효율성(*cost leadership*)에 초점을 두었다. 생산의 효율성은 1960~1970년대에 녹색우표(*green stamps* : 소비자가 쿠폰북에 붙여 모아서 라디오 등의 상품으로 바꿀 수 있는 것), 즉 판촉용 스티커에 대한 과도한 의존 형태로 나타났다. 이 브랜드는 주간 쇼핑일정을 통해 가능한 최대의 가치를 제공하겠다고 약속했다. 이것은 할인매장 곳곳의 재브랜딩과 그보다 작은 규모의 소매단위로 이어졌다. 그러나 1990년까지 테스코는 비용절감을 통한 생산효율성을 겨루던, 좀더 고급품시장의 경쟁자인 세인즈베리(Sainsbury)에 뒤처졌다. 이러한 시점에서 테스코는 관계브랜드로서 입지를 굳혀 세인즈베리뿐 아니라 다른 신규 할인매장들과도 차별화하는 전략을 도입했다. 테스코의 핵심아이디어는 "테스코는 원하는 상품을 더 많이 살 수 있게 해드립니다"가 되었다. 전략적으로 이 브랜드는 CRM과 함께 클럽카드(*Clubcard*)라는 고객충성도 증진프로그램을 시작했다. 카드에 서명하면 소비자는 구매한 만큼 포인트를 얻는다. 이 포인트는 정기적으로 테스코 매장에서 현금처럼 물건을 살 수 있는 상품권으로 전환되었다. 상품권은 고객에 대한 감사의 표시이자 그에 보답하는 방법으로 받아들여졌다. 상품권을 통한 접촉으로 고객에게 만들어지는 감사의 경험은 그들이 원하는 상품을 더 많이 사게 만드는 브랜드 아이디어를 강화했다.

1990년대가 되자 테스코는 브랜드를 공격적으로 확장하고, 적극적으로 클럽카드 프로그램을 활용하면서 고객과의 관계를 더욱 강화했다. 이것의 성공비결은 바로 하위구조 세분화를 통해 진취적 업적을 이룬 것에 있다. 잠시 하위구조 세분화에 대한 정의를 내리고 테스코의 예를 통해 그 위력을 알아보자. 마케팅에서 하나의 세그먼트(*a segment of course*)는 다른 이들과는 다른 방식으로 브랜드 아이디어를 받아들인다고 여기는 — 더 큰 범위나 시장에서 선발된 — 표적집단(*target group*)이다. 세그먼트는 — 인구별, 심리별, 태도별, 행동별로 — 다양한 방법으로 정의할 수 있겠지만, 그것은 언제나 브랜드 아이디어에 현재 또는 앞으로 가치를 부여할 고객집단이다. 또한 다양한 방법으로 정의되는 집단을 다양한 세그먼트라고 말하는데 이러한 세그먼트는 공통적으로 브랜드 아이디어에 대한 수용성을 가져야 한다. 하위세그먼트(*subsegment*)란 바로 기본세그먼트를 하위집단으로 나누는 것이다. 이에 대한 이론적 바탕은 특정 브랜드 아이디어가 각기 모든 하위집단으로 분류되는 반면, 그 하위집단 혹은 하위세그먼트들을 각각 다르게 다룸으로써 브랜드 아이디어를 더욱 강화할 수 있다는 것이다. 그 목적은 하위세그먼트가 각자 고유한 본질에 따라 더 개인적이고 특징 있는 방식으로 브랜드를 경험하게 하는 것이다. 따라서 하위구조 세분화(*subsegmentation*)는 우리가 정의한 대로 관계브랜드를 세우는 데 절대적으로 필요한 요소가 된다. 이 논리를 테스코의 예를 통해 본 후, 이어서 다시 자세한 사항을 살펴보겠다.

테스코는 1990년대 들어, "테스코는 원하는 상품을 더 많이 살 수 있게 해드립니다"라는 차별화된 아이디어로 브랜드를 만들지 않고 하위구조 세분화를 통해 관계브랜드를 세우는 작업에 착수했다. 가장 성공적인 노력 중 하나가 1996년 시작된 '베이비 앤드 토들러 클럽'(*Baby & Toddler Club*) 프로그램이다. 이 프로그램을 실행하기 전에는 아기용품이 테스코에서 그다지 성과를 올리지 못했다. 프로그램의 대상은 임산부와 2살 반 정도의 아기가 있는 엄마였다. 이 표적집단은 클럽카드 프로그램을 구성하며 베이비 앤드 토들러 클럽의 회원자격을 갖는다(만약 클럽카드 회원이 아직 아니라면 가입과 동시에 자동으로 등록된다).

회원들은 손수건이나 크림 등 아기와 유아의 필수품으로 바꿀 수 있는 쿠폰을 일정한 시기에 포인트별로 받는다. 이외에도, 이 클럽은 엄마가 된 소비자의 특별한 요구에 부응하고자 애쓴다. 아기엄마는 지출이 훨씬 더 많아지는 상황에 직면할 뿐 아니라, 자신이 산 제품이 아기를 위한 최선의 선택인지 상당한 불안감을 느낀다. 그래서 이 클럽은 임신, 예방주사, 그리고 의사를 불러야 하는 때 등 엄마들이 조언을 구하거나 도움을 요청할 만한 주제에 관한 정보제공에 중점을 둔다. 게다가 이러한 조언은 임신에서부터 신생아기 그리고 유아기에 이르기까지 단계별로 맞추어 제공된다(생년월일 등의 정보는 클럽가입시 입수한다). 〈그림 7-2〉의 가입지원서는 고객이 임신해서 아이를 낳고 아기가 유아가 될 때까지의 모든 세세한 과정에 도움이 되도록 고안되었다. 이 브랜드는 테스코에서는 원하는 것을 더 많이 살 수 있다는 브랜드 아이디어를 '새로운 소비패턴과 높은 수준의 모성애에 부합해야 한다'라는 독특한 상황으로 확장해 여성과 특별한 관계를 만들었다.

관계브랜드는 소비자가 더 개인적이고 특징적인 방법으로 브랜드 아이디어를 경험할 수 있도록 하위구조 세분화작업을 해야 한다. 하위세그먼트에 관한 자료는 이러한 경험이 어떠해야 하는지를 이해하는 데, 그리고 그 경험을 만들기 위한 접촉을 구상하는 데 중요한 역할을 한다. 이 접촉은 가능한 어떠한 형태로든 CRM 구조를 사용할 수 있다. 위의 예에선 테스코 클럽카드가 될 것이다. 따라서 CRM은 브랜드에 전략적으로 이끌려야 한다. 이제 자세히 이 과정의 실행에 대해 평가하겠지만, 그 전에 먼저 세그먼트와 하위세그먼트를 잠시 비교해보자. 이것이 별 차이가 없는 것처럼 보일지라도, 논리적으로는 상당히 중요하다.

〈그림 7-2〉 테스코의 베이비 앤드 토들러 클럽 신청서

:: 세그먼트와 하위세그먼트

테스코의 베이비 앤드 토들러 클럽을 왜 단순히 다른 시장의 세그먼트에 대한 접근으로 생각하지 않는가? 많은 담당자는 어린아이를 가진 소비자들이 단지 시장의 또 다른 세그먼트일 뿐이라고 여길 것이다. 그러나 해답은 바로 여기에 있다. 회사가 어린이를 가진 소비자에 대해 다른 브랜드 포지셔닝을 계획한다면, 이 소비자들은 시장에서 하나의 세그먼트를 형성하고, 따라서 브랜드 아이디어는 그들을 겨냥해 어떤 방법으로든 달라져야 한다. 이 회사가 자녀가 없는 부부를 대상으로 한다면, 그런 고객을 위한 브랜드 아이디어도 역시 바뀌야 할 것이다. 만약 그들이 실제로 다른 세그먼트에 속하지 않았다면, 이 또한 다른 방법을 사용함으로써 그들에게 접근하면 된다(물론 두 개의 다른 세그먼트가 서로 다른 세그먼트에 대한 메시지를 혼동하지 않도록 하기 위한 의사소통에 어려움이 존재할 것이다). 그러나 만약 그 회사가 아이를 가진 소비자와 그렇지 않은 소비자에게 서로 다른 브랜드 아이디어를 내세우려 하지 않는다면 어떻게 해야 할까? 테스코에서는 두 소비자에 대한 브랜드 아이디어가 모두 '테스코는 원하는 상품을 더 많이 살 수 있게 해드립니다' 이다. 어린아이가 있는 소비자는 클럽카드 프로그램에 속해야 한다. 테스코의 목표는 소비자가 브랜드 아이디어를 더 개별적인 방법으로 경험하게 함으로써 브랜드와 특별한 관계를 만드는 것이다. 그래서 이 경우, 아이가 있는 소비자들이 하위세그먼트로 분류되는 것이 논리적으로 더 알맞다. 이들을 세그먼트로 간주하는 것은 용어의 잘못된 사용일 뿐 아니라, 동일한 브랜드 아이디어를 다른 소비자들에게 각기 알맞게 적용하는 것이 목적이라는 가장 중요한 개념을 퇴색하는 것이기도 하다.

:: 하위구조 세분화과정과 CRM

하위구조 세분화는 관계브랜딩의 가장 중요한 작업이다. 관계브랜드는 하위구조 세분화를 거쳐 창조된다. 이는 CRM의 작동구조를 고객과의 접촉방법에 따라 하위세그먼트 수준에서 달리하는 것을 의미한다. 예를 통해 이러한 과정을 살펴본 후 몇몇 특정이슈와 분석도구에 대해 다시 알아보기 위해 먼저 텔레비전 광고를 포함하여 새롭게 떠오르는 CRM 기술에 대해 생각해 보자. 텔레비전 광고를 예로 들면, 광고물의 내용을 전반과 중반, 그리고 후반부로 나누어 각기 다른 하위소비자 집단에게 달리 전달될 수 있도록 다양하게 제작 · 적용하는 것이다. 이러한 광고의 변형판은 그 광고가 방송될 때 소비자가 누구인지에 따라 적절히 바뀌는 광고를 볼 수 있도록 활발히 조합될 것이다.

그러면 리조트호텔 체인은 어떻게 새로운 CRM 기술을 이용해야 할까? 해답은 하위세그먼트를 발달시키는 데 있다. 하위세그먼트는 세그먼트와 분명히 구분된다는 것을 명심해야 한다. 브랜드는 언제나 '시장 내의 어느 세그먼트'(*market segment*)를 대상으로 한다. 하위구조 세분화는 시장에 존재하는 하나의 세그먼트를 브랜드와 서로 다른 관계 — 그리고 접촉 — 를 요구하는 더 작은 고객집단으로 분할하는 작업을 의미한다. 그런데 이것을 어떻게 할 것인가? 예로 든 호텔이 서로 다른 세 부류의 하위세그먼트를 대상으로 어떻게 광고하는지 살펴보자.

① 중년부부 : 올해 휴가를 해변에서 즐겨보지 않겠습니까? 그렇다면 댁에서 <u>차를 몰고</u> 나와 단 며칠만 시간을 내 즐기세요. XYZ 호텔리조트의 넓고 합리적인 가격의 방에서 편안하게 일몰을 감상하세요. <u>과거 로맨틱했던 주말의 여유</u>와 이제껏 경험하지 못한 모험을 떠올리며 사랑하는 사람과 함께 <u>오래도록 해변을 걸어보세요.</u> 특별히 준비된 셔틀로 <u>지역 카지노</u>에 가서 <u>슬롯머신</u>에 행운을 거는 건 어떨까요? 아니면, 지역 <u>고미술품 쇼핑몰</u>에서 조금은 차분하게 기분전환의 시간을 가질 수도 있습니다. 우리의 고객서비스 전문가들은 <u>지역 공공골프장</u>의 좋은 경기나 운동기회를 수시로 알려드릴 것입니다. 당신은 그럴 만한 자격이 있다고 생각하지 않으세요? 그렇다면 800-555-1231로 지금 바로 예약하세요.

② 부유한 미자녀 부부 : 태평양 저 너머로 일몰이 당신을 부릅니다! 당신은 정신없이 바쁜 집안일에서 멀리 벗어나 조용하고 <u>호화로운 개인 발코니</u>에서 일몰을 지켜보겠지요. 우리는 VIP 고객에게 최상의 것을 아낌없이 드릴 것입니다. PGA 투어급 <u>골프코스</u>, 스파에서의 하루, 그리고 극장에서 보내는 저녁시간을 모두

고급 리무진셔틀로 편안히 즐기실 수 있습니다. 공항 픽업서비스도 포함됩니다! 저희 웹사이트 www.xyzhotelandresort.com에서 온라인예약을 하시거나 안내데스크 800-555-1232로 전화주세요. 저녁 노을빛이 당신을 부릅니다.

③ 청소년 중심의 가정 : 여기 여유로운 휴가를 즐기면서 가족 모두가 행복해지는 방법이 있습니다. 당신의 자녀가 힙합음악과 함께 하와이언 파티를 즐기면서 새로운 친구를 사귀고 그들만의 추억을 만들 수 있는 로맨틱 풀 사이드 디너 어떠세요? 가족이 함께 승마를 하고 윈드서핑을 즐기며 스노클링을 하는 모습을 떠올려 보세요. 아니면, 아이들이 당신에게서 떠나 이런 활동을 즐기면서 놀고 있는 동안 해변에서 휴식을 취하는 당신의 모습을 상상해 보세요. 완벽한 가족휴가를 위해 www.xyzhotelandresort.com을 클릭하거나 안내데스크 800-555-1233으로 전화하기만 하면 됩니다.

이 서로 다른 광고들은 모두 똑같은 호텔에 대한 것이지만, 각 하위세그먼트에 속한 고객들이 호텔에서 누리고 싶어할 만한 서로 다른 경험을 강조한다. 중년부부로 이루어진 하위세그먼트는 검소하고 호화로운 호텔방이나 PGA 투어 골프코스에 돈을 낭비할 생각을 하지 않을 것이다. 방이 고급스럽긴 하지만, 그러한 것이 이 세그먼트의 고객에겐 일탈로 그려진다. 지역 공공골프코스는 이 고객집단에게 충분히 좋은 선택이다. 또한 중년부부는 인터넷을 찾아다니며 사용하는 것에 결코 익숙하지 않다. 따라서 각 광고는 똑같은 호텔에 대해 말하고 있지만 매우 다른 목소리를 사용한다. 각 광고의 효과를 측정하기 위해 전화번호가 모두 다르다는 점을 놓치지 마라.

하위세그먼트 단계에서 고객과의 접촉을 각각의 특성과 요구에 맞도록 CRM 운영구조들을 통해 하위세그먼트들을 식별하고 사용하는 일반적인 과정은 다음과 같다.

첫째, 하위세그먼트를 개발하고 범위를 그린다.

둘째, 각 세그먼트에 대한 측정 가능한 목표를 세운다.

셋째, 고객과의 접촉을 구상하고 실행한다.

넷째, 결과를 측정한다.

이제 각 단계에 대해 좀더 자세히 알아보기로 하자. 호텔의 예에서, 세 개의 하위세그먼트는 중년부부, 부유한 미자녀부부, 그리고 청소년 중심의 가정이다. 하위세그먼트들은 모두 '호텔에 방을 예약하게 한다'라는 같은 목표를 가진다. 목표는 하위세그먼트에 따라 다양하게 나타날 수 있다. 호텔광고는 각 하위세그먼트에 따라 맞춰진, (틀에 박힌 광고의 모습으로 될 필요가 없는) 고객과의 접촉이다. 그리고 때에 따라 호텔은 이 세 가지 접촉에 대해 각각의 효과를 측정해야 한다. 이제 좀더 자세하게 이 과정을 살펴보고 몇 가지 중요한 이슈에 대해 논의하자.

●○● 하위세그먼트의 개발과 구성

이 과정의 첫 단계는 한 회사의 소비자와 단골고객을 여러 하위세그먼트로 분류하는 작업을 통해 하위세그먼트의 구성을 그리는 것이다. 회사가 자신의 하위세그먼트로 분류할 고객을 선택하는 방법에는 여러 가지가 있다. 하위구조 세분화작업은 회사가 고객과 통일된 형태의 접촉을 시도할 때 더 나은 성과를 거두게 하는 하위세그먼트를 개발할 때 유용할 것이다. 렉서스 자동차가 눈동자 색깔에 따라 하위세그먼트를 분류한 것은 실패한 하위구조 세분화의 예라 하겠다. 이것은 파란 눈의 고객이 갈색 눈의 고객보다 접촉이 더 잘 이루어질 것인지를 판단하기 힘들기 때문에 매우 어리석은 선택이다. 반면에, 과거 소유했던 운송수단에서 유추할 수 있는 소비자의 기호에 의거한 하위구조 세분화는 이것을 바탕으로 한 접촉의 성격이 달라질 수 있기 때문에 매우 현명한 선택이다. 이제 하위세그먼트를 정의할 때 흔히 사용되는 몇 가지 방법에 대해 논의하겠다.

RFM 하위구조 세분화

고객을 하위세그먼트로 세분화하는 방법 중 하나는 최근성(*Recency*), 빈도(*Frequency*), 재정적 가치(*Monetary value*), 즉 RFM이라고 하는 변수를 사용하는 것이다. 최근성은 가장 최근에 일어난 구매 이후 흐른 시간의 정도를 말한다. 이것은 고객을 잃었는지 아닌지를 알려주기 때문에 대부분의 업계에서 중요한 변수가 된다. 예를 들어, 한 항공사의 우수탑승객 명단의 고객이 지난 2년간(최근성 = 2년)이 항공사를 이용하지 않았다면, 이 고객은 더 낮은 재정적 가치를 가진 고객들과는 다른 접촉을 필요로 할 것이다. 항공사는 예전고객이 왜 더 이상 자신의 비행기를 이용하지 않는지 알고자 할 것이고 또한 무엇이 잘못되었든 그것을 고치려 할 것이다. 그러한 접촉은 최근 고객에 대한 것과 상응하지 않는다.

빈도는 기존 구매횟수를 말한다. 빈도는 행동의 충성도를 그대로 보여주는 척도다. 고객이 그 회사의 제품을 자주 구매할수록 적어도 행동만은 충성도가 높다고 볼 수 있다(반면, 태도의 충성도는 고객이 그 회사에 대해 어떻게 느끼고 또 얼마나 남다르게 대하느냐를 뜻한다). 고객을 분류하는 기준이 가치가 있으려면 빈도에 따라 다른 접촉을 하도록 해야 한다. 처음 구매하는 고객(빈도=1)에게는 고정고객과는 다른 접촉을 시도한다. 어떤 호텔의 로열티 프로그램은 이런 신규고객(빈도=1 혹은 최근)에게 '환영 선물꾸러미'와 같은 접촉을 한다. 이러한 접촉은 고정고객에 대한 것과는 분명히 다르다. 재정적 가치, 즉 고객의 과거지출액은 주로 향후 발생할 지출에 대해 예상할 수 있는 가장 좋은 방법이기 때문에 중요하다.

최근성과 빈도가 고객의 향후 구매발생 여부를 가늠하는 좋은 척도인 반면, 재정적 가치는 구매할 경우 얼마나 지출을 할 것인지를 예상할 수 있게 한다. 과거에 대형고객이었다면 앞으로도 그러기 쉽다. 과거 구매량이 별로 없던 고객은 앞으로 그럴 확률이 높다. 특정회사에 과거 상당한 금액을 지출한 고객은 작은 재정적 가치를 보여준 고객보다 더 가치 있는 접촉을 받는 것이 마땅하다. 기부를 요청하는 단체들은 종종 재정적 가치를 바탕으로 접촉방법을 선택한다. 예를 들어, 교향악단은 과거 거액의 기부금을 낸 기부자들을 초청해 특별연주회나 리셉션을 열고, 소액 기부자들에게는 추가기부를 요청하는 메일발송만 할 것이다. 항공사나 호텔은 종종 주고객층(과거 상당한 수준의 재정적 가치와 빈도를 보인 사람)에게 일반고객보다 좀더 값비싼 혜택을 제공하곤 한다. 테스코 체인은 일부 우량고객에게 다양한 감사표시를 통해 이러한 것을 실행했다. 회사가 고객과의 접촉을 집단의 특성에 맞추고자 할 때 RFM를 고려하는 것이 중요하지만, 단지 거기서 멈춰선 안 된다. RFM이 고객유인의 크기와 접촉의 목표(예를 들어, 휴면고객의 재활성화)를 결정하는 데는 좋지만, RFM만으로는 브랜드에 대한 개인적이고 고유한 경험을 하도록 하는 데는 매우 제한적일 수밖에 없다. 고객과 관련한 경험의 유형이 RFM과 상관없는 경우도 곧잘 있다. 호텔광고의 예로 다시 돌아가 보자.

손님이 지역 공공골프장에 관심이 있는지 아니면 PGA 투어 골프코스에 관심이 있는지 여부는 아마도 고객의 RFM과는 관련이 없을 것이다. 마찬가지로, RFM으로는 슈퍼마켓 고객이 미식가인지, 패스트푸드 중독자인지, 혹은 채식주의자인지 결정할 수 없다. 우수고객(최근 구매일이 가깝고 빈도와 재정적 가치를 가짐)에게 관련 매장 쿠폰을 제공하는 등의 접촉은 패스트푸드 중독자와 미식가에 따라 매우 다르게 이루어져야 한다. 두 종류의 고객 모두 고수익을 올리는 상품을 매우 자주 구매하는 우수고객일 수 있지만, 서로 매우 다른 종류의 쿠폰이나 다른 내용의 전단지를 받아야 할 것이다. 하위세그먼트를 정의할 때는 종종 다른 변수가 필요하다. 현재 사용되는 사회인구학적 변수와 기존 구매범위(*previous purchase categories*) 변수에 대해 논의해 보자.

사회인구학적 하위구조 세분화

나이, 결혼유무, 자녀유무, 교육수준, 소득수준 등과 같은 사회인구학적 변수를 바탕으로 한 하위구조 세분화작업은 여러 가지로 매우 손쉽게 이루어진다. 우선, 이러한 정보는 대부분의 업종에서 손쉽게 얻을 수 있다. 멤버십클럽(*loyalty club*) 지원서는 종종 기본 사회인구학적 정보를 토대로 분류된다. 예를 들어, 슈퍼마켓의 우수고객 프로그램의 가입신청서는 나이, 동거자녀 수, 그리고 결혼유무를 묻는다. 어린아이가 있는 가족의 구매패턴은 노년부부의 것과 다를 테고, 이 두 하위세그먼트에 대해서는 각기 다른 형태의 접촉이 필요하다. 헌비와 헌트는 인생단계별 하위구조 세분화는 단순한 실수 — 예를 들어, 코카콜라 쿠폰이 영국의 연금수혜자(은퇴자)에게 제공되는 것 — 를 피하게 한다고 말한다. 이런 정보를 고객으로부터 직접 얻지 않는 회사는 외부 데이터 제공업체에게서 정보를 사들인다. 예를 들어, 카탈로그 제작업체들은 고객이 주문하면 인구통계학적 자료를 직접 요청하는 것이 아니라, 익스페리안(Experian)이나 액심(Acxiom)과 같은 데이터 제공업체로부터 고객의 이름, 주소, 전화번호 등을 맞춰봄으로써 자료를 구한다.

사회인구학적 정보에 기반한 하위구조 세분화의 실행이 용이한 두 번째 이유는 데이터분석의 필수요건이 ― 기존 구매범위를 분석하는 데 필요한 엄청난 노력에 비해서 ― 최소라는 점이다. 고객을 하위세그먼트로 분류하는 경영방침을 규정하는 것은 쉽다. 예를 들어, 어느 고객이 한 명 이상의 아이를 데리고 사는 집안의 가장이며 20세에서 35세 사이라면, '젊은 가족'이라는 하위세그먼트에 포함된다. 만약 집안의 가장이 65세가 넘으며 어린아이가 없다면, '연장자'라는 하위세그먼트에 들어간다. 독신이며 20세에서 30세 사이의 고객은 '젊은 독신'이라는 하위세그먼트를 구성한다. 그러나 이러 식의 분류 대신, 여러 회사들은 회사의 고객데이터를 압도적으로 차지하는 다목적 하위구조 세분화작업을 개발했다. 앞서 인용한 액심의 페르소닉(Personics), 클레리타스(Claritas)의 프리즘(PRIZM) 등이 예이다.

사회인구학적 하위구조 세분화는 실행이 용이하고, 회사가 통일적으로 실행하던 고객접촉방식보다 더욱 관련성을 가진 접촉방식을 개발하는 방법을 제시한다는 장점이 있다. 기존 구매범위를 바탕으로 한 하위구조 세분화작업을 통해 얻는 또 다른 이점은 거의 구매가 없었던 신규고객이나 잠재고객이 사회인구학적 하위세그먼트로 분류될 수 있다는 것이다. 기존 구매범위란 이미 여러 차례 구매한 '성숙한' 고객에게만 적용되는 기존 구매내역을 필요로 한다. 그러나 기존 구매범위는, 다시 논의하겠지만, 회사로 하여금 사회인구학적 변수보다는 좀더 관련성이 깊은 접촉형태를 개발할 수 있게 한다. '연장자'에 속하는 모든 고객이 자두주스를 구매하는 것도 아니고, 젊은 가족에 속한 고객이 모두 달콤한 아침식사용 시리얼을 구매하는 것도 아니다. 그러나 더 심화된 관련성을 가지려면 비용이 따른다. 인구통계학적 요소보다 기존 구매내역으로 분석하는 것이 훨씬 더 어렵게 마련이다. 헌비와 헌트(2003)는 슈퍼마켓 고객의 하위세그먼트를 정의하기 위한 구매정보 사용에 관련된 이슈에 대해 아주 훌륭하게 설명한다. 이 첫 단계에는 하위세그먼트의 표를 만드는 과정이 포함된다. 노인부부라는 하위세그먼트에 관한 예가 바로 그것이다. 이렇게 표로 만드는 것은 접촉형태를 개발하기 위해 필요하다. 표구성을 위한 정보는 질적 혹은 계량적 마케팅 조사활동을 통해 얻을 수 있다.

기존 구매범위에 따른 하위구조 세분화

하위세그먼트는 고객의 과거 구매내역을 토대로 정의된다. 하위세그먼트는 시장세분화를 위한 전통적 시장조사방법을 사용하여 나눌 수 있다. 이것은 주로 두 단계를 거친다. 하위세그먼트를 개발하는 첫 단계는 특정한 구매유형에서 나타나는 고객의 취향을 측정하는 척도를 개발하는 것이다. 이러한 접근방법은 테스코에 의해 사용되었다. 테스코의 분석팀은 고객취향을 판단하는 기준을 정의하면서 작업을 시작했다. 예를 들어, '모험적'이라는 척도는 (영국의) 고객이 엑스트라 버진 오일이나 말레이시아산 카레용 식재료를 구매하는 정도를 측정하기 위한 것이다. '선함'이라는 척도는 고객이 생과일과 야채 같은 식품을 구매하는 정도를 측정한다. '즉석식품'이라는 척도는 고객이 구매 즉시 먹을 수 있는 제품을 구매하는지 여부를 측정한다. '저렴함'은 고객이 각 제품별로 가장 싼 것을 구매하는지 여부를 측정한다.

이제 두 번째 예로, 카탈로그를 통해 재고서적을 판매하는 독일회사 르나니아(Rhenania)의 사례를 살펴보겠다. 르나니아는 고객과 CRM을 통해 접촉하면서 관계 브랜드를 구축했다. 그들이 했던 간단한 접촉 중 하나는, 모든 카탈로그를 각 하위세그먼트의 취향에 따라 추천서적을 표시한 커버레터(*cover letter*)와 함께 제작한 것이다. 개별 하위세그먼트를 위한 특별 카탈로그를 제작한 것은 더 야심적인 접촉이다. 여기서도 우리가 논하는 기존 구매접근방식은 고객의 구매성향 유형을 측정하는 척도개발을 시작으로 하는 두 단계를 포함한다. 이들은 일반적 도서유형(독자유형에 대립되는 개념)으로 간주할 수 있다. 우리는 르나니아에서 해당독자의 취향을 측정하는 척도를 선별하기 위해 요소별 분석이라는 방법을 사용했다. 현대사와 고대사 등의 역사 부문, 고전작품과 시, 신화와 전설 등을 포함한 순수문학, 장편소설과 로맨스, 추리물과 스릴러물 등을 포함한 대중문학, 예술가 · 동판화 · 건축 · 디자인 · 회화 등의 예술분야, 물리학 · 천문학 · 수학 · 생물학 · 화학 · 지리학 등의 과학분야, 취미생활 · 정원 가꾸기 · 요리 · 건강 · 동식물 등의 생활분야, 참고서(어학사전, 백과사전 등) · 정치 · 경제 서적 · 컴퓨터관련 서적 등을 포함하는 일반 비소설 부문, 철학과 종교 · 심리학을 포함하는 인문학 분야, 음악 부문(재고 CD),

그리고 영화 부문(재고 DVD와 비디오 테이프)이 그것이다. 모든 고객에 각 분야의 관심도에 따라 점수가 매겨진다. 이 점수는 본래 해당고객이 특정분야에서 구매한 서적의 수이다. 고객이 어느 한 분야에서 특히 높은 점수를 받을 수 있다는 사실에 주목해야 한다. 예를 들어, 어떤 고객은 역사와 생활분야, 그리고 일반 비소설 부문에서 강한 관심을 보일 수도 있다.

두 번째 단계는 이러한 구매성향을 나타내는 척도에 따라 클러스터(*cluster*)를 분석함으로써 하위세그먼트를 발견하는 것이다. 클러스터분석(*cluster analysis*)은 고객들을 특성집단(*natural groups*)으로 구분하는 방법이다. 우수독자들은 모든 분야(관심척도)에서 평균치 이상의 구매율을 보인다. 역사분야에만 관심을 가진 독자는 역사관련 서적에서 상당 수준의 구매량을 나타내지만, 다른 모든 분야는 평균 이하로 구매한다. 역사분야는 르나니아 총 판매량의 약 20%를 차지하는 가장 큰 분야이다. 음악분야에만 관심을 쏟는 고객집단은 르나니아에서 오직 클래식음악과 대중음악 CD만 구매한다. 생활분야에 주로 관심을 가지는 독자는 살림(요리, 정원 가꾸기, 실내장식), 대중소설, 영화 그리고 예술관련 서적에서 평균 이상의 관심을 보인다.

헌비와 헌트(2003)는 그들이 개발한 구매척도에 클러스터 분석을 적용함으로써 테스코의 하위세그먼트 개발에서도 같은 방식의 두 단계를 사용했다. 이들은 클러스터에 대한 자세한 분석결과를 보여주진 않지만, 우리는 클러스터에 대한 결론을 낼 수 있다. 고객 중에는 아마도 전통적인 요리방식을 고수하는 클러스터가 있을 것이다. 그들은 대부분 전통적인 기본식 재료로 자신의 식사를 직접 준비한다. 이 고객집단에게는 말레이시아 스타일의 카레나 엑스트라버진 올리브 오일은 팔리지 않는다. 반면에, 유기농산물, 최상급 고기, 그리고 숙성된 발삼식초와 같은 고급 식재료를 대량으로 사용하며 식사를 즐기는 미식가 집단이 있을 것이다.

요약

고객집단을 정의하는 데는 여러 가지 방법이 있다. 하위구조 세분화는 회사가 특정 세그먼트에 대해 고유한 방법으로 접촉을 만들고 그것이 통일된 방식의 접촉을 할 때보다 더 나은 성과를 올릴 수 있다면 매우 좋은 방법이다. RFM 변수의 이용은 특정 고객집단에 대한 행동목표를 수립하는 데 유용하다. 인구학적 변수는 기존 구매범위에 대비함으로써 대부분 쉽게 실행할 수 있다는 점에서 유용하다. 기존 구매범위는 보통 인구통계학적 변수보다 깊은 관련성을 가진 접촉을 가능하게 한다.

•◦• 각 세그먼트에 대한 측정 가능한 목표수립

이 단계는 회사가 각 세그먼트와 의사소통하려는 것, 그리고 회사가 각 세그먼트로 하여금 실행하도록 만드는 것을 자세히 기술하는 과정을 포함한다. 대부분 다른 세그먼트는 각기 다른 목표를 갖는다. 접촉은 이 목표에 따라 이루어진다. 예를 들어, 어느 앞서 가는 음악회사는 고객(팬)이 자신의 프로그램에 등록하면 클래식, 랩, 헤비메탈, 팝, 컨트리 웨스턴, 가스펠, 동요 등 여러 분야의 소속 아티스트에 관한 다양한 정기 뉴스레터를 받을 수 있고, CD 구매나 콘서트 참관시 이익을 주는 로열티 프로그램을 운영한다. 처음 몇 해 동안 뉴스레터는 전혀 고객별 특성화가 이루어지지 않고 전 분야의 소속 아티스트들에 관한 뉴스를 한꺼번에 담았다. 그러나 컨트리 웨스턴 음악을 좋아하는 사람은 랩이나 헤비메탈에는 거의 관심이 없으므로 회사는 최근 뉴스레터를 고객별로 특성화했다.

이 회사는 이 프로그램에서 탈퇴한 '이탈'회원으로 이루어진 상당한 규모의 세그먼트를 가지고 있다. 이 이탈회원에 대한 목표는 ① 프로그램이 더 특성화된 뉴스레터 내용을 싣도록 – 컨트리 웨스턴 음악팬은 더는 랩, 헤비메탈, 클래식 등 다른 음악에 관한 내용을 거치지 않아도 된다 – 개선되었음을 알리고, ② 포함된 혜택에 대해 홍보하며, ③ 이탈고객이 재가입하도록 하는 것이다. 최근 여러 차례 구매한 고객들은 또 다른 세그먼트를 구성한다. 이 고객집단에 대한 우선목표는 재구매이다.

테스코는 다른 세그먼트는 각기 다른 목표를 가진다는 또 다른 예를 보여준다. 테스코의 우수고객은 대부분 백화점에서 쇼핑하지 않는다. 어떤 고객집단은 광범위한 종류의 음식을 구매하지만, 와인이나 다른 술 종류는 일체 구매하지 않는다. 이 집단에 대한 목표는 와인 코너에서 구매를 일으키는 것이 될 수도 있다. 또 어떤 우수고객집단은 아기가 있으면서 테스코 베이비 앤드 토들러 클럽에 가입하지 않았을 수 있다. 이 고객집단에 대한 목표는 테스코 베이비 앤드 토들러 클럽에 가입하게 하는 것이 될 것이다. 상대적으로 작은 구매를 일으키는 고객집단에 대한 목표는 비교적 한산한 때 쇼핑을 하게 함으로써 우수고객이 덜 붐비는 매장에서 쇼핑할 수 있도록 유도하는 것이 될 수 있다. 이러한 예들을 통해 보듯이, 하위세그먼트에 속하는 고객이 누구인가뿐만 아니라 회사가 그들에 대해 수립해야 할 목표가 무엇인지에 대해 고려하는 것이 중요하다.

•○• 고객접촉 개발 및 실행

목표가 설정되면, 다음 단계는 이 목표를 달성하기 위한 접촉방법을 개발하는 것이다. 접촉이란 간단히 말해서 전통적인 방식의 마케팅 커뮤니케이션을 포함한, 고객과 브랜드 사이의 교류라는 점을 잊지 말아야 한다. 그러나 접촉에는 더 많은 활동이 포함된다. 브랜드에 연관되거나 관련된 경험을 하도록 하는 것은 무엇이든 접촉이 될 수 있다. 앞서 이야기했던 리조트호텔의 예를 생각해 보라. 공항에서 손님을 모아서 호텔로 데리고 오는 호텔리무진도 고객과 접촉한다. 이것이 CRM이라는 관점에서 잘 고려되지 않지만, 그래도 그렇게 생각해야 한다. 소음기(消音器)가 필요한 오래되고 낡은 리무진이나, 수시로 교차로에 불법주차하면서 다른 여행객(잠재고객)이 여행용가방을 들고 이동하는 데 불편을 주는 리무진은 호텔에 대한 긍정적 이야기가 나오도록 할 수 없다. 시끄러운 라디오 소리 역시 그렇다. 호텔에서 체크인을 할 때 메인데스크 뒤에 서 있는 직원도 또 하나의 접촉점이다. 이 직원의 태도와 옷차림은 호텔에 관해 말해 준다. 호텔방의 실내장식, 호텔식당과 다른 부대시설, 멤버십클럽 서비스 내용, 심지어는 도어맨까지도 모두 고객과 접촉한다. 그런 접촉이 모두 모여서 궁극적으로 고객의 마음에 브랜드에 대한 경험으로 남는다. 이제 여러 종류의 접촉형태와 그것의 활용에 대해 알아보기로 하자.

적극적 접촉과 수동적 접촉

수동적인 접촉은 고객이나 회사에 의한 활동 혹은 비활동적인 것에 의해 시작된다. 이제부터 이러한 고객이나 회사의 활동 혹은 활동 외의 것에 대해 '촉진방아쇠'(*trigger events*) 라고 이름 붙이겠다(Malthouse, 2004).[8] 적극적 접촉은 어떤 특정사건에 의해 일어나는 것이 아니다. 보통 이 두 가지 형태의 접촉이 모두 필요하다.

적극적인 접촉의 예는 다음과 같다. 회사가 현재고객과 잠재고객에게 메일로 카탈로그를 보내면, 이것은 적극적 접촉이 된다. 이 카탈로그는 특정사건에 대한 응답의 형태로 만들어진다. 항공사가 할인행사 내용을 담은 주간메일을 단골승객에게 발송하는 것 역시 적극적인 접촉이다. 신용카드 회사가 신규고객을 발굴하는 것도 마찬가지다.

수동적 접촉은 특정한 촉진이벤트가 일어날 때마다 그에 반응하는 접촉을 시작하도록 하는 경영방침에 따라 이루어진다. 예를 들어, 고객이 떠난다면 회사는 그 고객의 행동에 대해 적절한 응대를 하도록 고안된 접촉방법을 구상해야 한다. 고객이 (정확히) 1년간 구매를 일으키지(하지) 않았다면, 이때의 경영방침은 특별한 접촉레터를 보내는 것이 될 것이다. 여기서 촉진사건은 1년 이내에 구매를 하지 않은 고객이다. 두 번째 예로, 신규고객이 1년 계약시 서명 후 30일 이내에 취소가 가능한 인터넷 서비스업체에 대해 살펴보자. 이 회사에는 고객의 계정 작동여부를 확인하도록 하는 내부장치가 있어야 한다. 만약 어떤 신규고객이 가입 후 2주가 지나도록 서비스를 사용하지 않는다면, 회사는 그 고객(촉진이벤트)에게 전화를 걸어 소프트웨어 설치 등을 도와주어야 한다. 호텔의 멤버십 프로그램의 한 회원이 자신의 포인트를 휴가 때 모두 소진했다면, 그 회원은 이탈할 위험이 있다. 따라서 호텔 측에서는 그 고객에게 계속 거래할 것을 확인하는 대신 촉진이벤트를 만들어야 한다. 상당수의 멤버십 프로그램들이 각기 다른 수준의 회원을 보유한다. 더 낮은 계층의 고객보다 (덜 활발한 이용으로) 등급이 낮은 최고위층 고객은

---

8) Malthouse, Edward C.(2004), "Detecting Trigger Events Using Survival Analysis", working paper, Department of Integrated Marketing Communications, Northwestern University.

곧 브랜드를 떠날 것을 암시한다. 따라서 회사는 이 고객을 그대로 유지하려고 하는 대신 촉진이벤트를 진행해야 한다.

CRM 기술의 발전으로 고객과의 접촉이 수동적인 것에서 적극적인 것에 이르기까지 매우 다양해졌다. 적극적인 접촉은 무엇이든지 고객이 접촉을 촉진했다고 제한적으로 인식하도록 점점 자동화된다. 아마존 닷컴에서 책 추천을 하는 등의 추천에이전트 시스템(*recommendation agent*)은 완전히 자동화된 접촉의 예다. 아마존은 쿠키나 고객 로그인을 바탕으로, 고객의 과거 구매서적과 장바구니에 담아둔 미구매 서적 그리고 구매 희망목록 등을 참고로 연계판매 제품을 추천한다. 추천에이전트 시스템은 유사한 취향을 지닌 다른 고객을 찾아서 그들이 구매했던 책도 추천한다. 이 시스템은 이런 연계판매 품목을 결정하는 데 인력이 전혀 투입되지 않는다는 점에서 완전 자동화되었다. 이런 시스템은 웹사이트 외에 콜센터에서 주로 이용된다. 예를 들어, 고객이 카탈로그 제작회사에 주문하기 위해 전화하면, 주문을 받는 실행자가 추천에이전트 시스템을 가지고 다른 품목을 연계판매한다. 위의 두 예에서 모두 소프트웨어이자 기술집약적인 컴퓨터 알고리즘이 특정고객에게 가장 흥미를 끌 만한 상품을 결정한다.

규정된 혜택(*Quid-pro-quo*)과 임의적 보상(*Discretionary Rewards*)

어떤 접촉은 정해진 규칙에 따라 고객에게 혜택을 제공하도록 고안되었다. 그런 형태의 접촉은 보통 멤버십 프로그램 안에서 이루어지곤 한다. 이러한 혜택의 형태로 이루어지는 고객에 대한 보답은 가입시 명시되어 보장된다(Malthouse & Blattberg, 2005).[9] 이것은 종종 당근이 된다. 고객이 그에 대해 동의했다면 그는 규정대로 혜택을 받게 된다. 호텔과 항공사들은 멤버십 프로그램 회원들에게 규정된 혜택을 제공한다. 만약 어느 회원이 X 거리만큼을 이용하면, 그는 그에 따라 정해진 무료탑승 혜택을 받는다. 만약 어느 회원이 Y 거리만큼을 이용하면, 그는 1회 무료탑승 혜택을 받게 된다. 테스코는 매 분기마다 클럽회원들에게 DM(직접

9) Malthouse, Edward C. & Blattberg, Robert C.(2005), "Can We Predict Customer Long-Term Value?", *Journal of Interactive Marketing*.

메일)을 발송하여 그들이 얼마나 포인트를 적립했는지(즉, 테스코를 얼마나 많이 이용했는지)를 감사의 메시지와 함께 알린다. 해당분기 동안 200파운드의 매출을 일으킨 고객은 이 금액에서 정해진 액수만큼의 혜택이 들어있는 분기별 발송메일을 받게 될 것이다. 여기에서 규정한다는 것은 회사와 고객이 그 효력의 시작에 대해 동의하고 소비자는 소비한 만큼에 대해 일정비율로 답례받는 것을 의미한다. 더 많이 탑승하면 더 많이 무료탑승 혜택을 받는다. 또, 더 많이 쓰면 그만큼 더 할인받는 것도 마찬가지다.

임의적 보상은 회사가 고객에게 어떠한 특정 동의사항이나 포인트적립 의무도 부여하지 않고 혜택을 제공하는 것이다. 호텔이 특별한 고객의 방에 종종 꽃다발이나 와인을 놓아두는 것이 그 예다. 특별한 고객은 때로 더 큰 방으로 업그레이드된 서비스를 받기도 한다. 이 경우, 고객은 정해진 방문횟수에 따라 그런 혜택을 받거나 자신의 누적점수를 사용해야 한다는 등의 정해진 계약사항은 없다. 호텔은 특정고객이 호텔에 대해 좀더 호의적으로 느끼게 하면서 그들의 충성도를 높이기 위해 이런 혜택을 제공한다. 콜링거(Collinger, 2003)[10]는 이러한 혜택을 '깜짝 즐거움'(*surprises and delights*)이라 불렀다. 임의적 보상은 주로 고객의 과거 실적이나 행동에 따라 이루어진다. 우리는 임의적 보상이 위험하다고 생각한다. 과거에 좋았던 고객은 계속 좋을 수도, 아닐 수도 있다. 오히려 과거에 크게 매출을 일으키지 않았던 고객이 앞으로 우수고객이 될 수도 있다. 이러한 이유로 향후 소비자의 실질적 구매행동은 고객유인을 위한 각종 혜택에서 우선해야 한다. 임의적 보상의 형태는 ① 회사가 이러한 보상을 할 때 비용이 거의 들지 않는 경우, ② 수혜자가 그것에 대해 크게 가치를 부여하는 경우, 그리고 ③ 회사가 원하는 고객의 경험에 잘 맞는 경우에 사용해야 한다. 예를 들어, 항공사의 네 시간 비행의 비즈니스 클래스 좌석이 비었다고 생각해 보자. 추가비용이 매우 미미하기 때문에 항공사는 몇몇 고객에게 무료로 업그레이드된 좌석을 제공함으로써 그들을 기쁘게 해야 한다. 어려운 문제는 '어떤 고객이 이 업그레이드 서비스를 받아야 하는가'이

10) Collinger, Tom(2003), "The Tao of Customer Loyalty : Getting to My Brand, My Way", in Dawn Iacobucci & Bobby Calder(Eds.), *Kellogg on Integrated Marketing*, New York : Wiley, pp.16~38.

다. 우리의 관점에선, 수혜자가 비즈니스 클래스에서 제공받는 추가혜택에 대해 큰 가치를 부여할 사람이어야 하며 — 예를 들어, 비행시간 동안 일을 할 수 있는 추가공간과 여유를 필요로 하는 이들 — 그 혜택으로 기쁨을 느껴 향후의 행동에 영향을 미칠 수 있어야 한다. 자주 탑승할 경우 같은 거리라도 기왕이면 항공기를 여러 번 갈아타면서 여행을 하는 승객이 그렇지 않은 승객보다 더 나은 선택대상이 되겠지만, 이 항공사의 비행기만을 이용하는 경우에만 효과가 있다.

•◦• 결과 측정

CRM 접촉의 장점 중 하나는 대부분 그 효과에 대해 평가할 수 있다는 것이다. 접촉의 효과는 시험을 통해 측정할 수 있다. 예를 들어, 르나니아에서 역사관련 서적을 좋아하는 사람을 위해 만든 커버레터를 보내는 것의 효과에 대해 알고 싶다고 가정하자. 데이터에 역사관련 서적을 좋아한다고 되어 있는 고객을 임의로 두 집단으로 나눠 이 접촉을 평가할 수 있다. 한 집단은 그 성향에 맞추어 제작한 커버레터를 보내고, 다른 집단에게는 일률적으로 제공되는 레터를 발송한다. 일률적 레터는 고객에게 과거의 구매에 대해 CEO가 감사의 뜻으로 보내는 일반 레터이다. 이에 대한 응답률이나 주문량의 차이로 고객맞춤방식의 효과를 측정하게 된다. 또한 고객에게 맞춤제작하는 레터의 제작비용을 가늠한 후, 그 비용에 대한 효과를 측정할 수 있다. 일률적인 제공물이 카탈로그뿐이어선 안 된다는 것을 알아두자. 응답률에서의 차이가 그냥 어떤 레터에 있는지 아니면 고객에게 맞추어 제작된 레터에 있는지 판단할 수 없기 때문이다.

측정 외에도 이 과정은 반복해서 관찰되어야 한다. 접촉결과를 측정한 후 회사는 이전의 어느 단계로 다시 돌아가고자 할지도 모른다. 예를 들어 어떤 접촉은 특정 하위세그먼트에서 더욱 효과적일지도 모른다. 별로 성과를 내지 못하는 하위세그먼트에 대한 접촉방법을 수정해야 할 필요가 있을 수도 있다. 접촉이 효과적으로 이루어진다는 것을 회사가 발견했을 때는, 추가로 다른 하위세그먼트에 적용하면서 더 진전될 가능성을 모색해야 한다. 더 많은 하위세그먼트에 적용하는 과정에서 추가비용이 발생하겠지만, 그럼에도 불구하고 더 개별적으로 관련성 있는 경험을 고수해야 한다.

평범한 브랜드에서 관계브랜드로 탈바꿈하기

브랜드는 — 코카콜라와 같은 — 순수한 대중브랜드에서 관계브랜드에 이르는 하나의 연속체 위에 있다. 대부분의 브랜드는 본질적으로 대량생산 브랜드가 아니다. 그러므로 브랜드는 연속체를 따라 관계브랜딩을 향해 더 나갈 후보다. 우리는 하위구조 세분화과정이 이를 위해 효과적인지 보았다. 이제 강력하지만 본질적으로 대중브랜드가 아닌 브랜드가 이 과정을 통해 어떻게 강화되는지를 예를 통해 결론을 내리고자 한다.

대중브랜드란 수많은 사람을 대상으로 하는 브랜드다. 그러나 어떤 브랜드가 광범위한 사람들을 대상으로 한다 해도, 각 고객은 그 제품이나 서비스를 다양한 방법이나 다양한 필요에 따라 사용할 것이다. 이러한 차이점을 인식하고 준비하는 브랜드는 더욱 강해질 수 있다.

우선 대중지향적이면서도 본질적으로 대중브랜드가 아닌, 하위세그먼트에 대해 정보가 거의 없는 강력한 브랜드를 살펴보자. 이 상황에서 더욱 강력한 관계브랜드로 나아가려면 무엇을 해야 할까? 고객에 관한 데이터베이스가 없고 고객 개개인의 특성에 맞춘 접촉을 하는 데 제한적 역량을 갖춘 브랜드가 가장 우선 실행해야 할 것은 바로 접촉의 본질을 바꾸는 것이다. 예를 들어, 벽장에 들어갈 선반과 고정부품을 제작하는 국내 브랜드를 살펴보자. 주요 판매처는 소매업체이다. 이 회사는 판매처를 통해 구매하는 고객을 직접구매자와 소매상을 통한 경우의 두 가지 하위세그먼트로 구분했다(가게를 드나드는 손님을 관찰하기만 하면 다른 데이터가 없이도 이 하위세그먼트를 찾아낼 수 있다).

두 하위세그먼트에 속한 고객들의 경험은 매우 다르다. 직접구매자는 구매 전에 미리 제품을 설치하지 않았기 때문에 다양한 부품이 어떻게 함께 어울리는지를 보여주는 가게 내부전시 모습과 브로슈어를 필요로 한다. 또한 상대적으로 적은 양을 구매하는 경향이 있다. 소매상들은 전형적으로 더 큰 단위의 제품구입을 원하며 부품을 조립한 경험이 많다. 따라서 이 회사는 두 집단에 대해 가게 내부에서 일어나는 마케팅 접촉을 개발해야 한다. 어떻게 하면 될까? 소비자 직거래와 소매상 경유라는 두 가지 유통방식을 고려할 수 있다. 단, 각각의 경우 전문 서비스를 위한 인력배치나 지원을 고려해야 한다. 전문가를 두고 고객의 입장에 따라 적절히 도움을 주는 것만으로도 두 가지 거래방식 모두에 영향을 줄 수 있다.

이제 하위구조 세분화를 위해 더 풍부한 가능성을 가진 예라 할 수 있는 인기 전원생활 잡지에 대해 살펴보자. 여성을 대상으로 한 이런 종류의 잡지는 다양한 브랜드 아이디어를 담는다. 오늘날의 눈코 뜰 새 없이 바쁘고 시끄러운 세상에서, 이런 잡지들은 과거의 더 단순한 생활로 돌아가 단순함과 평화로움에 대해 생각할 것을 호소한다. 이러한 공통적인 아이디어를 넘어서, 이런 종류의 잡지 중 하나가 하위구조 세분화과정을 통해 더 관계브랜드에 가깝게 뻗어나갈 수 있을까? 이것을 알아보기 위해 우리는 어떤 전원생활 잡지의 독자들을 대상으로 마케팅조사를 실시하면서, 이 잡지를 읽을 때 그들이 경험하는 것에 대해 물었다. 〈그림 7-1〉에 요약된 구성을 떠올려 보라. 고객이 상품이나 서비스에 대해 갖는 경험은 그들의 마음 안에 있는 브랜드를 정의하는 역할을 한다. 독자들은 넓고 다양한 경험을 한다(Malthouse, Calder & Eddy, 2003).[11] 하위구조 세분화작업에 유용한 두 가지 경험은 '광고이용'과 '개인휴식'이다. '광고를 이용하는' 독자들은 '나는 기사만큼 광고를 좋아한다'와 '나는 대부분의 광고를 살펴본다' 라는 항목에 동의하며, '나는 광고를 일부러 넘긴다'에는 동의하지 않았다. 개인적 휴식을 경험하는 독자들은 '이 잡지를 읽는 동안은 조용한 사색의 시간을 가질 수 있다', '현실도피의 시간이다', '내 목적은 이 잡지를 읽으면서 휴식을 취하는 것이다', '이 잡지는 다른 생각들을 잊게 해준다', 그리고 '나는 이 잡지를 읽으면 스트레스가 해소된다'에 동의하였다. 〈표 7-3〉은 이 두 경험에 속한 조사응답자들이 얼마나 많이 흩어져 분포하는지 보여준다. 두 경험 사이엔 거의 연관성이 없으며, 네 개의 사분면 모두

11) Malthouse, Edward C., Calder, Bobby J. & Eddie, Wayne(2003), "Conceptualizing and Measuring Magazine Reader Experiences", in Proceedings of the Worldwide Readership Symposium, Cambridge, October, pp.285~306.

〈그림 7-3〉 광고와 개인휴식에 대한 전원생활 잡지의 고객경험도

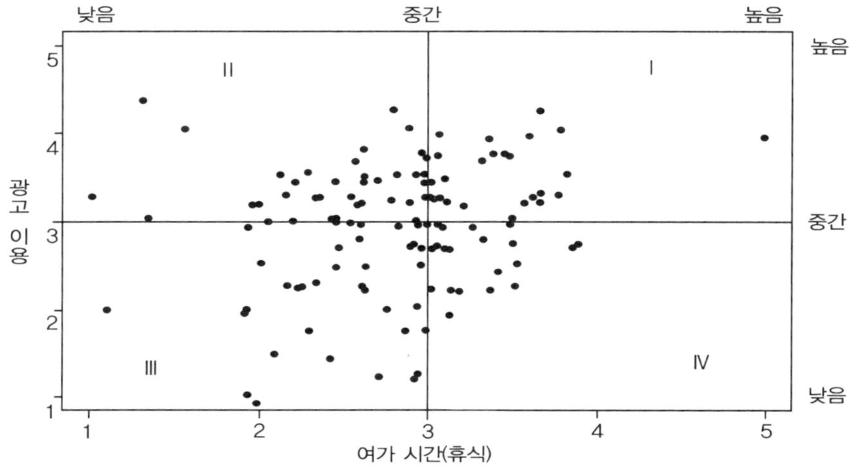

많은 응답자가 분포한다. (I) 사분면은 잡지를 읽으면서 개인적 휴식시간을 가지며 광고를 유용하게 생각하는 집단이다. (II) 사분면은 광고는 유용하지만, 잡지를 읽는 것이 개인적 휴식을 취하기 위해서는 아니라고 응답한 집단이다. (III) 사분면은 이 두 경험 모두 전혀 하지 않으며, 추측하건대 다른 이유로 이 잡지를 구매하는 집단이다. (IV) 사분면은 잡지를 읽으면서 휴식을 취하긴 하지만 광고를 피해서 보는 집단이다. 이 잡지는 광고를 좋아하고 무의식중에 적극적으로 전원생활용품을 쇼핑하는 독자가 있는 반면, 그것을 회피하는 독자도 있다는 것을 깨달아야 한다. 이처럼 어떤 독자는 기분전환을 위해 이 잡지를 읽는 반면, 또 다른 독자들은 그렇지 않다. 따라서 우리는 브랜드를 세우기 위해 전원생활이라는 브랜드 아이디어에 관련된 방식에 따라 다양하게 분포하는 하위세그먼트별로 독자들과 접촉할 필요가 있다.

잡지를 본다는 것은 시작점에 불과하다. 적어도 일정비율의 기사는 기분전환과 광고회피의 특징을 갖는 하위세그먼트를 위하여 – 보다 사색적이고, 더 시각적인 – 휴식의 경험을 고양하는 방향으로 쓰여야 한다. 그리고 이러한 기사들은 – 광고삽입을 피하기 위해 – 가능한 한 서로 모아야 한다. 또한 이 잡지가 정신없이

바쁜 일상생활에서 벗어나 편안히 휴식을 취하는 곳으로 인식되도록 하는 이슈들에 대한 고정칼럼을 진행해야 할 것이다. 마찬가지로, 신규고객창출을 위한 메일링과 그 밖의 다른 CRM 접촉을 이 하위세그먼트에 맞추어 적용할 수 있다.

많은 브랜드들이 관계브랜드를 지향함으로써 더 강해질 수 있다. 역으로 이것은 CRM이 시작될 때 부족했던 전략적인 방향제시를 할 수 있다. CRM을 통해 향상된 고객접촉방식의 힘은 관계브랜딩의 전략적 목표로 전환될 수 있다. 그 목표는 고객의 하위세그먼트가 더 강해진 개인 고유의 방법으로 브랜드를 경험하게 하는 것이다.

제 8 장 앎과 행함

'정보마비증후군'(*information fatigue syndrome*)이란 영국의 심리학자 루이스(David Lewis)가 한 말이다.[1] 정보과다로 인한 각종 현대병, 이를테면 소화불량이나 심장 질환, 고혈압 등에 시달리는 현대인을 이르는 말이다. 서문에서도 언급했지만 정보를 모으고 지식을 쌓는 이유를 나는 무지를 좁히기 위한 노력이라고 생각한다. 하지만 오늘날의 정보과포화 상태에서는 새로운 것을 알면 알수록 더욱 더 모르는 게 많아지는 게 현실이다. 분초를 다투며 새롭게 등장하는 신제품과 정보가 그러하다. 뿐만 아니라 24시간 연결이 가능한 핸드폰과 인터넷은 좀처럼 확정된 약속을 하지 못하게 한다. 불확실성의 시대다. 지난 일주일 동안 자신이 구매한 상품이나 서비스에 대해 돌이켜 보라. 첫째, 정말 자기가 사고자 마음먹은 것을 샀는가? 둘째, 자기가 원하는 브랜드를 구매했는가? 셋째, 그 결정의 정보원이 매체를 통한 광고였는가? 이 세 가지 질문에 대해 모두 예라고 대답할 수 있는 사람이 얼마나 될까? 바쁘고 복잡한 현대의 생활은 종종 태도(*attitude*)와는 다른 행동(*behavior*)을 유발한다. 바빠서 시간에 쫓긴다는 말은 그만큼 시간의 가치를 높이 둔다는 얘기다. 직위가 높고 소득이 높은 사람일수록 이러한 현상은 더욱 심각하다. 따라서 앞으로의 광고는 태도를 변형하기 위한 크리에이티브보다는 행동을 유

---

1) Wind, Yoram & Crook, Colin(2005), *The Power of Impossible Thinking*, Wharton School Publishing, p.99.

발할 수 있는 적합성(*relevance*)이 더 필요하다.

메시지의 가치는 지금 당장 행동에 옮겨야 할 것인가(예 : 프로모션), 아니면 장기메모리에 저장할 것인가(예 : 기업 이미지) 등으로 양극화되고 있다. 일례로 사람들은 미래의 효용을 위해 즐겨찾기에 저장하거나 스크랩을 해서 보관하는 자료의 80%는 지금 당장 없애버려도 생활이나 업무에 전혀 지장이 없다는 사실을 시간의 압박 때문에 서서히 깨닫는다. 따라서 광고를 통한 정보도 둘 중 하나다. 지금 곧바로 행동에 옮길 것인가? 아니면 이 다음을 위해 저장할 것인가(물론 그 저장창고는 비좁아서 여간해서는 자리잡기 힘들다는 사실을 명심해야 한다)? 즉, 광고메시지의 구성은 이전처럼 매체가 주는 시간과 공간제약이 아니라 소비자의 시간제약과 싸워야 한다. 캘리포니아에 소재한 버클리대학의 연구에 의하면 오늘날 세계는 해마다 최소 1 내지 2엑사바이트(*exsabytes*)의 정보를 쏟아낸다고 한다. 이는 10의 18승에 해당하는 크기로 이 지구상의 인구 1인당 250메가바이트에 해당하는 양이다. 전자메일은 해마다 6,100억 개가 쏟아지며, 매년 두 배의 속도로 증가한다고 한다.[2] 뿐만 아니라 요즘은 블로그(*blog*) 같은 기술이 등장해서 웬만한 사람은 각자 개인 홈페이지를 갖고 있다. 이런 상황에서 과연 누가 누구의 메시지에 주목하겠는가? 조선일보 하루치 기사가 조선시대 사람이 평생 습득한 정보량을 넘어선다니 정보의 홍수가 아니라 정보에 익사할 지경이다. 그럼에도 불구하고, 네이스빗(John Neisbitt)의 경고처럼, 정보에 허덕이며 지식에 목말라하는 이유가 무엇일까? 해답은 간단하다. 지식이 빠른 속도로 증가하기 때문이다. 오늘날 지식은 10년을 주기로 두 배씩 는다.

손수 자동차를 운전하는 사람이라면 고속도로의 제한속도인 시속 110킬로미터를 넘어 주행할 때의 조심스러움을 기억할 것이다. 그리고 조심성은 속도가 높아질수록 증가한다. 평소 경험하지 못한 속도감은 돌발상황에서 정상적 대응을 어렵게 한다. 하지만 경주용 자동차를 모는 사람이나 파일럿에게는 오히려 이 정도는 전혀 문제가 되지 않는다. 이렇듯 속도에 대한 적응력은 자신에게 익숙한 관성의

---

2) Wind, Y. & Crook, C.(2005), *The Power of Impossible Thinking*, Wharton School Publishing, p.94.

법칙에 순응한다. 정보화시대의 사회는 빛의 속도로 움직인다. 가장 실감나는 것은 온라인송금과 펌뱅킹이다. 키를 누르는 순간 다른 계좌로 돈이 이체된다. 당연히 커뮤니케이션의 흐름이나 이를 구조화하는 모델작업도 이전과는 다른 모색이 불가피하다.

커뮤니케이션, 특히 광고와 관련된 이론이나 모델 등은 대부분 슈람(Wilber Schramm) 시절의 선형적 모형에 기초한다. 한선민은 지난 반세기에 걸친 광고 커뮤니케이션 모델이론에 관해 "광고 커뮤니케이션의 주요 통합모델에 관한 연구"라는 논문에서 다음과 같이 요약했다.

> 광고에 관한 가장 오래된 모델 중 하나는 스타치(Starch, 1925)의 모델이며, 그는 광고가 성공하기 위해서는 보여야 하고(*must be seen*), 읽혀야 하고(*must be read*), 믿어져야 하고(*must be believed*), 기억되어야 하며(*must be remembered*), 행동으로 옮겨져야 한다(*must be acted upon*)고 했다.

그러나 이 가정은 제품에 관한 소비자의 심적 상태보다는 광고물(*advertisement*) 자체에 관련된 것이기 때문에 완전한 광고 커뮤니케이션 모델이라고 할 수 없다. 광고 커뮤니케이션에는 광고효과 계층접근법과 그 모델, 그리고 광고 커뮤니케이션 모델이 개발되었다. 광고 커뮤니케이션에 관한 대부분의 개념이나 공식화된 모델은 단일차원적이고, 일방적이며, 자극반응이론(*stimulus-response theory*)에 관한 표현을 묵시적으로 언급한다. 이러한 견해를 최초로 주장한 사람은 스트롱(E. K. Strong)으로, 일찍이 그는 커뮤니케이션 효과에 관한 AIDA모델을 제시하였다.

그 이후 광고효과 계층모델에 관한 개발은 1960년대에도 계속되었으며, 아셀(Henry Assael)과 데이(Jeorge S. Day, 1968), 오브라이언(Terrence O'Brien, 1971)의 실증적 연구로 절정에 달했다. 이들의 연구는 '인지 · 정서 · 의욕'이라는 가상적인 연관에 대해 한정된 타당성만을 발견했다. 이러한 광고효과 계층모델은 많은 이점이 있지만, 그에 관한 문제점과 비판도 많았다. 그리하여 1970년대 말과 1980년대 초에 통합모델(*integrative model*)이 '광고'와 '태도'의 관계를 조정하는 변수로서 관여 이론을 도입하여 태도형성과정을 설명하기 위해 개발되었다. 1980년대에 와서는 분위기, 전통적인 조건부여, 단순한 노출, 사전지각의 정보처리, 광고에 대한 태도 등과 같은 설득에 대한 대체적인 비인지적 방법을 연구하였다.

그리고 1990년대에도 통합적 광고 커뮤니케이션 모델이 계속 검증되고 개발되었다. 1990년대 들어서 제기된 대표적 통합모델이 바로 IMC이다. 이 논문의 연구자들은 이 모델을 정리하면서 앞서 지적한 비선형, 쌍방향 커뮤니케이션을 구현하는 정보사회의 환경과 여건에 맞는 커뮤니케이션 이론을 구성하고자 노력하였다. 다음은 그러한 연장선에서 나와 슐츠 교수가 최근에 관측·분석한 소비자 커뮤니케이션 모형에 관한 연구결과다.

소비자는 어떻게 커뮤니케이션 하는가?[3)]

:: 시작하면서

지난 20세기의 마케팅 커뮤니케이션 활동은 쉽고 즐거운 일이었다. 상품이나 서비스를 이해하고 USP[4)]와 같은 전략을 개발하거나 고객의 이점,[5)] 혹은 이야깃거리를 만들어서[6)] 대중매체의 시간이나 지면을 사들이고 거기에 광고를 걸기만 하면 끝났다. 그리고 의자에 등을 대고 편안하게 앉아 소비자들이 물건을 구매하는 것을 보며 돈만 거둬들이면 되는 일이었다. 이는 지난 1930~1940년대부터 시작해서 1950~1960년대 와서 꽃피우고 일부는 오늘날까지도 몇몇 기업이 행하는

---

3) Schultz, Don E., Kim, Ilchul & Lenahan(2005), "Foundation for New, Consumer Mediated Marcom Model", unpublished.

4) Reeves, Rosser(1961), *Reality in Advertising*, New York : Alfred A. Knopf, pp.47~48.

5) Schultz, Tannenbaum(1989), *Essentials of Advertising Strategy*, Lincolnwood, Il : NTC, pp.60~61.

6) Burnett, Leo(1961), *Communications of an Advertising Man*, Chicago : Leo Burnett Company, pp.77.

다분히 '제품 중심적인' 마케팅이나 커뮤니케이션 개념을 의미한다.

그러나 문제가 발생했다. 20세기 중반 산업사회의 제품 중심적 마케팅시스템에서 작동하던 4P(상품, 가격, 유통 그리고 판촉)[7] 이론이 더는 시장에서 먹히지 않았다. 이러한 현상은 선진국일수록 더욱 심각했다. 인터넷이나 월드와이드웹 등 발전된 커뮤니케이션의 기술에 힘입어 1990년대 들어 시장에서의 통합 움직임이 일자 이러한 고전적 개념의 마케팅은 더는 작동하지 않거나 부적합한 것으로 드러난 것이다. 하지만 불행하게도 앞서가는 기업들의 부단한 노력에도 불구하고 한편에서는 오로지 매출에만 신경 쓰며, 일방적이고 선형적이며 마케터에 의해 관리되는 낡은 방식이 오늘날까지도 건재한다.

그러나 소비자와 광고주의 관계가 변한 것은 이미 오래다. 그리고 문제는 이런 변화가 멈추지 않고 오히려 가속화된다는 것이다. 오늘날 소비자는 날로 강해져 예전의 마케팅 커뮤니케이션 모델을 완전히 무력하게 만든다. 소비자는 정보수집을 위해 더는 전통적 광고에만 의존하지 않는다. 이제 그들은 인터넷과 같은 새로운 기술을 바탕으로 무수한 채널로부터 거의 무한대에 가까운 정보를 수집할 수 있게 된 것이다. 소비자는 이제 선택시 시간적 · 지리적 제약을 받지 않는다. 이는 단순히 선택의 폭이 넓어졌음을 의미할 뿐만 아니라 선택권이 강화되었음을 뜻한다. 결과적으로 전통적 방식의 마콤활동은 고객이나 소비자에 대한 영향이나 통제권을 완전히 상실했다. 마케터의 약세는 소비자의 강세를 의미한다. 간단히 말해서 오늘날, 21세기의 시장통제력은 완전히 소비자가 장악하기에 이르렀다.

이와 같이 변화한 환경에서 소비자는 시장에서의 구매력행사를 위해 종전과는 다른 방식의 정보수집 양상을 띤다. 이 글에서 우리가 제시하는 O-C-R 모델은 이와 같은 환경변화로 소비자가 구축한 선순환 정보시스템 아래 어떻게 정보활동을 하는지 제시한다. 이 시스템은 각 개인이나 기업이 관측(*Observation*)을 통하여 필요한 정보를 습득하고, 서로 대화(*Conversation*)하며, 시스템 내의 다른 적합한 대상을 어떻게 추천(*Recommendation*)하는지 설명한다. 이러한 시스템은 자신의 필요

---

7) McCarthy, Jerome(1960), *Basic Marketing : A Managerial Approach*, Homewood, IL : Richard Irwin.

나 요구를 규명하고 충족하는 데 활용된다. 여기서 중요한 것은 이러한 선순환 시스템 안에서 소비자는 전통적 마콤에서 적용되던 선형적 커뮤니케이션 형태를 완전히 벗어난다는 점이다. 따라서 소비자의 정보풀은 더는 시간이나 공간 또는 기능상의 제약을 받지 않는다. 이전에 오로지 마케터가 일방적으로 공급하던 모든 종류의 정보가 이제는 선순환 시스템의 다양한 집단 사이에 수직·수평으로 자유롭게 공유된다는 사실이다. 이제껏 경험하지 못한 최상의 커뮤니케이션 공유가 일어난 것이다.

이 글에서 우리는 전통적 방식의 마콤을 돌아보고 그것들이 어떻게 예전의 소비자를 설득했는지 살펴볼 것이다. 그리고 1990년대 초 인터넷과 월드와이드웹에 의해 시장과 소비자가 어떻게 변화했는지 논의하고, 이를 토대로 우리가 개발한 O-C-R 모델의 개념과 기능을 설명하고자 한다. 마지막으로 향후 급속히 변화하는 시장에 대응하기 위해 몇 가지 제안하면서 이 글을 맺고자 한다.

:: 마케팅 커뮤니케이션 돌아보기

그 동안 일어난 변화를 살펴보기 전에, 먼저 간략하게나마 마케팅 커뮤니케이션의 역사를 돌아볼 필요가 있다. 애초에 4P이론은 매카시(Jerome McCathy)[8]에 의해 창안되고 코틀러(Philip Kotler)[9]와 프라이드 및 페렐(Pride & Ferrel)[10] 등에 의해 일반화되었다. 이때의 경영철학은 매우 단순해서 마케팅 담당자들이 몇 가지 변수만 관리하면 충분했다. 제품 중심의 4P에서 마케터는 제품, 가격, 유통 등 자신이 통제할 수 있는 몇 가지 요소에만 집중하였다. 네 번째 P에 해당하는 판촉은 마케팅이나 커뮤니케이션에 쓰이는 예산만 관리하면 되는 수준이었다. 이는 주로 고가의 대중매체나 판촉 혹은 기타 대중 커뮤니케이션에 집중되었다. 이러한

---

8) *ibid*.

9) Kotler, Philip(1999), *Marketing Management : Analysis, Planning, Implementation and Control*, Upper Saddle River : Prentice Hall.

10) Pride, William & Ferrel, O.(1997), *Marketing : Concepts and Strategies*, Boston : Houghton Mifflin.

판촉활동의 배경에는 광고만 하면 소비자가 물건을 사기 위해 줄을 설 것이라는 가정이 전제되었다. 이는 심리학에서 말하는 '작용 · 반작용' 모델에 기초한 것으로, 여기서 마케터는 조정하고 소비자는 이에 반응한다는 단순한 가정이다.

1980년대 말 급격한 기술혁명 전까지만 해도 이러한 모델이 꽤나 성공적인 듯 보였다. 그때까지만 해도 시장에는 상품이 많지 않았으며 따라서 대안도 적었고 경쟁도 그리 심하지 않았다. 더구나 고객이나 소비자는 필요하거나 원하는 상품 및 서비스에 관한 정보를 얻기 위해 주로 마케팅 커뮤니케이션에 의존하던 시절이었다. 소비자는 대량생산된 상품이나 서비스에 관한 정보를 얻으려면 소매상 등의 제한된 채널에 의지할 수밖에 없었으며, 이러한 커뮤니케이션은 모두 마케팅의 관리영역 아래 있었다. 소비자는 또한 지리적 제약으로 주로 자기가 거주하는 지역의 소매상에서 구매할 수밖에 없었다. 따라서 소비자가 받는 상품정보들은 당연히 마케팅부서가 제공한 것뿐이었다. 이와 같은 제품 위주의 4P 개념 아래 많은 상품이 개발 · 제조되어 유통 · 소비되었던 것이다. 이와 같은 방식의 대량생산과 대량유통 그리고 대량전달방식으로 20세기 후반까지 수십억 달러의 흑자를 낼 수 있었다. 이와 관련해서는 〈그림 8-1〉을 참조하기 바란다.

많은 개발도상국가에서는 아직도 제품 위주의 마케터가 통제하는 기업이 흑자를 누리고 있다. 문제는 이런 시스템 때문에 선진국이나 기술이 급속하게 발전한 나라에서 심각한 문제가 발생한다는 것이다. 몇몇 기업에게는 당분간 더 흑자경영이 가능할지 모르나 그 폭은 낮아질 것이며 반대로 비용은 급상승할 것이다. 대부분의 선진국에서는 이미 마케팅이나 마케팅 커뮤니케이션 투자에 대한 회수율이 현저히 줄어드는 실정이다. 수용자는 날로 세분화되는 데 비해 매체비용은 지속적으로 상승, 결국 마케팅투자 환수비율이 급격히 하락하는 것이다. 때문에 적지 않은 마케팅 전문가들이 기존의 마케팅 시스템이 완전히 작동불능이라고 선언[11)]하하는 것은 전혀 놀랄 일이 아니다.

---

11) Jim Stengle, P&G, "Our old models of marketing are broken. We must fix them." ; ANA/Booze, Allen, "… a serious disparity between companies' needs and marketing's proffered solutions." ; HBR Study, "Marketing too much showmanship too little expertise…."

〈그림 8-1〉 생산 중심의 기업

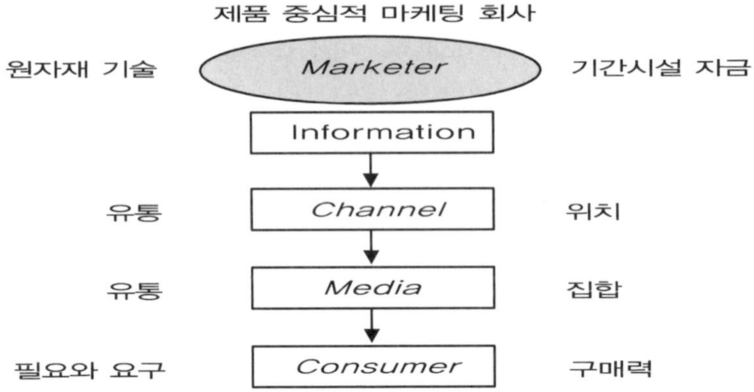

:: 시장에서의 힘의 이동

1990년대 중반 이후 모든 첨단마케팅과 커뮤니케이션 시스템은 변화하거나 심각한 도전에 직면했다. 새로운 기술은 시장에서의 상호작용을 가능케 했다. 이는 선형적이거나 내부에서 외부로 흐르는 일방향이 아닌 쌍방교류와 네트워킹을 의미한다. 기업과 소비자는 인터넷과 월드와이드웹과 같은 무선장거리 통신기술 등의 신기술을 통해 필요한 정보를 습득하기에 이르렀다.

케언크로스(Francis Cairncross)는 저서 《거리의 소멸》(*The Death of Distance*)[12]에서 시장과 마케팅 그리고 커뮤니케이션 분야에서 새로운 정보기술과 정보의 힘이 야기할 변화에 대해 매우 유익한 읽을 거리와 흥미로운 담론을 제기했다. 그녀는 제 3의 전송수단에 대해 이야기한다. 첫 번째는 물, 두 번째는 공기, 그리고 세 번째가 바로 전자(*Electronic*)이다. 이것은 전자기술을 이용하여 누구나 음성이나 화상정보를 교환할 수 있는 새로운 능력을 의미한다.

케언크로스에 의하면 모든 고객이나 소비자가 정보기술을 이용해서 시간이나

---

12) Cairncross, Francis(2001), *The Death of Distance*, Harvard Business School Press.

거리에 구애받지 않고 시장이나 상품정보에 다가서게 되었다. 예를 들면, 온라인 쇼핑몰의 경우 소비자는 시간에 제약받지 않고 아무 때나 자신이 원하는 시간에 자신이 원하는 상품이나 서비스가 어디에 있든지 매장을 방문하거나 구매할 수 있게 된 것이다. 무엇보다 소비자는 더는 마케터가 제시하는 상품이나 가격 혹은 유통 등(그 유명한 4P)에 의해 더는 통제받지 않아도 되는 상황에 이르렀다(다시 말해서 공급을 조절한다든지). 배타적 유통정책을 펴거나 지리적으로 차별화된 판매정책을 사용하는 것은 이제 더는 마케터의 선택사항도, 소비자의 불편사항도 못된다. 오히려 점점 더 선택의 폭은 넓어지고 경쟁은 균등화되었다. 4P의 통제권에 의한 마케터의 시장독점권은 이미 1990년대 초반부터 위력을 상실했다. 오늘날 이러한 힘의 이동은 산사태처럼 일어난다. 고객이나 소비자는 아직 시장에서 완벽하게 자유롭지는 못하더라도 정보기술이나 시장정보를 활용하여 최소한 기업의 무차별공격을 막거나 피할 수 있다. 우리가 이 글에서 명확히 하려는 것은 이러한 소비자의 통제력이 지속적으로 커질 것이라는 사실이다.

:: 신기술로 무장한 소비자

신기술은 단지 시장만 바꾼 것이 아니라 소비자의 행동을 전면적으로 변화시켰다. 단순히 정보를 수집하는 방식뿐만 아니라 정보를 처리하고 활용하는 방법 또한 변했다. 빅리서치 사의 주기적 조사결과를 면밀히 분석하면 소비자간 또는 마케터와 소비자의 관계를 심각하게 변화시키는 두 가지 중요한 징후를 발견할 수 있다.

한 가지는 오늘날 소비자는 매체를 개별적 · 순차적으로 활용하는 것이 아니라 동시다발적으로 이용한다는 사실이다. 대부분의 소비자는 이전에 가정했던 것처럼 광고나 여타 마케팅 커뮤니케이션에 분산적 · 개별적으로 접촉하지 않는다는 말이다. 그 대신 여러 매체를 동시다발적으로 이용하여 거의 '매체돌리기'(*media grazing*)식의 지속적이며 무차별적인 형태로 접촉하며 활용한다. 이를 우리는 '동시다매체이용'(*simultaneous media exposure* : SIMM)[13]이라고 명명했다. 예를 들면, 응답자

가운데 32%가 인터넷을 하면서 텔레비전 시청이나 라디오 청취 혹은 신문 뒤적이는 일을 병행한다고 한다. 또한 34%는 DM을 열어 보면서 다른 매체를 함께 보거나 듣는다고 대답했다. 그리고 이러한 경향은 날로 증가하는 추세다.[14)]

소비자는 이렇게 동시에 여러 매체를 수용하면서 나름대로 매체를 정리하는 방법을 터득했다. 이러한 조사결과를 면밀히 분석한 결과, 소비자가 동시에 여러 매체에 접촉할 때 주매체와 부매체로 구분해서 접촉한다는 사실을 알아냈다. 부매체는 주관심사가 주매체에 주력하는 동안 최소한의 주의력을 할당하는 것을 말한다. 따라서 때로 무시할 만한 수준의 '백색잡음'(*white noise*), 즉 '무고한 장애'가 발생하기도 한다(6장 참조). 우리가 여기서 주목하는 것은 소비자들이 여러 매체에 노출되더라도 효과를 거두는 매체는 제한적이라는 사실이다.

또 다른 징후로는 대부분의 광고매체 이론이 기초로 하는 기존의 자극과 반응 모델은 최근에 소개되는 인지심리학적 관점에서 볼 때 입증되지 않은 정보처리 가설을 기반으로 한다. SIMM의 자료들을 기반으로 우리가 분석한 결과에 따르면 소비자는 지속적으로 매우 다양한 매체를 동시에 취급한다. 대부분의 소비자가 전통적 마콤에 노출되더라도 그들은 이제껏 우리가 알고 있던 행동심리학적 방법에 따라 반응하지 않는다.[15)]

【빅리서치 사의 주요 조사결과】

프로스퍼 인터내셔널(Prosper International) 사가 경영하는 빅리서치는 1990년 이후 유통·제조 분야의 전문가나 공공정책 담당자들을 대상으로 익명의 불특정 다수 소비자들이 어떻게 정보를 교환하고 자신의 의견을 개진하는가에 대한 포럼을 계속했다. 이 회사는 경쟁이 치열해지는 시장상황에서 경영진이 올바른 의사결정

---

13) Schultz et al.(2004), "Simultaneous Media Usage : A Critical Consumer Orientation to Media Planning", *Journal of Consumer Behavior* 3, Issue 3, pp.230~234.

14) BIG Research(2004), 13,991명을 대상으로 한 온라인 조사결과 오차범위 -1%.

15) Weilbacher, William(2003), "How Advertising Affects Consumers", *Journal of Advertising Research*, June, pp.230~234.
Zaltman, Gerald(2003), *How Consumer Think : Essential Insights into the Mind of the Market*, Harvard Business School Press.

을 내리는 데 도움이 되는 소비자의 과거와 현재 그리고 미래를 예측할 수 있는 방대한 정보를 축적중이다. 빅리서치는 전자메일과 인터넷을 이용한 방대한 규모의 소비자조사(매회 8,000~15,000명에 달하는)를 실시하고 있다. 이는 6천만 명의 모집단을 대상으로 오차범위 1% 미만의 매우 정교한 설계를 바탕으로 한다.

빅리서치는 CIA(*Consumer Intentions and Actions*)라는 신디케이트 조사를 통해 매월 8천 명 이상의 자료를 관측한다. 이것은 소비자들이 어떻게 구매행동을 유지하고 전환하는지에 관한 최신상황을 기업의 요구에 맞추어 추적할 수 있는 장치다. 과거의 행적만을 조사하는 종래의 기법과는 달리 이 자료는 소비자의 의도와 행동을 예측할 수 있는 정보까지 담고 있다.

또한 SIMM(Simultaneous Media Usage Study)에 의한 조사는 마케터로 하여금 커뮤니케이션 투자에 대한 투자환수효과(ROI)를 극대화하는 데 필요한 소비자의 매체이용 형태에 대한 정보를 제공한다. SIMM의 자료는 매번 15,000명의 샘플을 대상으로 연 2회 조사를 실시한 것이다. 이와 같은 샘플규모는 미국 전체 소비자를 추정하기에 충분하다. 최근 3년 동안 누적된 SIMM의 자료는 이제 트렌드 제시와 함께 업계의 가장 중요한 정보로 자리하고 있다.

:: 구전마케팅과 선순환 시스템

이제까지 논의한 기술의 발달로 인한 시장과 소비자 행동변화 가운데 가장 중요하면서도 가장 소홀하게 다루어진 분야는 아마도 21세기의 소비자가 구매하거나 적어도 구매를 고려하는 상품, 또는 서비스에 관한 정보를 어떻게 수집하고 평가하는지에 관한 부분일 것이다. 마케터의 무차별 공격에 견디다 못한 소비자는 마침내 적절한 방어장치를 찾아냈다. 앞서 간단히 살펴본 것처럼 소비자는 시장에서 마케터의 정보를 차단하고 자신만의 메시지를 공유하는 선순환마케팅과 커뮤니케이션 시스템을 만들었다. 이러한 시스템에서 전통적 마케팅이 발붙일 곳은 없다.

구전마케팅은 전혀 새로운 개념이 아니다. 아마도 가장 신뢰할 수 있는 광고일 것이다. 브루어(Brewer)[16]나 타즈펠(Tajfel)과 터너(Turner)[17] 같은 이들은 사람

16) Brewer, Marilyn(1991), "The Social Self : On Being the Same and Different at the Same Time",

들이 사회적 정체성을 확보하기 위해 자신의 의사를 표현한다고 한다. 이에 기초해서 크래머(Kramer)[18]는 사람은 자신의 정체성을 위해서라도 주어진 상황 속에서 자신의 영역(의사)을 표시한다고 한다. 때문에 사람은 성이나 인종, 직업, 자기가 응원하는 스포츠팀 등에 따라 자신을 구분하고 소속을 만든다는 것이다. 우리가 제시하는 O-C-R 모델과 이 안에서 기능하는 구전마케팅도 이와 같은 소비자의 심리적 · 물리적 욕구를 반영한다. 오늘날 구전의 힘은 더욱 중요해졌다.

웨스트브룩(Westbrook)은 "담 너머 이웃으로부터 듣는 광고보다 더 효과적인 것은 없습니다. 광고조사 결과 90%가 '이 제품 정말 좋아요!' 라고 응답했다 하더라도 구전에 의한 90%에는 훨씬 못 미칩니다" 라고 말한다.

구전은 다양한 수준으로 영향을 미친다. 라이헬드(Reichheld)[19]에 따르면 소비자가 재구매를 결정하는 데는 세 종류의 참고집단이 있다고 한다. 이는 '촉진자'(*Promoters*), 즉 강력한 재구매 추천집단과 '수동적 만족자'(*Passively Satisfied*)집단으로, 이들은 재구매를 하지만 요청받기 전에는 추천하지 않는다. 마지막으로 '비판자'(*Detractors*)집단은 비록 자신은 재구매를 할지라도 남들에게는 결코 추천하지 않거나 경쟁사 제품을 추천하는 집단이라는 것이다. 때문에 구전은 반드시 좋은 것만은 아니며 때로 기업에 손해를 입힐 수도 있다. SIMM의 조사의 일환으로 빅리서치는 응답자들에게 구매에 영향을 미치는 변수에 대해서 물어보았다. 구매의사 결정을 위한 커뮤니케이션에 동원되는 유형은 모두 27가지로 밝혀졌다(2004년 봄, 13,991명 대상).

질문은 "다음 중 귀하의 구매결정에 영향을 미치는 중요도는?"(주 : 4점 척도에 의한 응답. 매우 중요와 중요가 하나로 묶이고 나머지 별로 중요와 안 중요함이 각각 하나

Personality and Social Psychology Bulletin 17(5), pp.475~482.

17) Tajfel, Henri & John, Turner(1985), "The Social Identity Theory of Intergroup Behavior" in Steven Worchel and William G. Austin(Eds.), *Psychology of Intergroup Relations*, Chicago : Nelson-Hall, pp.6~24.

18) Kramer, Roderick(1991), "Intergroup Relations and Organizational Dilemmas : The Role of Categorization Process", *Research in Organization Behavior* 13, pp.191~207.

19) Reichheld, Fredrick(2003), "The One Number You Need to Grow", *Harvard Business Review*, Dec., pp.46~54.

로 묶임)이다. 이에 대한 결과는 〈표 8-1〉과 같다. 〈표 8-1〉에서 보는 것처럼 구전의 영향력이 가장 크며, 그 다음으로 신문전단과 매점 내 판촉 그리고 텔레비전 순으로 나타났다.

아마도 우리가 제시하는 '관측 · 대화 · 추천' 모델이 가장 극명하게 드러나는 것은 다음의 질문에 대한 응답자들의 반응일 것이다. 두 번째 질문은 "상품이나 서비스를 구매하기 전에 타인으로부터 조언을 구합니까?"('자주'는 일상적인 경우를, '가끔'은 비일상적인 경우를 의미한다)이다. 이에 대한 응답은 〈표 8-2〉에 나타난 것처럼 단지 10% 미만만이 '아니오'라고 대답했다. 역으로 "자신이 구매한 상품이나 서비스에 관해서 남에게 조언을 줍니까?" 라는 질문에 대한 결과는 〈표 8-3〉과 같다. 이 표에서 보듯이, 응답자의 5.4%만이 '그렇지 않다' 라고 대답했다.

분명한 것은 오늘날 시장에서 소비자 사이에 상품이나 서비스에 관한 매우 높은 수준의 정보가 교류된다는 사실이다. 이는 우리가 주장하는 O-C-R 시스템이 시장에서 그대로 작동함을 의미한다. 이러한 사실은 여러 소비자 태도조사에서도 나타난다. 즉, 가족이나 가까운 친구 혹은 존경하는 인물 등이 소비자의 삶과 생활에 깊숙이 영향을 미친다는 것이다.[20] 이러한 사실들을 종합하면 구전과 소비자 추천이 구매의사 결정에 중대한 영향을 미침을 알 수 있다.[21] 이로 인해서 마케터가 직면한 문제는 과거의 전통적 방식과는 달리 구전과 관련해 소비자에게 영향을 미치기 위해서 자신이 할 수 있는 일이 아무것도 없다는 사실이다. 이 때문에 마케터들은 심각한 상황에 처하게 된 것이다.

---

20) Schiffman, Leon & Kanuk, Lazar(2003), *Consumer Behavior*, English Edition(8th Ed.).

21) Preliminary analysis of "Third Wave of Simultaneous Media Usage", White Paper, Working Document, BIG Research, Worthington, OH, Sept., 2003.

〈표 8-1〉 매체별 영향력(2004년 봄)

구 분	%	구 분	%
다이렉트 메일	20.6	옥외광고)	7.3
전자메일	13.4	라디오	14.0
쿠폰	25.9	텔레비전	30.7
잡지	20.4	케이블 TV	18.5
신문	24.7	구전	39.1
신문전단	33.9	신문기사	27.8
인터넷 광고	14.0	매점 내 판촌	31.8
전화번호부	9.2		

〈표 8-2〉 조언을 구하는 수준

	빈 도	%	누적치(%)
유 효	203	1.5	1.5
자 주	1,775	12.7	14.1
가 끔	10,691	76.4	90.6
전 혀	1,322	9.4	100.0
합 계	13,991	100.0	

〈표 8-3〉 조언을 제공하는 수준

	빈 도	%	누적치(%)
유 효	165	1.2	1.2
자 주	3,075	22.0	23.2
가 끔	10,000	71.5	94.6
전 혀	751	5.4	100.0
합 계	13,991	100.0	

:: O-C-R 모델 : 새로운 마케팅 제안

우리가 제안하는 O-C-R(관측 · 대화 · 추천) 모델은 소비자의 의사결정에서 구전의 영향력이 급속하게 늘어나는 반면 광고와 같은 전통적 수단의 위력은 약화된다고 전제한다. 개인적 경험에 기초한 O-C-R의 네트워크는 소비자의 구매의사 결정에 매우 큰 영향력을 발휘한다. 이러한 개인간 상호작용은 과거처럼 담 너머의 대인적 접촉뿐만 아니라 웹 로그나 채팅, 전자메일, 소비자고발(*watchdog*)이나 유사한 환경단체 등을 통한 가상의 전자네트워크를 통해서 활발히 이루어진다. SIMM의 데이터를 기초로 우리는 소비자들이 ① 주위의 다른 이들이 어떻게 하는지 관측하고, ② 상품이나 서비스 혹은 시장환경에 관해 듣거나 이야기를 나누고, ③ 각자의 네트워크를 통하여 얻은 추천을 받아들인다는 것을 파악하였다. 이러한 시스템에서 고객이나 소비자의 상호중재 역할은 매우 지속적이며 역동적으로 이루어진다. 우리가 사용하기 시작한 용어인 '고객의 마콤'은 한 고객이나 고객집단으로부터 다른 고객이나 고객집단으로 마치 조수처럼 역동적으로 움직인다. 이는 대부분의 마케팅조직에게는 개방되지 않은 시스템구조를 갖는다. 종래의 광고와는 달리 구전에 의해 입수되거나 확산되는 정보는 매우 자유롭고 강압적이지 않다. 때문에 O-C-R의 사회적 네트워크는 점차 21세기를 살아가는 소비자에게 매혹적이고 신뢰할 만한 방식으로 자리를 굳히고 있다.

이러한 O-C-R 모델을 도식화하면 〈그림 8-2〉와 같다. 우리는 이와 같이 소비자들이 통제하는 커뮤니케이션 시스템이 향후 마케팅 커뮤니케이션에 가장 중요한 변화양상일 것이라 예측한다.

〈그림 8-2〉에서 보는 것처럼, 상품이나 서비스에 관한 정보는 내부적으로 다양한 소비자들이 각자 적절한 관계를 맺는 사람들과 관측, 대화 그리고 추천하는 과정을 통해 이동한다. 여기서 중요한 점은 마케터는 이 시스템의 외곽에 위치하여 지속적 정보교환의 과정에 중요한 역할을 하지 못한다는 사실이다. 이와 같은 선순환 시스템에서 O-C-R 모델은 다음의 세 단계로 작동한다.

〈그림 8-2〉 고객의 힘에 의한 선순환 시장모형

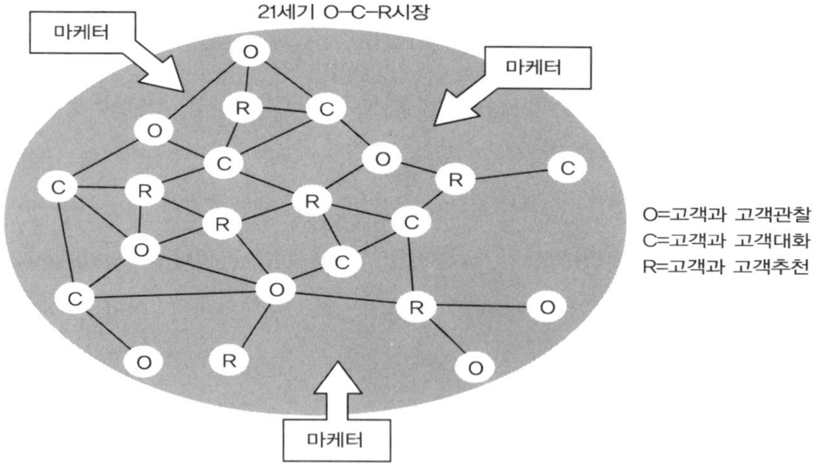

••• 관측

사람들은 끊임없이 다른 사람을 관측(*Observation*)하는 경향이 있다. 남들이 무엇을 어떻게 하는지 주의 깊게 본다. 여기에는 상품이나 서비스를 어디서 어떻게 사고, 어떻게 평가하는지 등이 포함된다. 또한 기업의 모든 마케팅과 판촉활동을 관찰한다. 마케팅 측면에서 말한다면 이러한 관측은 개인이나 집단 혹은 조직이 자신의 필요충족 또는 상품이나 서비스 사용과 관련된 욕구를 어떻게 채우는지를 의미한다. 여기서 말하는 관측은 고객이나 소비자가 자신의 주위를 둘러보는 것에 국한되지 않는다. 처음엔 비록 사적이고 개인적인 차원에서 비롯됐지만 정보기술의 발달에 힘입어 이제는 글로벌 수준으로 확장되었다. 이러한 정보교류의 힘으로 소비자는 더 밀접하게 이웃이나 경쟁사, 친구, 친척 등 전 세계 사람을 관찰할 수 있다. 이러한 관측을 통해서 시장에서의 행동을 결정한다. 소비자는 사고자 하는 상품이나 서비스를 평가하고 선택하며, 이를 기준으로 기업의 마케팅부서가 하는 말을 수용하거나 무시한다. 그리고 남들에게 무어라 말할지 결정한다. 비록 마케터의 의도에 노출되더라도 자신이 속한 시스템에서 얻은 자료나 정보 등으로 여과하고 평가한다. 이러한 관측은 소비자가 갖는 매우 강력한 수단임에도 불구하고 기업들은 아직 그 중요성을 제대로 파악하지 못했다. 더욱 큰 문제는 소비자들이 단지 관측단계에 머무는 게 아니라 서로 대화한다는 사실이다.

●○● 대화

대화(*Conversation*)란 공식적이든 비공식적이든 고객과 소비자, 관망자, 판매자, 구매자 다시 말해서 시장과 관련된 모든 사람 사이의 지식과 경험에 관한 정보의 나눔을 의미한다. 오늘날 정보기술은 소비자들로 하여금 다른 소비자와 전문가, 불만족한 사용자, 또는 친구나 지인과의 대화를 얼마든지 가능하게 만들었다. 이러한 대화를 통해서 자신의 문제점에 대한 해결책을 구하거나 구매하려는 상품이나 서비스에 관한 정보를 얻기도 한다. 때문에 사고자 하는 물건에 관한 의문점의 해답을 이미 갖고 있는 것과 같다. 이러한 대화의 가장 확실한 출처로는 웹사이트나 대화방 사용자그룹 등을 들 수 있다. 여기서 주목해야 할 점은 대부분의 경우 이러한 대화(정보의 교류)가 앞서 논의한 것처럼 공식적으로 발생하지 않는다는 것이다. 대화는 명확한 사실이나 사람들의 의견 또는 어깨 너머로 들은 이야기 등이 복합적으로 교류하면서 이루어진다. 따라서 대화는 항상 존재하는 것이 아니다. 그보다는 때로 지식의 조각들이 일상 대화를 통해 십시일반으로 모여서 의견을 형성한다. 여기서 중요한 것은 대화의 변화속도가 너무 빨라서 전통방식의 마케팅 리서치나 기획과정을 무력하게 만든다는 사실이다. 이들의 움직임은 너무도 역동적이어서 대부분 마케팅조직이 개발한 정형화된 방식은 도저히 그 속도를 쫓아갈 수 없다. 고객이나 소비자는 이러한 대화의 사용자인 동시에 창출하거나 유통하는 역할도 한다. 이것이 바로 21세기 시장에서의 상호작용이다. 불행하게도 산업사회의 전통적인 4P 방식은 소비자 사이의 대화를 관찰하거나 파악할 수 있는 장치를 거의 갖고 있지 않다. 웹사이트를 뒤지거나 블로그를 훑어보는 것이 다소 도움이 될지 몰라도 근본적인 해결책은 될 수 없다. 이것이 21세기의 마케터를 더욱 힘들게 하는 이유다.

••• 추천

우리가 제시하는 모델에서 추천(*Recommendation*)은 R로 표기된다. 경험은 항상 최고의 스승이다. 만일 당신이 소비자로서 특정한 상품이나 서비스에 대한 구매를 고려할 때 그에 대한 경험이 없다면, 앞선 경험자에게 물어보는 것이 최상의 방책이리라. 그래서 21세기의 정보중심 사회에서 소비자는 상품이나 서비스에 관한 정보수집이나 배포 등의 과정을 지속하는 것이다.

추천은 대화에 비해서 더 논리적이고 정형화된 토의과정이다. 추천은 보통 상품이나 서비스 혹은 관련기업 등에 대하여 다른 사람에게 자신의 관점을 전달하고 싶어하는 열성적이거나 매우 긍정적인 경험자나, 반대로 부정적 경험자의 구두나 대화에 의한 전달을 의미한다. 이들은 친구나 이웃, 직장동료에게 자신이 경험한 상품이나 서비스의 브랜드, 기업 등에 대한 만족 또는 불만족스러운 경험을 털어놓는다. 그들 중 몇몇은 매우 적극적으로 광범위하게 자신의 의견을 확산시킨다. 이와는 반대로 질문을 받아야 대답하는 소극적인 사람도 있다. 이처럼 추천의 정도는, 앞서 논의한 바와 같이, 촉진자, 수동적 만족자, 비판자 등 여러 계층으로 나뉜다.

최근의 한 연구에 따르면, 매우 구별되는 두 개의 소비유형 집단이 존재한다고 한다.[22] 첫 번째는 '소비혁신자'(*consumer innovation*)로, 시장에 신제품이 나올 때마다 시도하는 사람이다. 이들은 관측을 통해 타인에게 전파하는 데 유익한 집단이다. 하지만 이들은 확산보다는 구매 그 자체에 더 큰 관심을 갖는다. 두 번째, '시장전문가'(*market maven*)로 다소 상이한 심리구조를 갖는다. 이들은 소비혁신자에 비해서는 신제품에 대한 정보에 다소 어둡지만 대신 그 제품군에 관한 전반적 시장정보에 대해서는 더 해박하다. 이들은 상품이나 서비스의 경향, 소비자가격, 최적의 구매장소 등에 관한 정보를 꿰고 있다. 마케터는 시장전문가가 시장상황에 더 민감하기 때문에 더 많은 주의를 기울일 필요가 있다. 이제야 비로소 마케터들

22) Goldsmith, Ronald et al.(2003), "Innovative Consumers & Market Mavens", *Journal of Marketing Theory & Practice* 4, pp.54~65.

이 이들에게 주목하기 시작했지만 이러한 네트워크는 이미 매우 강력한 사회조직으로 자리매김하고 있다.

이 밖에 라이헬드[23]는 추천이나 긍정적인 평가를 하는 사람은 개인적 위험을 감수한다는 사실도 알아냈다. 즉, 소비자는 추천할 때 회사로부터 받은 경제적 가치 이상의 것을 덧붙인다는 것이다. 이는 온라인상에 자신의 명성을 거는 것이다. 그리고 그런 위험감수는 그 회사나 상품에 대한 신뢰가 있을 때만 가능하다.

이러한 이유로 소비자들은 O-C-R 모델을 통한 다양한 정보입수에 신뢰를 부여하는 것이다. 네트워크의 구조가 크고, 더 많은 사람이 참여할수록 위력은 더욱 커진다. 이러한 네트워크의 위력을 알아보기 위해 워싱턴 D. C.의 예를 들어보자. 미국인 가운데 55세 이상의 전 인구를 회원으로 하는 '전미은퇴자협회'(American Association of Retired Person : AARP)는 개인에 비해 의회에 엄청난 로비력을 갖는다. AARP와는 달리 O-C-R은 비록 강령도 없고 회칙도 없지만 이들은 점점 더 진화하며 강력해지고 있다. 이 때문에 마케터는 이러한 네트워크의 실체를 파악하기도, 그 구성원을 알아내기도 어려운 것이다. 하지만 누구라도 관심이 있으면 이러한 네트워크의 구성원이 될 수 있다. 이 네트워크는 최신 커뮤니케이션에 힘입어 날로 발전중이다. 이것을 통해서 소비자는 언제 어디서든 자신이 원하는 상품이나 서비스에 관한 정보나 의견을 구할 수 있어 더 나은 구매의사 결정을 할 수 있다. 이 O-C-R 구조는 매우 단순하고 소비자에 의해 운영되는 매우 강력한 네트워크지만 마케터가 영향을 미칠 수 있는 영역은 거의 없다.

:: O-C-R 모델의 예

우리가 제시하는 O-C-R 마케팅시스템에 기초한 성공사례는 점점 늘고, 그 중 몇몇은 전설적인 이야깃거리가 되었다. 오늘날 인구에 회자하는 몇몇 브랜드, 예를 들어 보디숍(The Body Shop)이나 버진항공(Virgin Airlines), 허시퍼피(Hush Pippies),

---

23) *ibid*.

엔싱크(N'Sync), AOL 등을 생각해 보자. 《티핑 포인트》[24]에서 저자 글래드웰은 한물가거나 파산의 벼랑에 몰린 브랜드가 어떻게 뉴욕의 여론선도자 사이에 새로운 '유행'으로 기사회생할 수 있었는지 이야기한다. 패션분야의 여론선도자들이 허시퍼피를 신고 다니는 것이 관측(O)되었다. 그들은 허시퍼피에 대한 자신의 긍정적 평가를 전달(C)하고 이를 친구나 주변사람에게 추천(R)해서 별 광고도 없이 마침내 유행을 탄 것이다. 실제로 허시퍼피에서는 주문이 쇄도하기 전까지 그러한 네트워크의 확산을 알지 못했다고 한다. 상품에 대한 의견의 확산은 부정적인 경우에도 마찬가지로 강력한 위력을 발휘한다. 이처럼 소비자들이 관측하고 대화하고 추천한 내용이 회사의 사활을 좌우할 수 있는 것이 21세기의 시장환경이다. 선순환 시스템을 갖는 소비자의 O-C-R 네트워크는 예전에 마케터들이 구사한 마케팅이나 마케팅 커뮤니케이션보다 시장에서 훨씬 더 강력한 영향력을 발휘한다.

:: 마콤을 위한 함의

O-C-R 모델의 출현으로 마케터가 직면한 가장 큰 문제는 이 네트워크 안에서 자신의 상품이나 서비스에 관해 떠도는 정보나 메시지에 대해 손쓸 방법이 없다는 것이다. 뿐만 아니라 이들 네트워크의 구성원이 누군지, 그 안에서 언급되는 이야기가 어떤 것인지조차 파악하지 못할 때가 많다. 21세기의 새로운 시장에서는 소비자가 스스로 자신의 이익을 위해서 상품이나 서비스에 관한 정보를 모으고 관리하며 공유한다. 소비자들은 여전히 마케터가 제공하는 자료나 정보를 필요로 하지만 더는 이것이 의사결정에 이전처럼 중요한 역할을 하지 못한다. 전통적 마케팅은 일차적 정보전달 기능 이외에 소비자들이 구성하는 네트워크에도 진입하려 하지만 여전히 이방인으로 남을 수밖에 없다. 결론적으로 말하면 이제 마케터는 주도자가 아니며 과거처럼 커뮤니케이션을 리드할 수 없다. 마케터는 다양한 노력, 이를테면 바이러스 마케팅이나 이벤트, 후원 등 여러 방법을 동원하지만 효과

24) Gladwell, Malcolm(2000), *The Tipping Point*, Oxford University Press.

에는 한계가 있다.

정보는 여전히 마케터가 조직하고 관리하는 전통적 방식(소매상, 유통, 영업사원, 언론, 포장 등)에 따라 흐른다. 그러나 그런 정보는 모두 소비자가 가로채서 조정하고 중재하기 마련이다. 때문에 마콤 메시지는 마케팅부서가 의도한 대로 전달될 수 있는 여지가 충분히 있지만, 반대로 마케터가 의도한 것과는 정반대로 뒤집혀 전달 · 확산될 수도 있다. 마케터는 자신이 커뮤니케이션의 주도권을 갖고 있다고 믿기에 전통적 조사방식인 외부 커뮤니케이션 프로그램에만 주목한다. 기업으로부터 소비자에 이르는 인사이드 아웃(*inside-out*) 관점으로는 오늘날 소비자 사이의 선순환회로에서 이루어지는 내부정보에 다가갈 수 없다. 왜냐하면 마케터는 회로의 외부에 존재하기 때문이다. 따라서 그들이 할 수 있는 것이라고는 고객이나 소비자가 내부시스템에서 관찰하고 대화하며 추천한 결과에 반응하는 정도다. 이 때문에 마케터는 커뮤니케이션을 주도할 수 없으며 소비자나 네트워크의 영향력 있는 사람들의 요구나 기호를 파악하지 않고는 시장변화에 올바르게 대처할 수 없다. 이것이 마케터가 점점 더 시장을 관리하기 어려운 상황에 처한 이유다. 또한 21세기 모든 시장이 처한 근본적 문제이기도 하다.

:: 오늘의 마케터를 위한 조언

오늘날 마케터나 마콤 담당자에게 요구되는 가장 민감한 과제는 관측과 대화 그리고 추천의 과정에 들어서거나 접근할 수 있는 방법을 개발하는 일이다. 마케터에게는 시장이 아니라 실제로 소비자 네트워크 안에서 무슨 일이 벌어지는지 알아내기 위한 노력이 절실하다. 어번과 하우저(Urban & Hauser)[25]는 O-C-R 네트워크에 진입할 수 있는 방법을 개발했다. 이것은 고객들과 가상의 웹을 기반으로 하는 조언자 사이의 지속적 대화를 경청할 수 있도록 하는 것이다. 이 방법을 통해 그들은 신제품개발 기회라든지 새로운 고객의 요구 등을 파악할 수 있다. 이는

25) Urban, Glen & Hauser, John (2004), "Listening Into Find and Explore New Combinations of Customer Needs", *Journal of Marketing* 68, pp.72~87.

O-C-R과 같은 커뮤니케이션 방식이 지배적인 21세기 시장환경에 적합한 새롭고 혁신적인 조사와 자료수집 방법이 될 것이다. 이는 종래의 방식처럼 정량적인 통계분석에만 의존하는 대신에 더 정성적인 방법으로 사례수집과 인종간 차이, 관측조사, 지속적 자료수집 등을 가능케 한다. 이는 마케터가 고객이 원할 거라는 가정을 확인하는 것이 아니라 실제로 고객들이 행하는 바를 확인하는 작업이다. 이 O-C-R 시스템은 마케터로 하여금 고객을 설득하려는 것이 아니라 효율적으로 대화할 수 있게끔 한다. 새로운 시장은 매우 빠른 대응을 필요로 한다. 정보의 수집과 분석과정이 매우 신속해야 한다. 특히 조사, 네트워크, 커뮤니케이션 그리고 대응능력이 중요하다. 이것들을 좀더 자세히 짚어보기로 하자.

•◦• 조사 (*Research*)

전통적인 조사방법은 마케터의 요구를 충족하기 위한 것이지 소비자의 요구를 알려는 것이 아니다. 예전에는 '우리의 광고에 대해 어떻게 생각하십니까', '우리 제품의 맛이 어떻습니까', '이 메시지를 기억할 수 있습니까' 등의 질문으로 정보가 수직적으로 수집되었다. 즉, 조사자는 소비자에게 자신의 상품이나 서비스에 대해 물을 뿐, 결코 소비자의 문제와 그들이 어떤 해결책을 원하는지에 대해서는 알려 하지 않았다. 오랫동안 마케팅부서에서 채택한 전통적 조사기법들은 고객이 무엇을 하고, 무슨 대화를 하며, 무엇을 관찰하는지 파악하는 데 거의 쓸모가 없다. O-C-R 시스템은 소비자가 자신의 문제를 해결하고 해법을 제공하며 해답을 찾기 위한 것이지 결코 마케터가 원하는 자료나 정보를 주기 위한 것이 아니다. 더구나 오늘날 대부분의 조사자료는 시장파악, 다시 말해서 소비자 개개인이 아닌 시장 전체를 조망하려는 것인데 이렇게 해서는 결코 소비자들의 O-C-R 행태를 파악할 수 없다. '정상분포곡선'에 기인한, 산더미같이 쌓인 표준화된 데이터만으로는 고객이나 소비자 개개인의 생각을 알 방법이 없다. 마케터들이 목표시장 가운데 대표적 집단을 파악하고 이들을 대상으로 하는 메시지를 개발하려는 노력은 오늘날의 O-C-R 구조에서는 무용지물에 불과하다. 새롭게 형성되는 시장에 맞는 새로운 조사방법이 있어야 한다. 고객의 지식과 통찰력 그리고 정보에 기초한 기업이 소비자에게 다가가는 지도의 기능을 할 수 있는 조사가 필요하다. 시장조사의 기능은 지금까지처럼 단순히 정보를 보고하는 수준이 아니라 최고경영층의 의사결정에 직접 활용되는 수준으로 상향되어야 한다.[26] 뿐만 아니라 경영층은 전통적인 시장조사 너머의 — 자료에 숨겨진 — 고객의 통찰력을 파악하고 영업부의 서랍에 들어 있거나 서비스부서가 알고 있는 고객에 대한 모든 지식을 확보해야 한다.

•◦• 네트워크 (*Network*)

마케터는 O-C-R 내의 모든 멤버가 똑같다고 생각해서는 안 된다. 만일 네트워크에 연결된 사람들을 순차적으로 영향력을 매긴다면 n번째 사람의 힘은 n분의 1이 될 것이다. 하지만 네트워크 내의 혁신자는 시스템 내의 누구와도 간단하게 연결될 수 있다.[27] 따라서 마케터는 여론지도층이자 때로 회사의 가장 중요한 고객이 될 수 있는 소비혁신자나 시장전문가에게 각별한 주의를 기울여야 한다.[28] 추천하는 사람들은 때에 따라 매우 적극적이다. 그들은 시장에서 상품이나 서비스의 사활에 심각한 영향을 미칠 수 있다. 그리고 비판자나 부정적 의견을 내는 사람들의 목소리가 때로는 긍정적인 것보다 더 클 수도 있다. 많은 조사결과가 불만족소비자가 만족소비자보다 더 많은 사람에게 불만을 유포한다는 사실을 밝혔다.[29]

•◦• 커뮤니케이션 (*Communications*)

우리는 이제 소비자들이 여러 가지 매체를 동시에 이용함으로써 마케터의 여

26) Schultz, Don & Schultz, Heidi(2004), "A Roadmap for Developing an Integrated, Audience Focused, Market Research Driven Organization", ESOMAR.

27) Bhaskar, Chakravorti(2004), "The New Rules Bringing Innovations to Market", *Harvard Business Review*, March.

28) Goldsmith, Ronald et al.(2003), "Innovative Consumers & Market Mavens", *Journal of Marketing Theory & Practice* 11(4), pp.54~65.

29) Schultz, Don(2000), "Valuing a Brand's Advocates", *Marketing Management*, Winter.

러 가지 정보를 조율해서 받아들인다는 사실을 알았다. 소비자는 기업이 자신의 목소리에 귀 기울이고 자신을 개별적 존재로 대접하기를 바란다. 이제 마케터는 광고를 정보제공이나 커뮤니케이션 활동으로 전환해야 한다. 마케팅 커뮤니케이션은 개별화되어야 하며, 소비자에게 유익해야 한다. 신실하게 소비자의 필요나 요구를 충족할 수 있는 방향으로 전환해야 한다. 오늘날의 소비자는 냉정하고 지적이며, 충분한 정보로 무장되어 있다. 라스베이거스식의 화려하고 그럴듯한 포장만으로는 O-C-R 네트워크 안에 상주하는 소비자에게 다가설 수 없다. 광고에 의한 일방적 커뮤니케이션을 지양하고 고객과의 쌍방향 커뮤니케이션을 수립해야 한다. 회사는 채팅룸을 개설하고 블로거들이 고객과 대화할 수 있는 O-C-R 시스템에 참여하도록 관계를 맺고 이를 유지해야 한다. 고객에게 도움을 제공하고 불만을 청취할 수 있는 라인의 개설이 시급하다. 많은 회사가 자동응답기를 설치해 이를 흉내내지만 진정으로 고객의 정보를 수집하는 회사는 드물다. 이렇게 함으로써 회사는 자기회사 제품이나 서비스의 문제점이 무엇인지, 소비자의 반응은 어떠한지 확실하게 알 수 있다.

•◦• 대응능력 (*Respond*)

조사를 통해 소비자를 이해하고 커뮤니케이션 시스템을 갖췄다면 마케터는 고객에 대한 통찰력을 그들의 요구와 필요를 충족하는 데 활용해야 한다. 전통적 조사는 자료를 수집하고 분석하는 데 통상 수 개월의 시간을 소비한다. 요즘같이 역동적인 시장환경에서는 6개월 전의 시장조사자료가 무용지물이 될 수 있다. 따라서 소비자의 행동이나 기대 · 요구 등을 지속적으로 파악하고 동시에 이들과의 연속적인 대화를 유지해야만 비로소 효율적으로 대처할 수 있다. 어떤 조사기관들은 이미 이러한 변화의 긴박성을 감지했다. 예를 들어, 빅리서치는 온라인을 이용한 인터뷰와 데이터 수집방법으로 거의 실시간 — 자료수집 후 한두 주 이내 — 으로 분석결과를 내놓는다. 영국의 거대한 유통업체 가운데 하나인 테스코는 소비자자료를 토대로 소비자를 올바르게 이해하고 고객의 충성도제고를 통한 수익률 극대화에 가장 잘 대응하는 회사로 알려졌다. 이들은 대략 1천만 명에 달하는 고객카드로 자료를 수집·분석한다. 모든 회원은 인구통계학적 분류가 아닌 각자의 소비행태에 따라 31,000가지 항목으로 분류·추적된다. 여기서 더욱 중요한 것은 이들이 매월 지난달의 소비행동기록에 따라 재분류된다는 점이다. 이는 소비자가 자신의 필요에 적합한 커뮤니케이션을 더 잘 전달할 수 있게 하기 위함이다.

빅리서치는 소비자로 하여금 자발적으로 자신의 소비나 구매형태를 기록할 수 있는 조사를 실시중이다. 응답자는 자신의 과거 소비행적뿐만 아니라 자기의 의견이나 의도까지도 기술할 수 있다. 이미 구매했거나 앞으로 구매할 의향이 있는 제품과 정보수집을 위한 각자의 매체이용행태 등이 이 조사에 포함된다. 이러한 조사로 빅리서치는 지난 2002년부터 2005년까지 3년 동안 32만 명 이상에 대한 개인별 자료를 축적했으며, 수집된 자료는 더 정확하게 소비자들의 소비습관이나 태도, 행동을 이해하는 데 결정적 자료로 활용되고 있다. 이것은 회사가 소비자들의 변화를 조금 앞서 예측하는 데도 도움을 준다. 여러 경로를 통해 수집한 소비자정보는 마케터로 하여금 상황을 판단하고 이해하는 데 절대적으로 필요하다는 것에 아무도 이의가 없을 것이다.

납 월드(NOP World)라는 조사기관은 '에드보커시 멀티플라이어'(*Advocacy Multipllier*)[30)]라는 조사기법을 개발했는데, 이는 고객이 브랜드나 상품을 어떻게 옹호하는지 알게 한다. 또한 무관심(*Indifferent*)한 고객이 옹호(*Advocates*)적인 고객보다 어느 정도나 구매율이 낮은지 파악할 수 있다. 이는 O-C-R 시스템이 시장에서 얼마나 중요한 개념인지 마케터를 일깨우는 또 다른 증거이다. 요약하면, 이제 마케터들은 우리가 제안하는 감지즉시반응(*Sense-Adap-Respond*) 절차를 기획에 즉시 반영해야 한다. 마케터는 실시간으로 그리고 지속적으로 소비자나 고객을 관찰해야 한다. 이렇게 함으로써 고객이 시장에서 어떻게 관측·대화·추천하는지 파악할 수 있다. 이러한 생생한 감각으로 시장의 급격한 변화에 신선하게 대응해야 한다.

---

30) Wragg, Timm & Michael(2005), "The Marketing of Customer Advocacy", *ADMAP*, Jan., pp.38~41.

:: 마치면서

1990년대의 커뮤니케이션 기술혁명은 시장환경을 완전히 바꿨다. 전화나 인터넷의 출현은 소비자가 전 세계 누구와도 지리적 · 시간적 제약 없이 필요로 하는 정보를 무제한 추적할 수 있도록 했다. 이로 인해 광고나 판촉, 기타 전통적 4P에 입각한 영업활동은 위축될 수밖에 없었다. 이제 소비자들이 동시다발적으로 매체에 접촉하고 정보수집에 자유로워짐에 따라 마케터는 소비자가 들을 수 있는 소리를 내는 데 더욱 어려움을 느낀다. 앞으로 상품이나 서비스에 관한 정보는 소비자 스스로 개발한 O-C-R 시스템을 기반으로 수직 · 수평 · 사선으로 더욱 자유롭고 광범위하게 확산될 것이다. 이들이 정보를 나누는 데 마케터가 제공하는 커뮤니케이션은 필요하지 않게 될지도 모른다. 문제는 어떻게 소비자들의 O-C-R에 다가가느냐이다. 이제 기업이나 마케팅부서의 성패는 소비자 스스로 구축한 이 선순환 회로에 어떻게 진입하느냐에 달렸다.

제 9 장 광고와 선(善)

새로운 시장과 미디어환경에 적합한 광고전략의 대안으로서 IMC가 받는 비판 가운데 하나는 그것이 일시적 경영유행이라는 것이다.[1] 이에 대해 이 책의 공동 저자인 슐츠(Don E. Schultz)와 그의 영국동료인 키첸(Philip Kitchen) 교수 등은 IMC가 결코 일시적 유행이 아니며 21세기의 새로운 시장과 미디어환경을 반영하는 필연적 대안이라고 주장한다.[2] 이 글을 쓰면서 나는 경영과 유행에 대해 다시 한 번 반추했다. 그리고 한편으로 경영도 유행을 탈 수 있다고 수긍한다. 경쟁은 끊임없이 새로운 대안과 전략을 요구한다. 이러한 요구에 부응하는 여러 이론이나 주장 가운데는 일시적으로 나타났다 반짝 하고 사라지는 것도 많다. 또 유행의 적용기간을 좀더 길게 잡는다면 1부에서 소개한 종합품질관리(TQM)나 고객관계경영(CRM) 등의 개념도 유행의 범주에 둘 수 있다. IMC 또한 예외일 수 없다. 그러나 유행은 이전의 것을 똑같이 답습하지는 않는다. 비슷한 모양과 개념 같지만 이전과는 다르다. 나선형 발전이라고나 할까?

최근 회자되는 개념 가운데 하나인 윤리경영이 바로 그러하다. 이는 1980년대 말 등장했던 신뢰경영과 혼동된다. 심지어 조선 후기 실학자인 다산의 사상을 빌

1) Cornelissen, Joep P. & Lock, Andrew R.(2000), "Theoretical Concept or Management Fad? Examining the Significance of IMC", *Journal of Advertising Research* 5, pp.7~15.

2) Schultz, Don E. & Kitchen, Philip J.(2000), "A Response to Theoretical Concept or Management Fashion?", *Journal of Advertising Research* 5, pp.17~31.

려 윤리경영을 설명하기도 한다. 여기서 경영은 유행이라는 오해가 생기는 듯하다. 한 가지 흥미로운 조사를 인용하기로 하자.

윌모트(Michael Willmott)는 《시티즌 브랜드》(*Citizen Brands*, 2001)[3]라는 책에서 매우 재미있는 조사결과를 밝혔다. 응답자들에게 30가지의 형용사를 제시하고 각각의 회사에 가장 적합한 형용사를 여섯 개씩 고르도록 하였다. 형용사는 긍정적인 것(정직한, 신뢰할 만한, 혁신적인)에서부터 그렇지 못한 것(이를테면 냉소적인, 탐욕스러운, 비정한 등)을 포함하였다. 소비자들이 그 제품을 사용하든 안 하든 형용사로 평가한 것이 〈그림 9-1〉이다.

〈그림 9-1〉을보면 실제로 두 가지 차원으로 구분됨을 알 수 있다. 하나는 '오래된 · 보수적인 : 역동적 · 혁신적인' 수직축이고, 다른 하나는 '호의적 · 신뢰할 만한 : 거친 · 탐욕스러운' 등의 가로축이다.

이를 토대로 사람들이 생각하는 바람직한 기업이란 자신들이 신뢰할 수 있도

〈그림 9-1〉 브랜드와 형용사의 상관관계

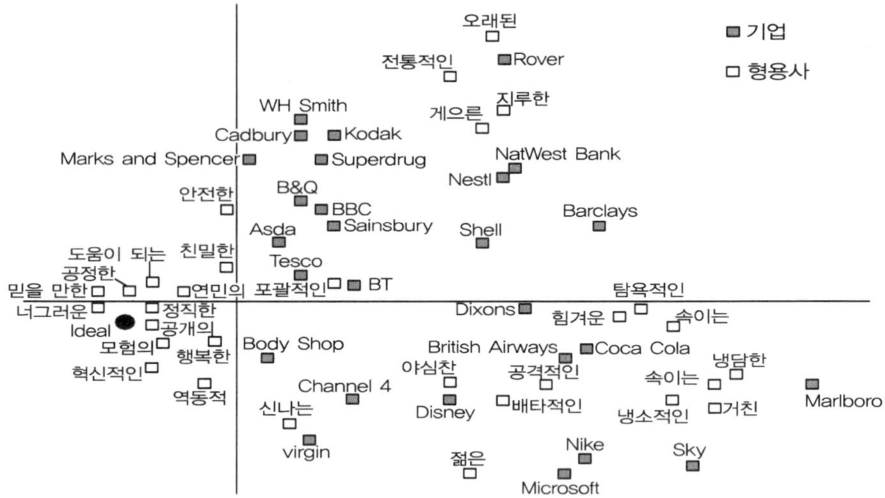

출처 : Willmott, 2001, p. 47.

3) Willmott, Michael(2001), *Citizen Brands*, Wiley.

록 호의적이며 동시에 역동적이고 혁신적이라는 것을 알 수 있다. 하지만 이러한 기준에 도달하는 회사는 하나도 없다는 것이 월모트의 지적이다. 이 그림에서 가장 주목을 끄는 것은 지도의 오른쪽 아랫부분에 위치하는 회사이다. 이들에게 부여된 형용사는 브랜드관리 측면에서 볼 때 매우 바람직하지 못한, '거친 · 속이는 · 탐욕스러운 · 냉소적인' 등의 단어를 포함한다. 여기에는 말보로나 나이키, 코카콜라와 마이크로 소프트 그리고 영국의 위성방송국인 스카이 등이 포함되었다. 하지만 이렇게 형편없이 평가된(형용사의 관점에서) 회사들이 지난 수 년간 경영수익 면에서는 놀라운 성과를 거두었다. 그런데 더욱 놀라운 것은 조사에 포함된 회사 가운데 7개 기업은 인터브랜드(Interbrand)가 실시한 브랜드 가치평가에서 세계 60위 안에 드는 회사라는 것이다. 이러한 조사가 의미하는 바는 무엇일까? 한마디로 '비싼 브랜드가 반드시 좋은 브랜드는 아니다'라는 점이다.

이렇듯 '윤리'라는 다소 탈경쟁적 개념이 다시 등장하는 이유는 무엇일까? 우리의 인체는 주로 수분 · 지질 · 단백질 · 탄수화물 · 핵산 등 유기화합물로 구성되었다. 사람이 죽으면 대략 21그램의 체중이 줄어 이것이 영혼의 무게라고 하기도 한다. 상식적으로 생각해 봐도 인간은 유기화합물 이상의 정신적 영역을 포함하며 이것이 육신을 이끈다. 그런데 반세기를 맞는 마케팅과 백 년을 넘어서는 근대 경영학이 비로소 영혼의 문제에 눈을 돌린 것이다. 물리적 경쟁에서의 우위만이 절대 선인 양 여기던 전쟁터에 봄바람이 불어온다. 요소환원주의에서 주장했던, 부분의 합이 전체라는 것에 대해서도 전체에 가까울지는 몰라도 결코 전체일 수는 없다는 반성이 인다. 뿐만 아니라 이전에는 무시해도 좋을 근소한 차이가 심각하게 다른 결과를 초래할 수 있다는 데 주목했다. 우리가 잘 아는 나비효과이론이 그 예에 해당한다. 경영에서도 이러한 자각이 생긴 것이다. 생산성향상을 위해 만든 새로운 경영이론이나 모델들이 벽에 부딪치는 것은 작지만 결코 간과해서는 안 되는 부분, 곧 인간의 가치와 존엄성을 무시했기 때문이다.

이 장에서는 윤리경영과 시티즌십 경영을 단지 용어에 국한하는 것이 아니라, 과거와 현재라는 시간의 간격 그리고 동서라는 지역적 거리를 나누는 대표개념으로 삼아 향후 모두가 연결된 네트워크사회(온 세상)에서 기업이라는 유기체는 과연 어떤 철학을 지향해야 할지를 윤리와 선의 관점에서 논할 것이다.

부활

내가 아는 어느 영화감독은 지금도 아날로그카메라 촬영을 고집한다. 디지털카메라엔 사람의 온기를 담을 수 없단다. IT나 디지털이라는 용어와 개념은 왠지 차갑고 정서적으로 거리감을 느끼게 한다. 요즘처럼 정보화로 치닫는 세상에서는 정서나 가치를 함유하는 윤리나 도덕 이야기를 꺼내면 마치 분위기 파악을 못하고 시대에 역행하는 문외한으로 보이기까지 한다. 하지만 한편에서는 이미 사장된 지 오래된 듯한 가치와 윤리로의 회귀가 조심스럽게 이루어지고 있다. 결국 과학의 목표가 '지고(至高)의 선(善)'을 추구하는 데 있다는 기본정신을 상기한다면 그리 새삼스러운 일도 아니다. 그래서 여기에서는 그러한 변화의 일단을 감지한 미래지향적 작가의 글을 다소 길지만 그대로 인용하고자 한다.

> 법치경영과 윤리경영은 최근 미국의 회계부정 사건을 계기로 세계적 경영화두로 떠올랐다. 미국 경제의 황금기였던 1990년대의 화두가 스톡옵션이었다면 2000년대의 화두는 단연 윤리경영이다. 국내에서도 이런 분위기에 따라 사규 이외에 별도의 윤리헌장을 만들어 실천하는 회사도 속속 생겼다. 2002년 8월 전경련 조사에 따르면 기업의 윤리헌장 제정 및 실천비율은 49.7%로 지난 1999년의 21.8%, 2001년의 45.2%에 이어 지속적으로 상승하는 추세다. 특히 30대 기업집단(2001년 기준) 대기업의 경우(80개 기업 응답) 2001년 69.4%에 비해 크게 높아져 76.3%가 윤리헌장을 보유한 것으로 나타나 기업규모가 클수록 윤리경영에 신경 쓰고 있음을 알 수 있다. 최근 윤리경영은 기업의 법적·경제적 책임수행은 물론, 사회통념적으로 기대되는 윤리적 책임의 수행까지도 기업의무로 인정하여 적극적이고 주체적인 자세로 이를 수행하는 것으로 확대됐다. 회계부정 사건으로 몸살을 앓는 미국에서는 윤리경영을 학생 때부터 가르쳐야 한다는 여론에 따라 윤리경영 강의를 도입하는 대학이 늘었다. 미국 최대 비즈니스스쿨인 뉴욕의 버룩칼리지(뉴욕 시립

대학)는 2003년부터 경영윤리를 필수과목으로 만드는 작업중이며, 슬로안스쿨(스탠퍼드대학)은 MBA 과정 수강생들이 정규과정을 시작하기 전 미리 윤리교육을 받도록 했다. 하버드 비즈니스스쿨이나 와튼스쿨(펜실베니아· 대학)은 이미 학생들에게 윤리과목 수강을 요구하고 있다. 이 모두는 미래의 경영자에게 법치의 원리를 세우기 위한 것이다.[4]

물론 윤리가 해당과목을 한두 과목 이수한다고 해서 회복되거나 갖출 수 있는 것은 아니다. 하지만 적어도 오늘날 기업이 윤리의 상실을 인정하고 가치의 회복을 위해 노력하는 것 자체에서 의미를 찾을 수 있다. 이 또한 앞서 지적한 대로, 애덤 스미스가 경고한, 생산성경쟁에 의한 지나친 이윤추구의 후유증으로 결국 세상은 '환원주의의 환원' 과정을 거치면서 나선식발전(시행착오의 다른 말)을 이루는 것이다.

우연의 일치일까? 아니면 나만의 호들갑일까? 앞서 인용한 윌모트의 《시티즌 브랜드》를 우리말로 번역하면서 나는 제목으로 '좋은 브랜드와 비싼 브랜드'를 염두에 두었다. 그런데 며칠 전 신문의 신간안내에서 코틀러와 낸시가 함께 쓴 《착한 기업이 성공한다》(원제 : *Corporate Social Responsibility*)를 접했다. 이 책에서 저자들은 좋은 기업과 위대한 기업을 구분한다. 포드자동차 CEO인 윌리엄 클레이 포드 주니어의 말을 인용해서 "좋은 기업은 훌륭한 상품과 서비스를 제공하지만 위대한 기업은 훌륭한 상품과 서비스를 제공할 뿐만 아니라, 세상을 더 나은 곳으로 만들기 위해 노력한다"라는 것이다. 그런가 하면 변화전문가 구본형은 무역협회의 경영혁신 사례를 다룬 최근 저서 《공익을 경영하라》(2006)에서 "방만은 공익에 대한 배신이다. 기대되는 공적 서비스의 질을 퇴행시키며, 국민에게 경영부실의 부담을 떠넘기기 때문이다. 공익경영은 서비스다. 그러나 수익경영 없이는 공익조직도 살아남을 수 없다. 수익이 결국 더 많은 공익을 창출하는 모델을 창조해야 한다. 이것이 비영리조직에도 경영이 절대적으로 필요한 이유다. 경영하라. 경영된 공익이 더 많은 국익과 사회적 가치를 창출한다"라고 역설했다. 내가 기업의

---

4) 김종래(2005), 《CEO 칭기스칸》, 삼성경제연구소, pp.109~110.

정신을 대표하는 용어로 시티즌십(*Citizenship*)에 주목하는 이유는 그것이 이전의 기업가정신(*Entrepreneurship*)에 비해 더 수평적이며 포괄적인, 민주적 의미를 내포하기 때문이다. 시티즌십을 예전처럼 시민정신으로 번역하면 정치적 영역에 한정한 느낌이 든다. 기업가라면 어쩐지 CEO를 중심으로 한 고위간부직만 연상하게 된다. 회사가 비싼 브랜드나 위대한 기업을 지향할 때는 간부급의 노력만으로 가능했을지 모르지만 좋은 브랜드, 착한 회사는 결코 몇몇 성원의 참여만으로 이룰 수 없다. 때문에 마케팅 전문가 야스트로(Steve Yastraw) 역시 자신의 책 *Brand Hrmony*(2003)을 통해서 '성원 전체의 브랜드화'(*Be The Brand*)를 부르짖는다.

여기서 논의를 더 세밀화하자. 이제껏 이 책에서 우리가 일관되게 주장한 주제는 '온' 곧 전체로의 통합이다. 하지만 사회는 점차 탈대량화로 '개성화', '개별화'를 지향한다. 언뜻 양극화에 의한 이율배반적 구조로 이해하기 쉽지만 그게 아니라 '독자성을 전제로 통합'을 지향하는 것이다. 즉, 구성원 개개인의 개성과 독립성을 인정하고 보존하는 전제로서 전체의 융합을 추구한다는 것이다. 이전과 같이 '대를 위한 소의 희생'을 강요하는 획일적 방식이 아니다. 예를 들어보자. 바틀렛(Christopher Bartlett)과 고샬(Sumantra Choshal)이 공저하고 장동현이 번역한 《개인화 기업》(*Individualized Corporation*, 2000), 다니엘 핑크(Daniel H. Pink)가 저술하고 석기영이 옮긴 《프리에이전트의 시대가 오고 있다》(*Free Agent Nation*, 2001), 공병호가 쓴 《1인 기업가로 홀로서기》(2003)에서부터 개인이나 구성원의 중요성을 일깨우고 전문화를 주장하는 책은 너무 많아 일일이 나열하기도 힘들다. 이렇듯 통합을 지향하는 과정에서 각각의 요소를 강조하는 이유는 무엇일까? 이전에는 불특정 다수를 한 집단으로 하고 이들을 이끄는 몇몇 엘리트 성원에 주목한 데 비해 오늘날에는 각 구성원의 전문성이 곧 전체의 경쟁력을 구성한다고 보는 관점의 차이 때문이다.

이러한 변화를 입증하는 사례는 도처에 널렸다. 우선 기업의 종신고용 개념의 폐지다. 누구도 정년퇴임 때까지 기업에 머물려 하지도, 또한 붙잡으려 들지도 않는다. 쌍방의 필요만큼만 공헌하고 보상하는 관계다. 결론부터 얘기하자면 서로 독립적이고 대등한 관계라는 말이다. 여기서 구성원에게 필요한 자질은 두 가지다. 하나는 전문성이고, 다른 하나가 바로 시티즌십이다. 국제화, 정보화, 전문화로 경쟁이 치열해지자 기업과 구성원은 이전보다 훨씬 더 강도 높은 전문성이 필요해졌다. 동시에 기업은 예전만큼 구성원에 대한 구속력을 갖지 못하는 반면 구성원의 조직에 대한 영향력은 더욱 더 커지고 있다. 정보의 발원지로서 중요성이 증대되는 구전마케팅이 단적인 예다. 엄청난 예산과 자원을 쏟아 부은 캠페인도 몇몇 구성원의 부정적인 발언으로 무력화되거나 오히려 역효과를 낼 수 있다. 이것이 바로 전문성과 시티즌십에 주목하는 이유다.

그렇다면 어떻게 이 두 가지를 한꺼번에 충족할 수 있을까? 내가 제시하는 것은 '프리에이전트십'(*Free Agentship*)이다. 즉, 조직구성원 개개인을 조직과 개인의 목적에 맞는 전문가로 양성하는 것이다. 그렇게 함으로써 기업은 조직이 원하는 전문노동력을 제공받고, 구성원은 전문성을 확보하면서 공생(*win-win*) 관계를 유지할 수 있다.

바야흐로 세계질서와 가치는 아무도 간섭하거나 통제할 수 없을 만큼 자유롭게 흘러간다. 하지만 자유는 충돌이나 방종이 아닌 일정한 질서를 지향한다. 바로 선(善, *Integrity*)이다. 그리고 선을 지향하는 단초가 바로 통합(通合, *Integration*)이다. 우리는 선에 이전의 용어인 '윤리'나 '좋은', '착한' 등의 단어를 대입하곤 한다. 이것으로 새로운 표현에 대한 생소함을 줄일지 몰라도 자칫 과거의 고정관념에 발목이 잡힐 수 있다. 그래서 이제는 이를 그대로 선으로 표기하기로 한다. 혹시라도 서양에서 이것을 '선'(禪, *Zen*)으로 오해하더라도 인내하기로 하자. 어차피 동양적 신비주의를 완전히 극복하기 전까지는 저들에게 '禪'이나 '善' 모두가 한 울타리에 있을 테니까. 마치 온전한 온이 온(on)이나 옴(Ω) 정도로 여겨지듯 말이다.

IMC와 온광고의 간극

도로나 철도건설을 위해 터널을 뚫는 공법을 보자. 산 양편에서 마주 보며 파 들어가 중간에서 만난다. 토목공학에 문외한인 나로서는 그것이 신기할 따름이다. 뿐만 아니다. 1889년 구스타프 에펠(Gustave Eiffel)이 프랑스대혁명 100주년을 기념하여 설계했다는 에펠탑은 건축 당시는 엘리베이터 기술이 실용화되지 않았다고 한다(독일의 지멘스가 최초의 엘리베이터를 생산한 것은 그 이후의 일이다). 그러나 지금의 에펠탑에는 엘리베이터가 설치되었으니, 에펠은 당시 엘리베이터의 장착을 염두에 두고 설계했다고 볼 수 있다. 상하좌우를 선명하게 볼 수 있는 예지나 기술을 가진 자만이 가능한 일이다.

IMC의 연장선에 온광고를 놓으면 터널의 양끝자락에 있는 것과 같다. 좌우를 관통하는 터널의 중심부는 아직 완성되지 않아서 볼 수 없다. 서로에게 다가가는 과정일 뿐이다. 보텀 업(*bottom up*), 곧 상향의 관점에서 IMC 발전 4단계를 논하면 전술과 전략적 단계에서 내외부서의 통합과 전사적 차원까지 이른다. 반면에 탑다운(*top down*), 즉 하향의 관점으로 기업의 마케팅 커뮤니케이션 전략을 살펴보면 최상위에는 조직의 임무(*mission*)나 비전(vision)이 자리한다. 이들로부터 핵심가치(*core value*)가 형성되고 핵심역량(*core competency*)이 발현되는 것이다.

이렇게 IMC와 온광고를 연결하는 얼개를 그려 놓고 이를 세로로 세우면 상층에는 온광고가, 중층에는 IMC가, 그리고 하층에는 전통적 광고가 자리잡는다. 문제는 하위에서 중층으로 올라가는 허리부분과 중층에서 상층 사이의 가슴 즈음에 위치한 톱니바퀴를 맞추고 공백을 메워서 적절히 작동하도록 하는 것이다. 하위에서 중층에 이르는 공백을 톱니바퀴라 함은 둘 사이의 아귀가 맞지 않기 때문이다. 아랫부분의 광고는 커뮤니케이션에 의한 소비자의 태도나 인식변화를 추구하지만, IMC는 데이터베이스에 기반한 행동변화에 주목한다. 전자는 시장을 평균의 관점에서 인구통계학적으로 분할(*segmentation*)하지만 후자는 개별고객의 특성에 따라 추적하고 가공(*aggregation*)한다. 선형과 비선형, 일방과 쌍방, 모노와 멀티는 접합이 결코 용이하지 않다. 톱니가 맞지 않기 때문이다. IMC가 등장한 이후 십수 년 동안 개념이나 정의 등 인식 차원의 논의를 벗어나지 못하는 이유도 바로 여기에 있다. 바로 나와 슐츠 교수가 '개념화의 역설'(*paradox of conceptualization*) 과정이라고 지적한 부분이다. 그러나 점차 IMC에 관한 실행경험이 축적되고 이를 바탕으로 하는 실행척도나 효과측정 등에 관한 연구(Low, 2000; 박찬욱, 2001) 등이 등장했다. 더불어 앞서 소개한 동시다매체이용 효과연구 등은 인접학문의 새로운 미디어와 사용환경에 관한 연구와 더불어 전통적 광고전략으로부터 IMC로의 이행을 도울 것이다. 경영학 분야에서 소비자의 행동과 경험을 중시하고 관계에 주목하는 일련의 노력(*Tipping Point*, *Blink*, CRM과 CEM 등) 또한 톱니바퀴를 연결하는 데 발전적으로 기여할 것이다.

다음은 중층과 상층 사이의 공백, 곧 IMC에서 온광고에 이르는 간극이다. 앞서의 차이가 전략과 전술 차원이라면 이 부분은 가치와 문화로 증폭된다. 조동일(2006)의 사중주권론, 즉 세계 · 문명권 · 국가 · 지방에 따르면 각 단위마다 의사전달의 도구이며 문화창조의 내용으로 나름의 언어가 있어야 한다. 이는 단지 언어를 중심으로 한 공용어나 교통어의 논의가 아닌 서로 다른 문명권을 이해하고 포용하는 교류체계나 환경을 의미하는 것이다. 이것은 이념이나 종교처럼 본질적으로 배타적이고 경쟁적인 성격을 띠는 문화구조에서는 이상으로 비칠 수도 있다. 그러나 교통과 통신의 발달에 의한 기술적 이유든, 자국의 복리를 위한 경제적 이유든 세계는 상대를 알고 대화할 필요성이 날로 높아지는 것 또한 사실이다. 이렇듯 동과 서가 마주 보며 서로의 가치와 문화를 이해하려고 노력한다. 이러한 시도는 복잡계로 대표되는 신과학의 지표확장과 더불어 아직은 정교하게 기술할 수 없지만 IMC로부터 온광고에 이르는 간극을 메우는 이론과 논리를 지원할 것으로 기대한다. 이상의 논의를 앞서 제 1장의 IMC의 진화모델과 견주어 그림으로 도식화하면 〈그림 9-2〉과 같다.

이처럼 IMC의 진화과정을 하나의 도표로 꿰면서 나도 어쩌면 역사학자 제럴드 홀턴(Gerald Holton)의 표현처럼 '이오니아의 마법'(*Ionian Enchantment*)에 걸릴 건 아닐까 잠시 생각한다. 오래 전 이오니아 섬에 살았던 철학자들이 꿈꾸던 하나의 장에 연결된 과학, 곧 세계는 질서정연하며 몇몇 자연법칙들로 설명될 수 있다는 믿음 혹은 숨겨진 질서나 패턴에 대한 지적 호기심이 자신에게 이런 질문을 던지게 한다. 아인슈타인도 직접적인 관찰과는 매우 동떨어진 것처럼 보이는 복잡한 현상들이 실제로는 통합되었음을 깨달은 순간, "나는 황홀함을 느낀다오"[5] 하지 않았던가? 나름대로 마케팅 커뮤니케이션의 통합현상을 새롭게 조명하고 이에 대한 사변적 논거를 마련하느라 부산하게 보냈다. 하지만 허버트 사이먼(Herbert Simon)[6]이 제시하는 창조적 사고, 곧 모호하게 정의된 문제진술을 구조화하는 데는 역부족이다. 다루고자 하는 주제와 관련된 분야들에 대한 배경지식이 아쉽다. 서산대사의 시구처럼 행여 흰눈 위를 걷는 앞선 자의 발걸음이 흐트러져 뒤에 오는 이의 방향을 흐릴까 두렵고 조심스럽다.

〈그림 9-2〉 온광고의 진화과정

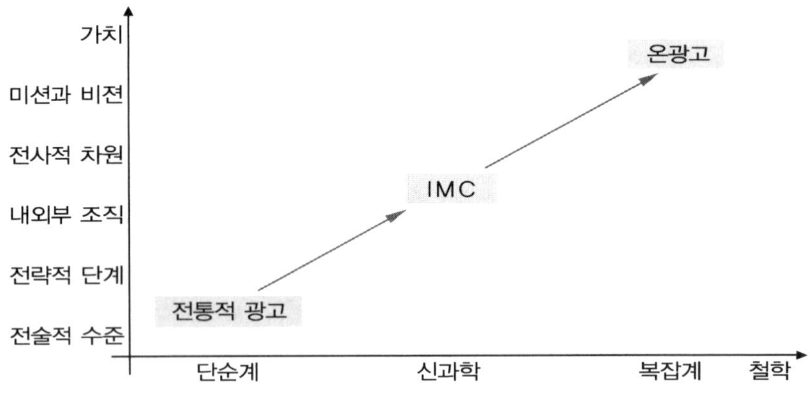

5) Wilson, Edward(1998), *Consilience: The Unity of Knowledge*, 최재천 · 장대역 역(2005), 《통섭》, 사이언스북스.

6) 위의 책.

마치면서

보르니 팔머가 필라델피아에서 자신이 발행하는 신문에 유료로 광고를 받기 시작한 게 1843년이다. 우리나라도 최초로 유료광고를 실은 때는 1886년(한성주보)으로 신문광고는 족히 100년이 넘은 역사를 갖는다. 반면에 마케팅이라는 용어와 개념은 제 2차 세계대전 이후 부족한 생필품을 보급하기 위해 군수 생산시설을 생필품 생산공장으로 전환하고, 이후 지속적인 대량생산의 결과로 과잉된 공급을 해결하기 위한 방안으로 생겼다고 했으니 넉넉하게 잡아도 역사가 50년을 크게 넘지 못한다. 간단히 말해 광고는 100년이요, 마케팅은 50년이다.

여기서 궁금한 것은 역사가 앞선 광고가 어째서 후발개념인 마케팅의 하위에 놓이는가 하는 점이다. 이는 단순한 선두싸움을 논하자는 것이 아니다. 어쩌면 이것이 시장이 변해도 이를 적절히 소화하지 못하는 광고의 한계가 아닐까 싶기 때문이다. 이 책의 전반에 걸쳐 강조했듯이 광고는 애초부터 마케팅을 전제나 바탕이념으로 삼지 않았다. 광고는 역동적 시장의 원리보다는 커뮤니케이션이나 심리학적인 관점에 기반을 두었다. 이것이 광고의 목표를 오늘날까지 시장의 다이내미즘(*dynamism*)이 아닌 내재적 사고, 곧 인지수준이나 태도와 같은 크리에이티브에 머물게 하지 않았나 싶다.

이 때문에 광고가 통합마케팅 커뮤니케이션(IMC)을 거쳐 온광고로 향하는 방향은 발전을 넘어 진화의 축에 있다고 믿는다. 염려하는 바는 이전세대의 경험과 이론이 다음세대에 자연스럽게 승계되지 못하고 단절되는 분절현상이 이곳 마케팅 커뮤니케이션 영역에서도 적지 않게 벌어진다는 사실이다. 하지만 이마저도 쿤(Thomas Kuhn)이 말하는 과학혁명, 곧 패러다임으로 이해한다면 IMC는 결국 슐츠 교수의 처음 책 제목 *New Marketing Parradigm*과 같아진다. 그리고 그것이 동서문명권의 조화에서 온광고로 발전할 것이다.

"연결하라. 그러면 기적을 경험할 것이다."[7)]

7) 전병욱(2002), 《부흥.COM》, 규장, p.19.

아리스토텔레스가 한 말이다. 그리고 동요 가운데 〈앞으로〉라는 노래가 있다. "자꾸 걸어 나가면 온 세상 어린이를 다 만나고 오겠네" 하는. 이 가사와 아리스토텔레스의 말처럼 본래 세상은 하나다. 아니, 온 우주가 하나다.

연구년을 기회로 IMC의 이론적 바탕과 철학적 근거를 추적해서 나름대로 10년 공부에 결실을 맺겠다는 의도에서 저술에 착수했던 것이 엊그제 같은데 어느새 한 해가 훌쩍 지났다. 그리고 또 다시 한 학기를 보냈다. 나름대로 숙성기간이라 자위하지만 학문의 부족함은 메울 길이 없다. 애초에 마케팅 커뮤니케이션의 통합에 주목하면서 그것이 결국 지나친 분업의 반작용이며 잃어버린 최고의 선, 곧 가치회복의 연장선에 있음을 깨달았다. 데카르트의 철학과 뉴턴의 과학에 기초한 서구 산업사회의 환원주의는 끝없이 분업화했다. 결국 애덤 스미스가 《국부론》에서 분업의 효율성을 역설하기에 앞서 《도덕감정론》에서 경고한 대로 생산성의 정점에 이르러서야 일각에서나마 목적지가 이곳이 아닐지 모른다는 조심스러운 반성이 일었다. 아울러 부분의 합은 전체에 미치지 못하며 과학의 영역 밖으로 미뤘던 카오스 속에도 어쩌면 질서가 있을지 모른다고 생각하기에 이르렀다. 그리고 그러한 깨달음은 그 동안 신비주의 시각으로만 바라보았던 동양의 철학에서 단초를 발견하게 했다. 극히 일부나마 서구 과학의 선각자들은 신비주의를 넘어선 형이상학으로서 동양사상에 접근한다. 반가운 마음에 그들을 맞으러 시카고로 향하지만 이내 내겐 전할 수도, 받아올 수도 없는 봉합된 주머니만 있음을 깨닫는다. 이것이 지난 1년 동안 미국의 노스웨스턴대학과 중국의 북경대학을 분주히 오갈 수밖에 없었던 속내다.

처음에 목적한 바대로 전체주의의 관점에서 통합을 설명하고 비선형 네트워크 사회의 쌍방향 커뮤니케이션 구조를 위한 이론적 바탕을 제공하는 데는 미치지 못했다. 하지만 그러한 과정에 이르는 커다란 간극을 공저자인 슐츠 교수의 글에 힘입어 채웠다. 정보의 소유가 제조업에서 유통업을 지나 소비자에 이르는 과정에서 4P에서 4C를 넘어 새로운 사고로서의 마케팅을 설명하기 위한 SIVA 개념까지, 그리고 동시다매체이용 행태와 구전 커뮤니케이션의 모델화(O-C-R) 등은 이제까지의 커뮤니케이션 패러다임을 넘어서는 새로운 시도다. 아울러 에드워드 교수의 하위구조 세분화에 관한 고객관계경영(CRM)과 방아쇠(*trigger*) 개념 역시 지금까지의 논의를 한 단계 업그레이드했다. 이러한 발전지향적 논의에 필자의 부연설명이나 보충이 사족이 되지 않을까 조심스럽기도 하다. 하지만 초기의 이러한 투박한 시도가 점차 갈고 다듬어져 더 정제되고 설득력 있는 발전적 모델의 초석이 되었으면 하는 바람이다. 결국 완성을 목표로 했지만 완성을 향한 이정표로서 최종 목적지에 대한 후기를 기약한다.

김웅철(1997), "신산업의 발전 비전 및 육성방안 : 지식기반 산업으로의 구조개편", KIET 정책자료, 산업연구원.

김일철(2001), "복잡계이론에 기초한 IMC 개념에 대한 연구", 한국광고학회.

______(2002), 《미래의 광고트랜드 : IMC 세미나》, 북코리아.

김종래(2005), 《CEO 칭기스칸》, 삼성경제연구소, pp.109~110.

박찬욱(2001), "IMC 실행수준의 측정을 위한 다차원 척도개발에 관한 연구", 《광고학연구》 12(2).

스즈키 히데코, 권태경 역(1998), 《스즈키 히데코의 9가지 성격》, 대청출판사.

장승권(1997), 《복잡성과학의 이해와 적용》, 삼성경제연구소.

전병욱(2002), 《부흥.COM》, 규장, p.19.

조동일(2006), "한국 · 동아시아 · 세계", 한국방송학회 춘계학술대회 기조연설문.

코래드광고전략연구소(1996), 《광고대사전》, 나남출판사.

히라노 겐이치로, 장인성 · 김동영 역(2004), 《국제 문화론》, 풀빛.

한국천문연구원, http://www.kasi.re.kr.

Ambler, Tim(2003), *Marketing and the Bottom Line*, 2nd Edition, London, UK : Pearson Education Ltd.

Arthur(1997), 다이아몬드 하버드 비즈니스 편집부 편, 《복잡계 경제학 I : 수확체증과 비즈니스의 신세계》, 평범사.

Bhaskar, Chakravorti(2004), "The New Rules Bringing Innovations to Market", *Harvard Business Review*, March.

BIG Research(2003), Preliminary analysis of "Third Wave of Simultaneous Media Usage", White Paper, Working Document. Worthington, OH, Sept., 2003.

Bligh, Philip & Turk, Douglas(2004), *CRM Unplugged : Releasing CRM's Strategic Value*, New York : Wiley.

Brewer, Marilyn(1991), "The Social Self : On Being the Same and Different at the Same Time", *Personality and Social Psychology Bulletin* 17(5), pp.475~482.

Burnett, Leo(1961), *Communications of an Advertising Man*, Chicago : Leo Burnett Company, pp.77.

Cairncross, Francis(2001), *The Death of Distance*, Harvard Business School Press.

Calder, Bobby J. & Malthouse, Edward C.(2003), "What is Integrated Marketing", in Dawn Iacobucci & Bobby Calder(Eds.), *Kellogg on Integrated Marketing*, New York : Wiley, pp.6~15.

Carpra, Fritjof, 이성범 · 김용정 역(1983), 《현대 물리학과 동양사상》, 범양사 출판부.

Caywood, Clarke(1997), "The Concept of IMC", Seoul International Advertising Conference.

Caywood, C., Schultz, D. E. & Wang, P.(1991), "Integrated Marketing Communications : A Survey of National Consumer Goods Advertisers", Medill School of Journalism, North Western University.

Coen, Robert(2003), "Presentation on Advertising Expenditures", *Insiders Report*, Universal McCann.

Colley, Russell H.(1973), *Defining Advertising Goals*, 7th Edition, New York, NY : Association of National Advertisers Inc.

Collinger, Tom(2003), "The Tao of Customer Loyalty : Getting to My Brand, My Way", in Dawn Iacobucci & Bobby Calder(Eds.), *Kellogg on Integrated Marketing*, New York : Wiley, pp.16~38.

Cornelissen, Joep P. & Lock, Andrew R.(2000), "Theoretical Concept or Management Fad? Examining the Significance of IMC", *Journal of Advertising Research* 5, pp.7~15.

Cottle, Tom(1967), "The Circle Test : An Investigation of Perception of Temporal Telatedness and Dominance", *Journal of Projective Technique and Personality Assessments* 31, pp.58~71.

Duncan(2002), "IMC", *Using Advertising & Promotion to Build Brands*, McGraw-Hill.

Duncan & Caywood, c.(1996), "Concept, Process and Evolution of IMC", *Synergy of Persuasive Voices*, Lawrence Erlbaum Asso. Inc.

Ebbinghaus, Hermann(1885), *Memory : A Contribution to Experimental Psychology*, New York, NY : Teacher's College, Columbia University, English Translation, 1913.

Elkin, Tobi(2004), "Malcontent is King at Agency Media Fest", *Media Post*'s Media Daily News, February 13.

Everett, Rogers M. (1984), *A History & Communication Study*, The Free Press.

Frith, Katherine Toland(1996), *Advertising in Asia : Communication, Culture and Consumption*, Iowa: Iowa State University Press.

Gladwell, Malcolm(2000), *The Tipping Point*, Oxford University Press.

Goldsmith, Ronald et al.(2003), "Innovative Consumers & Market Mavens", *Journal of Marketing Theory & Practice* 11(4), pp.54~65.

Gopalakrishna, Srinath & Chatterjee, Rabikar(1992), "A Communications Response Model for A Mature Industrial Product : Application and Implications", *Journal of Marketing Research* 29, pp.189~200.

Hofstede, Gert J. et al(2002), *Exploring Culture*, Intercultural Press.

Humby, Clive & Hunt, Terry(2003), *Scoring Points : How Tesco is Winning Customer Loyalty*, London : Kogan Page.

Jagpal, Sharan(1999), *Marketing Strategy and Uncertainty*, New York, NY : Oxford University Press.

Jazwinski, A. H.(1970), "Stochastic Processes and Filtering Theory", New York, NY : Academic Press.

Johnson, Bradley(2003), "Crack in the Foundation", *Advertising Age*, December.

Kotler, Philip(1999), *Marketing Management : Analysis, Planning, Implementation and Control*, Upper Saddle River : Prentice Hall.

_____(2003), *Marketing Management*, 11th Edition, Upper Saddle River, NJ : Pearson Education Inc.

Kramer, Roderick(1991), "Intergroup Relations and Organizational Dilemmas : The Role of Categorization Process", *Research in Organization Behavior* 13, pp.191~207.

Kuhn, Samuel(1970), *The Structure of Scientific Revolution*, University of Chicago Press.

Lavidge, Robert J. & Steiner, Gary A.(1961), "A Model of Predictive Measurements of Advertising Effectiveness", *Journal of Marketing* 25, pp.59~62.

Low, George S.(2000), "Correlates of Integrated marketing Communications", *Journal of Advertising Research*, Jan./Feb.

Luhman, Niklas(1982), *Differentiation of Society*, New York, NY : Columbia University Press.

Malthouse, Edward C.(2004), "Detecting Trigger Events Using Survival Analysis", working paper, Department of Integrated Marketing Communications, Northwestern University.

Malthouse, Edward C. & Blattberg, Robert C.(2005), "Can We Predict Customer Long-Term Value?", *Journal of Interactive Marketing*.

Malthouse, Edward C., Calder, Bobby J. & Eddie, Wayne(2003), "Conceptualizing and Measuring Magazine Reader Experiences", in Proceedings of the Worldwide Readership Symposium, Cambridge, October, pp.285~306.

McCarthy, Jerome E.(1960), *Basic Marketing : A Managerial Approach*, Homewood, IL : Richard Irwin.

McLuhan, Marshall(1967), *The Medium is the Message*, New York, NY : Random House.

Media Center Conference(2004), "Media Morphosis", March 10~13, Newport Beach, CA.

Merleau-Ponty, Maurice(1992), *Phenomenology of Perception*, 1st Edition, New York, NY : Routledge.

Montgomery, David B. & Silk, Alvin(1972), "Estimating Dynamic Effects of Marketing Communications Expenditures", *Management Science* 18, Issue 10, pp.485~501.

Naik, Prasad A. & Raman, Kalyan(2003), "Understanding the Impact of Synergy in Multimedia Communications", *Journal of Marketing Research* 40, Issue 4, pp.375~389.

Nisbett, Richard, *The Geography of Thought*, 최인철 역(2004), 《생각의 지도》, 김영사.

Palda, Kristian S.(1964), *The Measurement of Cumulative Advertising Effects*, Englewood Cliffs, NJ :

Prentice Hall.

Pavlov, Ivan P.(1927), "Lectures on Conditioned Reflexes : An Investigation of the Physiological Activity of the Cerebral Cortex", http://psychclassics.yorku.ca/Pavlov/lecture9.htm

Peskin, D.(2004), "Make Way for the Mobiles", in Synapse, Washington D. C. : The Media Center API.

Pilotta, Joseph J. & Mickunas, Algis(2000), "Life-World : Computer Logic and Values as a Self-Generating System", *Science of Communication*, fall, pp.105~128.

Porter, Michael E.(1985), *Competitive Advantage : Creating and Sustaining Superior Performance*, New York, NY : Free Press.

Pride, William & Ferrel, O.(1997), *Marketing : Concepts and Strategies*, Boston : Houghton Mifflin.

Reeves, Rosser(1961), *Reality in Advertising*, New York : Alfred A. Knopf, pp.47~48.

Reichheld, Fredrick(2003), "The One Number You Need to Grow", *Harvard Business Review* Dec., pp.46~54.

Ricklefs, Robert & Gary, Miller(2000), *Ecology*, 4th Edition, W. H. Freeman.

Rigby, D., Reichheld, Frederick & Schefter, Phil(2002), "Avoid the four Perils of CRM", *Harvard Business Review*, February, 101~109.

Rigby, D. & Ledingham, Dianne(2004), "CRM Done Right", *Harvard Business Review*, November, pp.118~129.

Rossiter, John R. & Danaher, Peter J.(1998), *Advanced Media Planning*, Norwell, MA : Kluwer Academic Publishers.

Rifkin, Jeremy(1980), *ENTROPY, A New World View*, 김용정 역, 《엔트로피》, 원음사.

Schein, E.(1985), *Organizational Culture and Leadership*, San Francisco : Jossey-Bass.

Schiffman, Leon & Kanuk, Lazar(2003), *Consumer Behavior*, English Edition.

Schultz, Don E.(2000), "Valuing a Brand's Advocates", *Marketing Management*, Winter.

Schultz, Don & Schultz, Heidi(2004), "A Roadmap for Developing an Integrated, Audience Focused, Market Research Driven Organization", ESOMAR.

Schultz, Don E. & Kitchen, Philip J.(1997), "Integrated Marketing Communications : What is it and Why are Companies Working that Why?", in *New Ways for Optimizing Integrated Marketing Communications*, Netherlands : ESOMAR.

______(1999), "A Multi-Country Comparison of the Drive for IMC", *Journal of Advertising Research* Jan/Feb.

______(2000), "A Response to Theoretical Concept or Management Fashion?", *Journal of Advertising Research* 5, pp.17~31.

Schultz, Don E. et al.(1993), "Integrated Marketing Communication maybe Definition is in the Point of View", *Marketing News*, January.

______(2004), "Simultaneous Media Usage : A Critical Consumer Orientation to Media Planning", *Journal of Consumer Behaviour* 3.

Schultz, Don E., Kim, Ilchul & Lenahan(2005), "Foundation for New, Consumer Mediated Marcom Model", unpublished.

Schultz, Tannenbaum(1989), *Essentials of Advertising Strategy*, Lincolnwood, Il : NTC, pp.60~61.

Sissors, Jack Z. & Bumba, Lincoln(1996), *Advertising Media Planning*, 5th Edition, Lincolnwood, IL : NTC Business Books.

Skinner, B. F.(1950), "Are Theories of Learning Necessary?", *Psychological Review* 57, pp.193~216.

Tajfel, Henri & John, Turner(1985), "The Social Identity Theory of Intergroup Behavior" in Steven Worchel and William G. Austin(Eds.), *Psychology of Intergroup Relations*, Chicago : Nelson-Hall, pp.6~24.

Thorson, E. & Moore, J.(1996), *Synergy of Persuasive Voices Synergy of Persuasive Voices*, Lawrence Erlbaum Asso. Inc.

Trompenaars, Fons & Turner, Charles Hampden(1998), *Riding the Waves of Culture* , McGraw-Hill.

Urban, Glen & Hauser, John (2004), "Listening Into Find and Explore New Combinations of Customer Needs", *Journal of Marketing* 68, pp.72~87.

Weilbacher, William M.(2001), "Point of View : Does Advertising Cause a 'Hierarchy of Effects'?", *Journal of Advertising Research*, November-December, pp.19~26.

______.(2003), "How Advertising Affects Consumers", *Journal of Advertising Research*, June, pp.230~234.

Willmott, Michael(2001), *Citizen Brands*, Wiley.

Wilson, Edward(1998), *Consilience : The Unity of Knowledge*, 최재천 · 장대익 역(2005), 《통섭》, 사이언스북스.

Wind, Yoram & Crook, Colin(2005), *The Power of Impossible Thinking*, Wharton School Publishing.

Wragg, Timm & Michael(2005), "The Marketing of Customer Advocacy", *ADMAP*, Jan., pp.38~41.

Zaltman, Gerald(2003), *How Customers Think : Essential Insights into the Mind of the Market*, Boston, MA : Harvard Business School Press.